우리는
각자의 방식으로
불안했고 다르게 외로웠다

4가지 애착 유형으로 보는 관계의 심리학

송준영 지음

우리는
각자의 방식으로
불안했고 다르게 외로웠다

위너스북
WINNER'S BOOK

사랑이라는 말은 분명 따뜻하고 설레는 단어다. 그런데 왜 누군가를 좋아하는 일은 이토록 괴롭고 불안하게 느껴질까? 상대가 조금만 차갑게 굴어도 마음이 먼저 흔들리고, 내가 더 좋아하는 것 같다 느껴지면 괜히 조급해진다. 어느새 자존심까지 상한 자신을 발견하고 그런 마음을 느끼는 스스로가 또 싫어진다.

어떤 사람은 연애만 시작하면 점점 더 불안해지기도 한다. 어떤 사람은 상대에게 빠르게 마음을 열었다가도 어느 순간 차갑게 돌아선다. 또 어떤 사람은 아무리 좋아해도 좀처럼 자신의 속마음을 꺼내지 못한다. 그럴 때마다 우리는 같은 질문을 반복한다. 저 사람은 나를 정말 좋아하는 걸까? 내가 뭘 잘못한 걸까? 왜 이렇게 사랑은 어려울까?

많은 경우, 우리는 그 이유를 성격이나 의지의 문제로 돌린다. 상대가 예민하고 집착해서, 아니면 내가 부족하고 아직 미성숙해서 그렇다고 말이다. 하지만 정말 그럴까? 정말 사랑이 힘든 이유가 단지 성격이나 의지 때문일까?

이 책은 다른 방향에서 그 질문에 답을 건넨다. 사랑이 복잡해지는 이유는 겉으로 드러나는 감정이나 성격 자체보다, 애착이라는 오래된 정서적 습관에 있을 수 있다. 애착은 우리가 누군가와 가까워질 때 무엇을 느끼고, 어떤 방식으로 반응하며, 어떻게 관계를 맺고 이별하는지에 영향을 미친다. 이처럼 우리는 태어나 부모와 같은 양육자와 처음 관계를 맺던 순간부터 사랑을 대하는 방식을 몸소 배워왔다. 그 어린 시절의 흔적은 어른이 된 지금의 관계 속에서도 반복해서 모습을 드러내고 있다.

이 책을 쓰기로 마음먹은 이유도 바로 이 때문이었다. 유튜브에서 애착을 주제로 이야기를 나누기 시작한 뒤부터, 생각보다 훨씬 많은 사람이 비슷한 지점에서 관계의 어려움을 겪고 있다는 사실을 알게 되었다. 누군가는 댓글로, 누군가는 메시지로 절실히 공감하면서 자신의 어려움과 상처를 털어놓았다. 상대를 붙잡고 싶어서 더 불안해졌다는 사람도 있었고, 상처받지 않으려고 먼저 멀어졌다고 말하는 사람도 있었다. 관계의 모습은 제각각 달랐지만 이들이 겪고 있는 문제의 본질은 놀라울 정도로 닮아 있었다.

그러던 어느 날, 한 출판사의 편집자로부터 메시지를 받았다. 그 메시지는 단순한 집필 제안이라기보다, 한 사람의 시청자로서 영상을 보며 느꼈던 마음을 진솔하게 전하는 편지에 가까웠다. 메시지 안에는 영상 덕분에 어려웠던 인간관계의 실마리를 푸는 데에 많은 도움을 얻을 수 있었다며 고마움을 담은 내용과 함께, 왜 이 이야기가 책으로 세상에 나와야 하는지에 대한 설명이 정성스럽게 적혀 있었다. 특히 애착이라는 관점이 누군가에게는 관계를 이해하는 실마리가 되었고, 자기 자신을 덜 미워하게 만드는 언어가 되었다는 대목이 마음에 깊이 남았다.

이후에 서울 강남역 근처 한 카페에서 그 편집자분을 직접 만났다. 처음 마주한 자리였지만 어색함보다는 이상하리만큼 편안한 기분이 먼저 들었다. 우리는 자연스럽게 애착과 인간관계에 관한 이야기를 나누었고, 시간 가는 줄 모른 채 대화를 이어갔다. 그럼에도 마음 한편에서는 계속해서 의구심이 들었다. 출판사에서는 **왜 나를 선택한 걸까?** 이 책이 잘되지 않으면 어쩌지? 정말 충분히 고민하고 내린 결정이 맞을까? 같은 생각들이었다. 그래서 몇 번이나 같은 질문을 되물었던 것 같다. 하지만 그럴 때마다 차분한 목소리로 답이 돌아왔다. 이 이야기가 지금 많은 사람들에게 필요하다고 판단했고, 그 필요를 가장 잘 전할 수 있는 사람이 나라고 생각했다는 말이었다.

사실 그전에도 집필 제안을 받은 적이 있었다. 하지만 그때마다 책을 낼 만큼 대단한 사람이 아니라는 생각이 앞서 번번이 거절해 왔었다. 그런데 그날의 대화는 달랐다. 화면 너머에서 전해왔던 이야기들이 누군가에게 분명히 닿고 있었구나. 그 시간이 결코 헛되지 않았구나. 하는 감각이 조용히 내 마음을 바꾸어 놓았다. 관계 안에서 길을 잃은 사람들이 다시 돌아와 펼쳐볼 수 있는 안내서가 필요하다는 생각이 들었고, 그렇게 이 책을 쓰기 시작했다.

이 책은 "왜 내 사랑은 이렇게 힘든가?"라는 질문에 대한 답을 설명하는 데서 멈추지 않는다. "그렇다면 나는 어떻게 사랑할 수 있을까?"라는 질문으로 시선을 옮겨간다. 애착은 고정된 것이 아니며, 새로운 관계를 통해 충분히 변화할 수 있다. 지금 누구와 만나고 있든, 사랑이 버거워 잠시 거리를 두

고 있든, 좋은 사람을 만나고 싶지만 늘 망설여진다면 이 책을
권하고 싶다. 우리가 스스로의 반응을 이해하고 관계 안에서
조금 더 안전해질 수 있도록 도와줄 것이다.

사랑은 단순한 감정이 아니다. 사랑은 애착이다. 그리고 애
착은, 언제든 다시 배울 수 있다.

목차

PART 3

갈등 비슷한 싸움이 반복되는 이유

PART 4

알아차림 사랑이 다르게 보이는 순간

PART 1

애착
모든 관계의 시작점

애착은
관계의 시작점이다.

우리는 모두
누군가와의 연결을 갈망하며,

그 경험이
지금의 나를 만든다.

사랑이 어려운 이유는
애착에서 시작된다

사랑이 유독 어렵게 느껴지는 순간들이 있다. 분명 좋아하는 마음은 있는데 가까워질수록 불안해지고, 관계가 깊어질수록 마음이 편치 않다. 어떤 때는 스스로를 탓하게 되고, 또 어떤 때는 상대의 말과 행동 하나하나에 예민하게 반응한다. 이 책은 그런 순간들을 '의지의 문제'나 '성격의 한계'로 단순화하지 않는다. 대신, 우리가 관계 안에서 느끼는 감정과 반응의 출발점을 '애착'이라는 관점에서 차분히 살펴보고자 한다.

〈Part 1〉에서는 우리가 사랑을 대할 때 왜 비슷한 감정과 반응을 반복하게 되는지를 다룬다. 애착이 무엇이며, 그것이 어떻게 형성되고, 관계 속에서 어떤 방식으로 작동하는지를 하나씩 짚어볼 것이다. 이 과정을 통해 우리는 스스로를 평가하거나 고치려 애쓰기보다 내 마음이 어떤 기준으로 관계를 바라보고 반응해 왔는지를 이해하게 된다. 이 책의 첫걸음은 해답을 제시하는 데서 시작하지 않는다. 사랑이 어려웠던 이유를 이해하는 것, 바로 그 지점에서부터 이 여정은 시작된다.

내 사랑은
왜 이렇게 힘들까

애착으로 비롯된 문제

사람들은 흔히 사랑이 두근거림, 따뜻함, 달콤한 감정이라고들 말한다. 드라마 속 어느 한 장면처럼 누군가를 처음 좋아하게 되는 순간은 설렘으로 가득 차 있다. 하지만 실제 우리의 마음은 그보다 훨씬 더 복잡하다. 시간이 흐르고 감정이 깊어질수록 마음이 오히려 무거워지고, 이유를 설명하기 어려운 불안이 마음을 가득 채우기도 한다. 상대가 조금만 차갑게 굴어도 마음이 흔들리고, 스스로를 자꾸 의심하게 되고, 연락이 늦어지는 순간 이유 없이 가슴이 철렁 내려앉는다. 어떤 사람은 자신도 모르게 거리를 두고, 또 어떤 사람은 확인받지 않으면 마음이 불안해진다. 분명 좋은 사람을 만났는데도 편안하기보다는 조심스럽고, 행복해야 할 순간에도 어디선가 자꾸 마음이 걸린다. 내 성격 문젠가? 내가 연애가 서툰 건가?

왜 나만 어려운 것 같지? 이처럼 괜찮은 사람을 만나도 감정이 흔들리고, 잘하고 싶었는데 자꾸만 관계가 엇나가는 이유는 무엇일까?

관계에서 반복되는 불안, 거리두기, 과몰입, 회피 같은 반응들은 단순히 성격 차이나 연애 경험의 부족으로만 설명되기는 어렵다. 겉으로는 단순한 감정처럼 보여도 이런 반응들은 우리가 생각하는 것보다 더 근본적인 이유에서 비롯된 것일 수 있다. 그것은 바로 우리의 마음 바탕에 오랫동안 자리 잡고 있는 '애착Attachment'이란 존재다.

애착이란 무엇일까?

여기서 말하는 '애착'은 우리가 태어난 순간부터 오랜 시간 몸에 밴 정서적 습관에 가까우며, 우리가 어떻게 사랑을 배우고 어떻게 관계를 느끼는지, 누군가와 가까워질 때 마음이 어떤 방식으로 움직이는지를 설명해 주는 하나의 관점이다.

그래서 관계에서 오는 불안과 경계심은 어느 날 갑자기 생겨난 감정이라기보다 오랜 시간에 걸쳐 마음에 쌓여온 반응일 수 있다. 누군가에게 기대도 괜찮았던 순간, 혹은 기대했다가 실망하거나 상처받았던 경험들은 시간이 지나도 마음속 어딘가에 남게 되고, 비슷한 관계를 맺을 때마다 자연스럽게 떠오르곤 한다.

이렇게 마음에 남은 경험들은 그때그때 다른 사람을 만나더라도 비슷한 방식으로 반응하도록 우리를 이끈다. 그래서 사랑을 대하는 우리의 감정과 행동은 만나는 사람이나 상황에 따라 달라지는 것처럼 보이지만, 오래전부터 익숙했던 방식으로 반복되기 쉽다. 누군가는 가까워질수록 조심스러워지고, 누군가는 확인하지 않으면 불안해지는 식이다. 그래서 이런 반복을 이해하려 할 때 애착이라는 개념이 하나의 실마리가 된다. 애착은 지금의 관계를 평가하거나 사람을 분류하고 판단하기 위한 기준이 아니라, 내가 왜 이런 방식으로 사랑하고 반응해 왔는지를 살펴보기 위한 틀에 가깝다.

이처럼 사랑이 잘되지 않을 때 문제를 무조건 내 성격이나 상대의 탓으로만 돌리기보다는, 내 마음이 어떤 방식으로 사랑을 배우고 기억해 왔는지를 돌아볼 필요가 있다. 그렇기 때문에 애착이라는 개념을 안다는 것은 단순히 지식을 아는 데서 그치지 않고, 내가 왜 지금 이런 방식으로 사랑하고 있는지를 다른 시선으로 바라보게 해주는 출발점이 된다. 이런 관점을 통해 자신을 바라보기 시작한다면 지금의 반응을 섣불리 평가하거나 결론짓기보다 한 번 더 이해해 보려는 여유가 생길 것이다.

사랑이 두려운 이유

어떤 사람은 누군가와 가까워지는 일이 설레면서도 동시에 두렵다. 좋은 사람이 눈앞에 있는데도 마음을 여는 일이 쉽지 않고 친밀해지는 순간부터 어쩐지 숨이 조금 가빠오는 느낌이 든다. 관계가 깊어질수록 이 사람이 **내 말을 어떻게 받아들일까? 혹시 너무 가까워졌다가 상처받는 건 아닐까?** 같은 생각이 자연스럽게 떠오른다. 그래서 조심스러움이 더해지고 때로는 스스로도 이해하기 어려운 불편함이 마음 한편에 남는다.

반대로 어떤 사람에게는 연애가 시작되는 순간부터 불안이 커지기 시작한다. 연락이 잠시 늦어지는 일만으로도 상대의 마음이 식은 건 아닐지 걱정이 밀려오고, 자신이 더 많이 좋아하는 쪽이 되어버린 것 같아 조급해진다. 감정이 요동치는 자신을 보며 왜 나는 사랑만 하면 이렇게 흔들릴까? 하고 속상해지기도 한다.

그러나 이런 반응은 그 사람이 유난해서도, 부족해서도 아니다. 애착이 충분히 안정적이지 않은 사람에게 사랑은 단순한 설렘이 아니라, 상처받을 가능성이 큰 상황으로 느껴지기 쉽다. 마음을 열수록 기대도 커지고 기대가 커질수록 잃을 수 있는 것 역시 커 보이기 때문이다. 그래서 우리의 마음은 스스로를 지키려는 방향으로 반응한다. 그 결과 어떤 사람은 상대와 거리를 두려고 하고, 어떤 사람은 상대의 마음을 끊임없이 확인하고 싶어지기도 한다.

이러한 반응은 개인의 의지나 성격 문제가 아니라 관계에서 안전을 확보하려는 마음의 자동적인 조절 과정으로 이해할 수 있다. 성인 애착 연구에 따르면, 사람의 마음은 친밀함을 위협으로 느낄 때 저마다 익숙한 방식으로 반응하려는 경향을 보인다. 애착 연구를 본격적으로 확장시킨 대표적인 학자 필립 세이버 Phillip Shaver 와 마리오 미쿨린서 Mario Mikulincer 는 성인 애착이 단순한 감정 습관이 아니라, 내가 누군가를 얼마나 믿을 수 있고 그 사람 앞에서 얼마나 나다울 수 있는가를 결정짓는 정서적 기반이라고 설명했다. 이는 애착이 관계 안에서 '안전함'을 어떻게 경험하고 유지할지를 판단하는 기준으로 작용한다는 의미와 같다. 다시 말해, 애착은 관계 안에서 '내가 얼마나 정서적으로 안전하다고 느끼는지'를 가늠하는 내면의 기준에 가깝다. 즉, 우리가 관계 안에서 보이는 행동과 감정의 흐름은 마음속에 형성된 애착이란 기준이 어떤 방식으로 작동하고 있는지를 보여주는 신호인 셈이다. 이러한 관점을 가지게 되면 자신과 상대를 판단하고 고치려 애쓰기보다 지금의 반응을 조금 더 이해해 보려는 시선으로 잠시 한 걸음 물러나 바라볼 수 있다.

이런 감정, 나만 그런 걸까?

사랑이 어렵다고 느껴질 때, 반응은 사람마다 다르게 나타난다. 어떤 사람은 자신을 먼저 탓하고, 또 어떤 사람은 상대를 문제 삼는다. 하지만 중요한 사실은 그 출발점이 무엇이든 이런 반응이 내가 이상해서 비롯된 문제는 아니라는 점이다. 애착의 관점에서 보면 불안해지거나 거리를 두고 싶어지는 마음, 혹은 확인하지 않으면 견디기 어려워지는 감정은 모두 관계 안에서 안전을 지키려는 마음이 선택해 온 익숙한 방식에 가깝다.

이때 우리는 누군가의 말투나 태도, 혹은 갑작스러운 거리감 앞에서 단지 지금 이 순간만을 기준으로 반응하지 않는다. 현재의 상황은 과거에 비슷한 상황에서 겪었던 경험과 그때 느꼈던 감정의 기억까지 함께 불러오게 되면서 그 기억이 현재의 판단에 조용히 영향을 미치는 것이다.

다시 말해, 이러한 이유로 관계 안에서 반복되는 감정과 행동은 우리 자신이나 상대가 특별히 문제여서라기보다, 내가 관계를 맺어오며 쌓아온 경험이 되풀이되면서 점차 익숙해진 방식으로 자연스럽게 굳어진 반응의 결과인 셈이다. 이런 반응은 우연도 예외도 아니다. 상대가 달라진다고 해서 완전히 사라지는 것도 아니다. 사랑을 해본 사람이라면 누구에게나 나타날 수 있는 자연스러운 과정일 뿐이다.

이 책은 바로 그 지점을 함께 살펴보고자 한다. 또한 왜 어떤 사랑은 편안한데 어떤 사랑은 유독 버겁게 느껴지는지, 왜 늘 비슷한 순간에서 마음이 흔들리는지를 애착 이론의 관점에서 차분히 풀어가려 한다. 사람은 관계마다 다른 사람이 되는 것처럼 느껴질 수 있지만, 실제로는 같은 애착이 어떤 관계에서는 덜 자극되고 어떤 관계에서는 더 강하게 건드려질 뿐이다. 불안형, 회피형, 공포회피형, 그리고 안정형이라는 애착 유형을 통해, 관계의 시작부터 갈등과 이별에 이르기까지 관계 안에서 반복되는 감정과 행동의 흐름을 하나씩 짚어볼 것이다.

　무엇보다 중요한 사실은 애착이 타고난 성격이 아니라 반복된 경험 속에서 형성된 정서적 습관이라는 점이다. 그렇기 때문에 애착은 다시 배울 수 있고, 달라질 수 있다. 지금의 나를 이해하기 시작하면 사랑하는 방식도 관계를 대하는 태도도 조금씩 달라질 것이다.

　이 책을 읽는 동안만큼은 자신에게 너무 빨리 정답을 요구하지 않아도 괜찮다. 잘하려 애쓰기보다 내 마음이 왜 이렇게 움직이는지를 차분히 바라보는 것부터 시작해 보자. 이 책이 그 여정의 첫걸음이 되기를 바란다.

나의 애착은
어떤 얼굴을 하고 있을까

애착의 네 가지 유형

누군가와 관계를 맺다 보면 같은 상황에서도 마음이 전혀 다르게 반응하는 순간을 경험한다. 똑같은 말을 들었는데도 어떤 사람은 마음이 편안해지지만, 또 어떤 사람은 이유 없이 긴장하거나 불안해진다. 애정 표현이 많지 않아도 안정감을 느끼는 사람이 있는가 하면, 같은 상황에서 마음이 가라앉고 스스로를 의심하는 사람도 있다. 친밀해질수록 더 가까이 다가가고 싶어지는 사람이 있는 반면, 가까워질수록 부담을 느끼고 거리를 두고 싶어지는 사람도 있다. 이런 차이는 관계의 깊이가 달라질수록 더 선명하게 드러난다.

이처럼 관계 안에서 반복되는 감정과 반응의 차이는 단순한 성격이나 연애 경험의 많고 적음만으로 설명되기 어렵다.

성인 애착 연구에 따르면, 많은 경우 이러한 반응의 뿌리는 부모와 같은 주 양육자와 형성된 어린 시절의 정서적 경험에서 비롯된다. 우리는 성장 과정에서 '나는 어떻게 반응해야 안전한가'를 배우고, 그 방식이 애착이라는 형태로 마음속에 자리 잡는다. 여기서 '안전'이란 단순히 갈등이 없거나 불편함이 없는 상태를 뜻하지 않는다. 애착 이론에 따르면, 정서적 안전은 힘든 감정이 올라오는 순간에도 이 관계가 쉽게 끊어지거나 무너지지 않을 것이라는 믿음에 가깝다. 불안해질 때 혼자 버티지 않아도 되고 필요할 때 기대어도 괜찮다고 느끼는 감각과도 같다. 영국의 정신과 의사이자 애착 이론의 창시자 존 볼비 John Bowlby가 말한 '안전기지 Secure Base' 역시 바로 이런 정서적 기준을 가리킨다.

여기서 한 가지 짚고 넘어갈 점은, 이때 형성된 애착이 성인이 된 이후에도 사라지지 않고 연애나 결혼처럼 친밀하고 중요한 관계 안에서 계속해서 되풀이된다는 사실이다. 그래서 우리는 의식적으로 선택하지 않아도 익숙한 방식대로 반응하며 타인과 연결되고 거리를 조절하려 한다. 그렇게 애착은 조용하지만 꾸준히 작동하며, 관계 속에서 나의 감정과 행동의 방향을 오랫동안 이끈다. 실제로 우리가 관계 안에서 반복해 온 선택과 반응을 천천히 돌아보자. 그 흐름이 결코 우연이 아니라는 사실을 조금씩 느끼게 될 것이다. 그렇다면 우리는 이런 반복되는 애착을 어떻게 이해해 볼 수 있을까?

성인 애착 이론에서는 이러한 관계의 패턴을 네 가지 유형으로 설명한다. 비교적 안정적으로 관계를 유지하는 안정형, 관계에서 쉽게 불안을 느끼는 불안형, 친밀함 앞에서 거리를 두려는 회피형, 그리고 가까워지고 싶지만 동시에 두려움을 느끼는 공포회피형이다. 이러한 분류는 사람을 단정 짓기 위한 것이 아니라, 관계 안에서 내가 어떤 방식으로 반응해 왔는지를 이해하도록 돕는 안내서 역할을 해준다. 이 유형들은 정답을 제시하기보다는 관계 속에서 반복되어 온 나의 반응들을 새로운 시각으로 바라볼 수 있도록 도와줄 것이다.

이제 이 네 가지 애착 유형을 차례로 살펴보면서 관계 안에서 자주 경험하는 나의 감정과 반응이 어떤 패턴과 닮아 있는지 천천히 들여다보자. 이를 통해 왜 늘 같은 지점에서 흔들렸는지, 그동안 반복되어 온 나의 관계 패턴을 조금 더 이해할 수 있는 첫걸음이 되길 바란다.

1 ♥ 안정형 Secure Attachment
<u>상대와의 관계에서 안정감과 편안함을 느끼는가?</u>

안정형 애착을 가진 사람은 관계 안에서 비교적 편안함과 안정감을 유지한다. 친밀한 관계를 맺는 일을 자연스럽게 받아들이며, 감정을 지나치게 억누르거나 과도하게 불안해하지 않는다. 갈등이 생겨도 관계가 곧 깨질 것이라 해석하기보다는 조율이 가능한 문제로 바라보려 한다. 상대가 잠시 거리를 두더라도 이를 위협으로 받아들이지 않고 자신의 감정을 비교적 안정적으로 조절할 수 있다. 성인 애착 연구에 따르면, 안정형 애착은 상대와 갈등이나 거리감이 생겨도 관계 자체를 부정적으로 바라보지 않도록 도우며, 관계에 대한 만족감이 쉽게 무너지지 않도록 하는 경향이 있다.

2 ♥ 불안형 Anxious Attachment

상대의 말이나 행동에 쉽게 상처받고 불안해지는가?

불안형 애착을 가진 사람은 관계 안에서 쉽게 불안을 느끼고 상대의 애정에 대한 확신을 자주 확인하려 한다. 사랑을 충분히 받고 있는지에 민감하게 반응하며, 작은 신호에도 마음이 크게 흔들릴 수 있다. 연락의 빈도나 말투, 반응의 미묘한 변화에 의미를 부여하면서 관계가 멀어질지도 모른다는 두려움을 반복해서 경험한다. 성인 애착 연구에 따르면, 이러한 불안 반응은 관계 안에서 안전감을 확보하려는 전략으로 이해할 수 있다.

3 ♥ 회피형 Avoidant Attachment

상대와 가까워지면 불편하고 거리를 두고 싶은 마음이 생기는가?

회피형 애착을 가진 사람은 관계에서 친밀함을 부담스럽게 느끼고 독립성을 중요하게 여긴다. 상대와 일정한 정서적 거리를 유지하며, 관계가 너무 가까워진다고 느껴질 때 스스로 마음을 닫는 반응을 보이기도 한다. 감정을 드러내기보다는 스스로 감정을 눌러두는 방식에 익숙하고, 관계 안에서도 혼자 감당하려는 태도를 유지하려 한다. 성인 애착 연구에 따르면, 이러한 거리두기와 감정 억제는 관계에서의 불안을 최소화하기 위해 형성된 하나의 전략으로 이해할 수 있다.

4 ♥ 공포회피형 Fearful-Avoidant Attachment

가까워지고 싶지만, 또 너무 가까워지면 두렵고 혼란스러운가?

공포회피형 애착을 가진 사람은 상대와 가까워지고 싶은 마음, 가까워질수록 상처받을까 봐 물러서고 싶은 마음 사이에서 끊임없이 갈등한다. 친밀함을 향한 욕구와 두려움이 동시에 작동하면서 관계 안에서 혼란과 고립감을 반복해서 경험하기도 한다. 불안형의 갈망과 회피형의 거리두기가 함께 나타나는 이 유형은, 친밀한 관계 자체를 안전하기보다 위협으로 인식하는 경향이 있다. 성인 애착 연구에 따르면, 이러한 이중적 반응은 관계 안에서 안전을 확보하기 위해 형성된 복합적인 전략으로 이해할 수 있다.

애착 유형은 나를 이해하는 출발점

내가 어떤 애착 유형에 해당하는지를 살펴보는 일은 나를 규정하거나 단정하기 위함이 아니다. 이 과정은 관계 안에서 반복되어 온 나의 감정과 반응을 더 정확히 이해하기 위한 출발점에 가깝다. 그동안 익숙하다고 여겼던 반응을 단순한 성격이나 습관으로 넘기지 않고, 그 이면에 어떤 심리적 흐름이 작동해 왔는지를 바라보려는 시도다. 그렇게 바라볼 때, 비로소 관계 안에서 드러나는 나의 모습을 조금 더 입체적으로 이해할 수 있을 것이다.

다음 장에서는 이러한 애착이 실제로 어떻게 만들어지는지를 함께 살펴보려 한다. 유년 시절 반복된 경험 속에서 어떤 감각이 마음에 남고, 시간이 흘러 그것이 관계 안에서 어떻게 하나의 반응으로 굳어지는지를 차분히 따라가 보자. 이 과정을 이해하면 이후 각 애착 유형이 관계에서 어떻게 드러나는지도 더 자연스럽게 이해할 수 있을 것이다.

나는 왜 이런 사랑을
하게 되었을까

애착이 형성되는 과정

"사람 많은 데만 가면 괜히 진 빠지네."

"연애하면 행복할 줄 알았는데, 왜 불안하기만 하지?"

"왜 사람들이랑 있으면 몸이 불편하고 뻐근하지?"

이런 말들은 특별한 상담 장면에서만 오가는 이야기가 아니다. 하루를 마치고 혼자 있을 때, 혹은 아주 가까운 사람 앞에서 무심코 흘러나오는 말들이다. 우리는 이런 감정을 느낄 때마다 자연스럽게 자신을 돌아본다. 내가 유난스러운 걸까? 원래 내가 이런 성격인 걸까? 그렇게 생각하다 보면 그 불편함을 애써 넘기거나 스스로를 다독인 채 다시 일상으로 돌아가곤 한다.

하지만 마음은 그렇게 쉽게 정리되지 않는다. 같은 상황에서 비슷한 감정이 반복되고, 관계가 바뀌어도 늘 비슷한 방식으로 힘들어진다면, 그건 우연이라기보다 하나의 패턴일 수 있다. 지금 느끼는 불안과 긴장은 성인이 되어서 새로 생긴 문제가 아니라 오래전부터 몸과 마음이 배워온 관계의 방식일지도 모른다.

이 장에서는 우리가 왜 지금의 방식으로 사랑하게 되었는지, 그 시작이 어디였는지를 천천히 되짚어 보려 한다. 지금의 감정을 고쳐야 할 문제로 보기 전에 먼저 그것이 어떻게 형성되었는지를 이해하는 일부터 시작해 보자.

애착이 형성되는 순간: 반복된 경험과 신념

애착은 부모나 배우자, 연인처럼 우리 삶에서 특별한 사람과 맺는 정서적 유대를 말한다. 누군가와 정서적으로 연결되어 있다고 느끼는 감각, 그 사람과의 관계가 나에게 중요하다고 느껴지는 마음이 바로 애착인 것이다. 성인이 된 이후에 느끼는 이러한 유대는 어느 날 갑자기 만들어진 것이 아니다. 우리가 관계 안에서 자연스럽게 기대하고, 불안해하고, 안도하는 방식은 많은 경우 훨씬 이전의 경험에서 비롯된다. 그래서 애착을 이해하려면 지금의 관계에서 한 걸음 물러나 그 시작점을 함께 살펴볼 필요가 있다.

태어난 아기는 스스로 생존할 수 없기 때문에 양육자의 돌봄에 의존하여 세상을 경험한다. 먹고 자는 일부터 추위를 피하고 외부의 위험으로부터 보호받는 일까지, 삶의 거의 모든 순간이 누군가의 반응에 달려 있다. 이 과정에서 아이는 반복해서 신호를 보내고 그 신호에 대한 양육자의 반응을 경험한다. 울었을 때 누군가 다가오는지, 안아주고 달래주는지, 혹은 누군가를 기다리게 되는지를 통해 아이는 세상과 관계에 대해 아주 중요한 것을 배우게 된다.

이처럼 아기가 반복적으로 겪는 의존과 보호의 경험은 단순히 정서적으로 위로받는 차원을 넘어 생존과 직결된 의미를 갖는다. 아기는 스스로를 보호할 수 없기 때문에 관계 속에서 안전을 확보하는 능력을 가장 먼저 발달시켜야만 한다. 다시 말해, 애착은 단순히 애정을 느끼는 감정이 아니라, 살아남기 위해 관계를 배우고 반응하도록 설계된 정교한 정서 시스템과 같다.

이를 통해 아이는 언제 도움을 요청해도 괜찮은지, 언제 기대해도 되는지, 아니면 혼자 버텨야 하는지를 조금씩 구분하게 된다. 이는 머리로 하는 생각이 아니라 관계 속에서 몸으로 익히는 감각에 가깝다. 그러다 보면 지금 나는 안전한가? 누군가 나를 지켜주는가?라는 질문에 끊임없이 답을 찾게 되고, 이러한 반복된 질문은 무의식 속에서 관계를 해석하는 정서적 기준으로 마음속에 차곡차곡 쌓이기 시작한다.

이렇게 축적된 감정의 경험과 정서적 기준은 바로 애착의 기초가 되며, 아이가 자신과 타인, 세상을 바라보는 방식의 바탕이 된다. 우리가 흔히 말하는 '신념'은 바로 이렇게 관계 안에서 반복되는 경험을 통해 서서히 만들어지는 것이다. 그 결과 마음속에 자리 잡은 신념은 다시 이후의 관계 경험을 해석하는 기준이 되어, 상황이 달라져도 쉽게 사라지지 않는다. 오히려 비슷한 관계를 반복해서 경험할수록 더 익숙해지고 점점 더 단단해지게 된다.

볼비는 이렇게 어린 시절 양육자와의 관계를 통해 형성된 자신과 타인, 세상에 대한 신념과 기대의 틀을 '내적 작동 모델Internal Working Model'이라고 설명했다. 이 개념은 우리가 어떤 관계를 만나든 이미 마음속에 그려져 있는 하나의 틀을 바탕으로 상황을 해석하고 반응한다는 관점을 담고 있다. 이는 보통 어린 시절의 관계 속에서 형성되기 시작하지만, 이후의 중요한 관계 경험을 통해서도 계속 수정되고 재구성된다.

내적 작동 모델은 의식적으로 세운 기준이 아니라, 관계 안에서 되풀이되는 경험을 통해 몸과 감정이 먼저 익혀온 방식에 가깝다. 그래서 우리는 스스로 그 기준을 자각하지 못한 채 익숙한 방향으로 반응하고 선택하게 된다. 말하자면 내적 작동 모델은 관계를 마주할 때마다 작동하는 하나의 필터로, 우리가 언제 안심하고 다가갈 수 있는지, 언제 한발 물러서야 하는지를 감각적으로 알려주는 셈이다. 이후의 모든 친밀한 관계에서 우리는 세상을 바라보는 필터와 같이 내적 작동 모델을 바탕으로 관계를 해석하고, 감정을 느끼며, 행동하게 되고 이 과정은 조용하지만 지속적으로 반복된다.

애착 유형의 형성: 신념이 갈라지는 지점

같은 돌봄을 받아도 모든 아이가 같은 애착을 형성하는 것은 아니다. 아이는 단순히 돌봄의 방식만 경험하는 것이 아니라 그 안에서 어떤 감정이 더 자주, 더 강하게 남았는지를 함께 겪는다. 반복된 관계 경험 속에서 무엇을 더 많이 느끼고 어떤 감정을 더 오래 품게 되었는지에 따라, 신념은 저마다 다른 결로 자리 잡아가게 된다.

양육자에게 일관되고 따뜻한 반응을 받은 아이는 '나는 사랑받을 자격이 있고 타인은 믿을 수 있다'는 감각을 자연스럽게 익힌다. 이러한 신념은 관계를 비교적 안정적으로 받아들이는 방향으로 자리 잡고, 이후의 관계에서도 안정형 애착의 모습으로 드러난다. 이들은 관계 안에서 감정을 비교적 편안하게 표현하고, 필요할 때 도움을 요청하는 데 큰 두려움을 느끼지 않는다.

반면, 어떤 날은 다정하고 어떤 날은 미지근한 반응을 경험한 아이는 늘 양육자의 기분을 살피게 된다. 부모가 따뜻하게 대해주더라도 오늘은 기분이 괜찮을까? 지금 이 사랑은 계속될 수 있을까? 조금만 잘못하면 사라지는 건 아닐까? 하는 불안이 마음속에 남게 되고, 애정을 잃지 않기 위해 더 많이 확인하려는 방식으로 관계에 적응해 간다. 그렇게 아이의 마음속에는 '나는 언제든 버려질 수 있고 사랑은 늘 확인해야만 유지된다'는 신념이 자리 잡게 되는데, 이러한 신념은 관계에서 불안을 중심으로 반응하는 불안형 애착의 특징으로 드러나기 쉽다.

감정을 표현해도 아무런 반응이 없고 무관심했거나, 오히려 반대로 양육자의 지나친 통제와 개입이 뒤따랐던 환경에서는 아이가 스스로를 보호하는 방향으로 적응하는 경향을 보인다. 이 감정을 드러내면 오히려 더 불편하지 않을까? 혼자 해결하는 게 덜 다치지 않을까? 하고 마음속에서 먼저 따져 보게 되고, 그렇게 아이는 기대를 줄이고 감정을 숨기고, 혼자 버티는 것이 더 안전하다고 느끼게 된다. 이 과정에서 '감정을 드러내 봐야 소용없다'는 신념이 자리 잡게 되고, 관계에서는 거리두기를 중심으로 한 회피형 애착의 모습이 나타날 수 있다.

따뜻하게 안아주다가도 갑자기 화를 내거나 다정한 말을 건네다 돌연 차갑게 외면하는 식으로 늘 애정과 위협이 뒤섞여 있던 환경에서는, 아이가 느끼는 사랑의 경험 자체가 일관되지 않고 무엇을 믿어야 할지 혼란을 겪을 수 있다. 이 사람은 나를 지켜주는 사람일까, 해치는 사람일까? 다가가면 안전할까, 아니면 위험할까? 하고 마음속에서 먼저 가늠하게 되고, 아이는 가까워지고 싶지만 본능적으로 멀어지려는 긴장 속에 놓이게 된다. 그 결과 친밀함을 강하게 갈망하면서도, 사랑 자체를 두려워하는 공포회피형 애착의 양상으로 드러나는 경우가 많다.

이렇게 애착 유형은 겉으로 드러나는 성격이나 의지의 문제가 아니라 어떤 돌봄 속에서 어떤 감정이 반복적으로 남았는지에 따라 다르게 형성된다. 아이는 각기 다른 환경 속에서 저마다의 방식으로 관계를 이해하고 적응하며, 그 과정에서 자신과 타인에 대한 신념을 만들어 간다. 이 신념들은 흩어진 채로 존재하는 것이 아니라 마음속에서 하나의 필터로 자리 잡아 이후의 관계를 해석하는 기준이 된다. 바로 이 지점에서 애착 유형은 내적 작동 모델이라는 이름으로 하나의 구조를 갖추게 되는 것이다.

다음의 표는 관계를 맺는 경험에 따라 어떤 신념을 형성하게 되는지, 이러한 신념을 기반한 내적 작동 모델이 반복적으로 작동하면서 어떤 애착 유형으로 나타나는지를 간단히 정리한 것이다.

내적 작동 모델: 애착 유형의 형성 과정 요약

양육자의 반응 방식	아이의 내면화된 신념	형성된 애착 특성	애착 유형
일관되고 따뜻한 반응	'나는 사랑받을 자격이 있다.'	감정 표현에 익숙하고, 정서적 유대에 긍정적	안정형
불규칙하고 예측 불가능한 반응	'언제 버려질지 몰라 불안하다.'	애정을 갈망하고, 과도한 불안과 집착	불안형
무관심하고 감정을 억제하거나, 지나치게 개입함	'감정을 표현해 봤자 소용없다.'	감정을 억제하고, 상대와 일정이 이상 거리두기	회피형
애정을 주면서 동시에 위협하는, 일관되지 않은 반응	'사랑은 두렵고 위험한 것이다.'	친밀감의 욕구와 두려움이 항상 공존	공포회피형

애착의 반복: 어린 시절에서 성인 관계로

애착은 특정 시기의 기억 속에만 머무르지 않는다. 어린 시절 부모와 맺었던 관계의 방식은 시간이 지나면서 또래 친구와의 관계로, 연인과의 사랑으로, 직장 동료나 배우자와의 관계로 자연스럽게 옮겨 간다. 우리는 종종 지금의 관계를 새로운 만남이라 생각하지만, 그 안에서 느끼는 감정과 반응은 익숙한 궤적을 따라 반복되곤 한다.

그래서 어떤 관계에서는 별일 아닌 상황에도 마음이 먼저 반응한다. 상대가 잠시 무심해 보이기만 해도 이유 없이 불안해지기도 하고, 사소한 말 한마디에 마음이 움츠러들기도 한다. 반대로 누군가 가까워질수록 본능적으로 거리를 두고 싶어지거나, 감정을 드러내는 순간 몸이 먼저 긴장될 때도 있다. 이처럼 서로 다른 반응들은 지금의 상대가 특별히 문제여서라기보다 과거 관계에서 형성된 감정의 흔적이 현재의 관계 안에서 다시 활성화된 결과일 수 있다.

새로운 사람을 만나도 우리는 전혀 새로운 방식으로 사랑하지 않는다. 오히려 이미 익숙해진 방식으로 관계를 해석하고 느끼고 행동한다. 그 결과 비슷한 이유로 상처를 받고, 비슷한 지점에서 관계가 흔들리며, 때로는 같은 이유로 사랑을 놓치게 된다. 어쩌면 우리 역시 비슷한 상황에서 늘 비슷한 감정을 느끼고 있다는 사실을 이미 알고 있을지도 모른다. 이처럼 성인이 된 이후 관계에서도 애착이 반복된다는 것은 과거가 현재를 지배한다는 뜻이라기보다, 과거에 배운 관계의 방식이 아직 우리 안에서 계속 작동하고 있다는 의미에 가깝다.

이처럼 관계에서 반복되는 반응들은 우연히 만들어진 것이 아니라 돌봄이 부족했거나 지나치게 개입되었던 환경 속에서 관계의 방식이 형성되고 굳어져 온 과정과 맞닿아 있다. 그 과정에서 어떤 경험이 특히 강하게 남았는지가 현재의 관계에도 여전히 영향을 미친다.

돌봄의 두 갈래: 결핍과 과잉

우리가 관계에서 느끼는 불안이나 거리감은 흔히 '돌봄이 부족했기 때문'이라고만 설명되곤 한다. 실제로 애착 연구 역시 오랫동안 돌봄의 부족에 주목해 왔지만, 최근까지의 연구와 임상 경험은 그 설명이 이야기의 절반에 불과하다는 점을 보여주고 있다. 애착은 돌봄이 부족할 때만 불안정해지는 것이 아니라 아이에게 필요한 정서적 반응이 충분히 주어지지 않을 때도, 반대로 지나치게 개입되고 통제될 때도 왜곡된 방향으로 형성될 수 있다.

예를 들어, 어린 시절 감정을 표현했을 때 부모가 무관심하게 반응하거나 "그런 건 별일도 아니야."라고 일축했다면, 아이는 점차 자신의 감정을 드러내는 것이 의미 없다고 느끼게 된다. 처음에는 서운함이나 실망이었을지 모른다. 그러나 이런 경험이 반복되면 감정을 숨기고 혼자 감당하는 방식이 점점 익숙해진다. 그렇게 형성된 신념은 성인이 되어서도 '감정을 표현해 봤자 소용없다'는 태도로 남아, 관계에서 거리를 두는 회피형 애착의 모습으로 이어지기 쉽다.

반대로, 감정을 표현할 때마다 양육자가 과하게 걱정하거나 즉각적으로 개입하고 통제하는 환경에서도 아이는 편안함을 느끼기 어렵다. 슬프다고 울었을 때 "왜 자꾸 울어?", "울지마. 시끄러워."라는 반응을 보이거나, "울면 너 혼자 놔두고 갈 거야.", "말 자꾸 안 들으면 더 이상 안 봐준다."처럼 감정을 달래기보다 조건을 거는 방식이 반복되면 아이는 감정을 있는 그대로 표현하는 일을 점점 조심스러워하게 된다. 이러한 경험이 쌓이면 감정을 억제하고 왜곡해서 드러내는 쪽으로 적응하게 되고 이 역시 회피형이나 공포회피형 애착의 토대가 될 수 있다.

다만 불안형의 경우에는 양육자의 반응을 예측할 수 없는 환경 속에서 자신의 감정을 더 드러내고 확인하는 방식으로 관계에 적응하게 된다. 이는 양육자의 돌봄이 부족하거나 과한 경우와는 다른 방향의 적응이지만, 중요한 것은 어린 시절 어떤 돌봄을 경험했느냐에 따라 애착이 다르게 형성될 수 있다는 점이다.

이처럼 돌봄의 결핍과 과잉은 방식은 다르지만 공통적으로 아이에게 하나의 메시지를 남긴다. 그것은 바로 '감정을 솔직하게 드러내는 것은 안전하지 않다'는 학습이다. 이 메시지도 마찬가지로, 머리로 이해한 생각이 아니라 관계 속에서 몸과 마음이 먼저 배워버린 감각에 가깝다. 그래서 성인이 된 이후에도 우리는 의식하지 못한 채 같은 방식으로 느끼고, 반응하고, 관계를 맺게 된다. 이 흐름을 이해하는 것만으로도 지금의 관계를 다른 시선으로 바라볼 수 있을 것이다.

시간이 지나면
달라질 줄 알았는데

애착이 반복되는 이유

성인이 되면 더 이상 어릴 때처럼 사랑과 관심에 목마르지 않을 줄 알았다. 누군가를 좋아해도 감정에 휘둘리지 않고 관계를 조금 더 여유 있게 바라볼 수 있을 거라 기대했다. 상대가 나를 조금 소홀히 대해도 스스로를 다독이며 넘어갈 수 있으리라 생각했다. 하지만 실제 관계 안에서 우리는 종종 그 기대와 다른 자신을 마주한다. 어린 시절의 감정은 사라지지 않은 채 어른이 된 지금까지도 우리 곁에 남아 관계 속에서 다시 모습을 드러낸다.

문제는 과거 경험했던 감정이 현재에 남아 있다는 사실 그 자체가 아니다. 더 중요한 것은 그 감정이 지금 이 순간에도 관계 속에서 자동으로 되살아나 우리의 반응을 불러온다는 점이다. 우리는 의식적으로는 상황을 이해하고 있다고 느끼지만 실제 반응은 생각보다 훨씬 빠르게 튀어나온다. 말투 하나, 표정 하나, 연락의 간격 같은 사소한 신호에도 마음이 먼저 반응하고 그 반응은 어느새 행동으로 이어진다.

이처럼 어린 시절에 형성된 애착은 현재의 관계 속에서 자동적으로 반응하며 되살아난다. 과거의 경험을 바탕으로 자리 잡은 내적 작동 모델은 관계의 매 순간 조용히 작동하면서 어떤 신호에 더 예민한지, 무엇을 위협으로 인식할지, 결국 어떻게 반응할지를 결정하며 늘 익숙했던 방식대로 마음을 이끌어간다. 그렇게 감정이 먼저 움직인 뒤에야 생각과 행동이 따라붙고 우리는 그 반응이 마치 즉각적인 선택이었던 것처럼 느끼게 된다.

내적 작동 모델: 어릴 적 애착이 반복되는 이유

이미 앞 장에서 살펴본 것처럼 내적 작동 모델은 어린 시절의 애착 경험을 바탕으로 형성된 내면의 기준과 같다. 이 기준은 의식적으로 하는 생각이라기보다 관계를 마주할 때 자연스럽게 떠오르는 기대와 예측에 가깝다. 누군가에게 다가가도 되는지, 거리를 두는 편이 안전한지, 마음을 드러내도 괜찮은지를 빠르게 가늠하게 만드는 일종의 정서적 나침반처럼 작동한다. 이런 기대와 예측이 반복되면서 내적 작동 모델은 하나의 유연하지만 일관성을 지닌 신념 체계를 이루게 된다.

문제는 이 기준이 과거에 머무르지 않고 성인이 된 이후의 관계 속에서도 계속해서 작동한다는 점이다. 새로운 사람을 만나고 다른 상황에 놓이더라도 우리가 느끼고 반응하는 방식이 놀라울 만큼 비슷하게 반복되는 이유가 바로 여기에 있다. 예를 들어, 어린 시절 충분한 사랑을 받지 못했던 사람은 '나는 사랑받을 자격이 없다'는 신념을 내면에 갖게 될 수 있다. 이 경우 누군가가 애정을 주더라도 그 진심을 믿기 어렵고 관계가 깊어질수록 오히려 불안과 경계심이 커지게 된다. 반대로, 어린 시절 비교적 일관된 돌봄과 정서적 지지를 경험한 사람은 '나는 소중한 존재이며, 타인은 나를 해치지 않는다'는 긍정적인 신념을 자연스럽게 형성하기도 한다. 이런 경우는 누군가의 호의나 애정을 비교적 편안하게 받아들이고, 관계가 깊어지더라도 과도한 불안이나 방어 없이 연결을 유지하려는 경향을 보인다.

이처럼 내적 작동 모델은 우리가 세상과 관계를 대하는 기본적인 태도의 바탕이 된다. 그래서 대체로 우리는 관계를 맺는 순간마다 자신과 타인, 세상에 대해 어떤 태도를 취할지 다음과 같은 질문들을 마음속에서 반복한다.

나는 사랑받을 만한 사람인가?
타인은 나를 실망시키지 않을 존재인가?
세상은 안전하고 예측 가능한 곳인가?

이 질문들은 머리로 곱씹는 생각이라기보다, 관계를 마주하는 순간 무의식적으로 반응하는 감각에 가깝다. 우리는 의식적으로 상황을 차분히 분석하기 이전에 이 관계가 안전한지, 여기서 상처받지 않을 수 있는지를 스스로에게 질문하고 확인하려는 것이다. 그리고 그 질문에 대한 답은 각자가 지닌 애착 경험과 감정의 기억에 따라 미묘하게 달라진다.

♥ 내적 작동 모델의 신념 체계

내적 작동 모델은 하나의 질문에서 출발하지만, 그 질문이 반복되면서 점차 일정한 신념의 방향을 만들어 낸다. 관계를 마주하는 순간마다 마음속에 떠오르는 질문은 보통 두 갈래로 나뉜다. 하나는 '나는 어떤 사람인가'에 대한 물음이고, 다른 하나는 '타인은 어떤 존재인가'에 대한 물음이다. 이 질문들은 그때그때 새롭게 만들어지는 것이 아니라 과거의 애착 경험을 통해 이미 몸에 익숙하고 자연스럽게 떠오르는 질문들이며, 반복될수록 일관된 신념을 형성한다. 우리는 관계를 맺는 순간 이렇게 형성된 자기 인식과 타인 인식을 바탕으로 상황을 해석하고 감정을 느끼며 행동하게 된다. 관계와 상대에 대한 하나의 기준처럼 보이는 이 신념의 이면에는 세상이 얼마나 안전한지, 이 관계를 믿고 지속해도 될지를 가늠하려는 더 근원적인 감각이 함께 작동하고 있다.

아래의 문장들은 각 애착 유형이 흔히 가지기 쉬운 신념의 방향성을 정리한 것으로, 우리 자신과 타인을 단정하거나 진단하려는 목적이라기보다 이후 내용을 이해하는 데 도움을 주기 위한 안내에 가깝다.

- 안정형: 나는 사랑받을 만하고, 타인도 믿을 수 있다.
- 불안형: 나는 부족하고, 타인은 나를 떠날 수 있다.
- 회피형: 나는 혼자서도 괜찮지만, 타인은 믿기 어렵다.
- 공포회피형: 나는 사랑받고 싶으면서도 동시에 타인이 위협적으로 느껴진다.

애착 체계: 감정이 움직이는 방식

내적 작동 모델이 마음속에서 신념의 방향을 만든다면, 우리가 말해온 애착은 단지 하나의 개념이나 생각, 성향에 머무르지 않는다. 오히려 마음을 움직이는 하나의 정서적 시스템과 같아서 신념이 관계의 매 순간 몸과 감정을 먼저 반응하도록 하며, 살아 움직이게 한다. 이를 성인 애착 연구에서는 애착 체계Attachment System라고 부른다.

애착 체계는 관계 안에서 위협이나 거리감이 감지되는 순간, 몸과 마음을 자동으로 움직이게 만드는 정서적 반응의 흐름이다. 누군가의 말투가 달라졌다고 느끼거나 반응이 예전과 다르다고 느껴지는 순간에도 이 체계는 활성화되어 작동하기 시작한다. 이때 애착 체계는 중요한 사람에게 접근하고, 관계를 확인하며, 다시 정서적 안전감을 회복하려는 쪽으로 반응하도록 유도한다.

그런데 사람마다 애착 체계가 작동하는 방식에는 차이가 있다. 어떤 사람은 작은 신호에도 빠르게 반응하고 어떤 사람은 비교적 둔감하게 반응한다. 또 어떤 경우에는 사소한 자극에도 감정적으로 크게 반응했다가 그 여운이 오래 남아 쉽게 가라앉지 않기도 한다. 이처럼 애착 체계가 얼마나 쉽게 활성화되는지, 정서적으로 얼마나 크게 반응하는지, 그리고 그 여운이 얼마나 오래 남는지가 사람마다 다르다. 그 차이가 관계 속에서 감정을 조절하고 갈등을 다루는 방식의 차이로 이어지는 것이다.

성인 애착 연구에서는 이러한 차이를 애착 체계가 과활성화되는 경우와 탈활성화되는 경우로 구분해 설명한다. 이 두 가지 개념은 뒤에서 애착 유형을 이해하는 데 중요한 기준이 된다. 여기서 중요한 점은, 애착 체계가 옳고 그름을 가르는 장치가 아니라는 사실이다. 애착 체계는 단지 관계 안에서 안전을 지키기 위해 발달한 시스템이다. 다만 각 애착 유형은 안전을 확보하는 방식이 서로 다르며, 그 차이는 감정을 다루는 장면, 갈등을 해결하는 순간, 그리고 관계를 다시 회복하고 유지해 가는 과정에서 더 선명하게 드러난다.

♥ 애착 체계가 비교적 안정적으로 작동할 때

애착 체계가 비교적 안정적으로 작동할 때는 관계에서 위협 신호가 감지되더라도 감정이 과도하게 증폭되지 않는다. 필요할 때 반응하되 그 반응이 오래 머무르지 않고, 비교적 빠르게 가라앉는다. 마음이 흔들리는 순간에도 감정을 알아차릴 여지가 남아 있고, 그 감정을 관계 안에서 어떻게 다룰지 조율하려는 방향으로 반응이 이어진다. 갈등이 생기면 회피하거나 과장되게 매달리기보다 상황을 정리하고 대화를 통해 풀어가려는 시도가 나타난다. 이때 관계는 끊어야 할 대상이 아니라 기본적으로 조율하고 회복할 수 있는 대상이자 함께 머물러도 괜찮은 공간으로 인식된다. 이러한 반응은 흔히 안정형 애착에서 주로 나타난다.

♥ 애착 체계가 과활성화 Hyperactivation 될 때

애착 체계가 과활성화될 때는 관계의 작은 변화도 위협 신호로 크게 느껴진다. 감정은 빠르게 올라오고 그 여운도 비교적 오래 남는 편이다. 이때 마음은 감정을 스스로 진정시키기보다 관계가 여전히 안전한지를 확인하는 쪽으로 먼저 움직인다. 갈등 상황에서는 상대의 말투나 반응에 예민해지고 답이 늦거나 표현이 줄어들면 불안이 더 크게 증폭되기도 한다. 그래서 애착 체계는 관계를 놓치지 않기 위해 더 자주 신호를 보내고 연결을 확인하려는 반응을 반복하게 된다. 이러한 과활성화의 흐름은 불안형 애착에서 자주 나타난다.

♥ 애착 체계가 탈활성화 Deactivation 될 때

애착 체계가 탈활성화될 때는 위협을 느끼는 순간 감정의 강도부터 줄이려는 반응이 먼저 나타난다. 감정을 크게 느끼기보다 '괜찮다', '이 정도는 문제없다'고 넘기며 스스로를 진정시키는 쪽으로 마음이 움직인다. 갈등이 생겨도 감정적인 대화를 오래 이어가기보다는 일단 거리를 두고 상황을 식히려 하고, 때로는 관계 자체에서 한발 물러나는 선택을 하기도 한다. 이런 모습이 상대에게는 차갑게 느껴질 수 있지만 실제로는 각성을 피하고 스스로를 안전하게 지키기 위해 나타나는 반응인 셈이다. 이러한 탈활성화의 흐름은 회피형 애착에서 주로 관찰된다.

💜 애착 체계가 과활성화되었다가 탈활성화될 때

어떤 경우에는 애착 체계가 과활성화되었다가 탈활성화되는 흐름을 반복하며, 감정의 강도가 급격히 바뀐다. 가까워지고 싶은 욕구와 멀어지고 싶은 충동이 함께 자극되면서 감정과 행동이 빠르게 오간다. 친밀함을 원하면서도 관계가 깊어질수록 위협을 크게 느끼기 때문에 감정을 표현했다가 곧바로 차단하는 반응이 번갈아 나타난다. 갈등 상황에서도 붙잡으려는 시도와 회피하려는 행동이 엇갈리며 반복될 수 있다. 이러한 혼합된 작동 방식은 공포회피형 애착에서 흔히 관찰되며, 단순히 성격의 문제가 아니라 애착 체계가 불안정하게 활성화되고 진정되는 과정으로 이해할 수 있다.

이러한 차이는 '어떤 방식이 더 낫다'고 우위를 가릴 수 있는 문제가 아니다. 애착 체계는 각자에게 익숙한 방식으로 '안전'을 확보하려고 움직인다. 그래서 특정한 반응을 비난하기보다, 어떤 신호에서 애착 체계가 작동했고 그때 마음이 어떤 방식으로 진정하려 했는지를 이해하는 것이 먼저다. 그 이해가 쌓일수록 관계를 대하는 우리의 시선도 달라질 것이다. 감정을 나누며 다시 연결하려는 선택이 가능해지고, 불안을 확인하려 애쓰거나 거리를 두며 마음을 가라앉히는 반응 역시 스스로 자각하며 조절할 여지가 생긴다. 그렇게 더 현실적이고 덜 상처받는 방향으로 관계를 다시 세워갈 가능성을 얻는다.

일상에서 무의식적으로 드러나는 애착 반응

앞에서 살펴본 내적 작동 모델과 애착 체계의 작동 방식은 머리로만 이해되는 개념이 아니다. 그것은 우리가 특별히 의식하지 않는 순간, 아주 익숙한 일상 장면 속에서 먼저 반응으로 나타난다. 중요한 것은 그 감정이 옳고 그른지를 판단하는 일이 아니라 그 반응이 어디에서 시작됐는지를 알아차리는 것이다.

예를 들어, 만나고 있는 상대가 퇴근 후 연락이 평소보다 조금 늦었을 때를 떠올려 보자. 상황 자체는 단순하지만 마음 한쪽에서 설명하기 어려운 불안이 먼저 올라올 수 있다. 그 순간 우리는 지금의 상황을 보고 반응하는 것 같지만, 실제로는 과거에 반복되었던 무관심이나 결핍의 감정이 함께 깨어나고 있을지도 모른다. 그럴 경우 현재의 상대가 잠시나마 과거의 누군가처럼 느껴지고, 나 역시 그때와 비슷한 방식으로 반응하게 된다.

비슷한 장면은 일상 곳곳에서 반복된다. 모임에서 친구가 나를 보고 인사도 없이 지나쳤을 때, 마음속에서 **나를 불편해하나? 내가 뭘 잘못했었나?** 하는 생각이 빠르게 떠오른다면 그것은 단순한 기분 변화라기보다 오래된 감정 기억이 먼저 반응한 결과일 수 있다. 이러한 반응은 의지가 약해서 생기는 것도, 예민해서 생기는 것도 아니다. 마음이 익숙한 방식으로 안전을 확인하려다 보니 자연스럽게 나타나는 반응에 가깝다.

이처럼 과거의 감정이 현재의 상황에 겹쳐지는 순간을 알아차리는 것이 변화의 출발점이 된다. 감정은 우리를 곤란하게 만드는 장애물이 아니라 마음이 보내는 신호다. 그 신호를 자책이 아니라 이해의 시선으로 바라볼 수 있을 때, 우리는 지금까지와는 다른 방식으로 나 자신과 관계를 마주할 수 있다. 그것이 애착을 이해하는 가장 현실적인 출발점이 된다.

변화는 알아차림에서 시작된다

애착은 타고난 성격이 아니라 반복된 감정의 경험 속에서 몸과 마음에 익숙해진 반응의 방식이다. 무의식은 스스로를 설명하지 않지만 감정과 행동은 언제나 먼저 반응으로 드러난다. 관계 안에서 반복되는 갈등과 불안을 돌아보고, 그 순간 마음이 어떤 신호에 반응했는지를 천천히 살펴보는 일. 그 과정은 나를 탓하기 위한 분석이 아니라 지금까지의 나를 이해하기 위한 시도가 된다.

자주 되풀이되는 감정은 단지 현재의 상황에서만 비롯된 것이 아닐 수 있다. 그 감정이 어디에서 시작되었는지를 이해하는 순간, 우리는 익숙했던 반응의 흐름에서 잠시 벗어나 다른 선택을 시도할 여지를 얻는다. 〈Part 1〉을 마치며 기억해야 할 것은 분명하다. 애착은 고정된 성격이 아니라 관계 속에서 반복되어 온 정서적 습관이며, 그 습관은 지금처럼 스스로

의 반응을 알아차리는 이 작은 자각에서부터 서서히 달라질
수 있다는 점이다.

사랑의 언어는
애착의 언어다.

각 유형은 저마다의 방식으로
연결을 갈망하지만,

그 방식이
서로를 오해하게 만든다.

PART 2

심리
애착 유형별 사랑의 방식

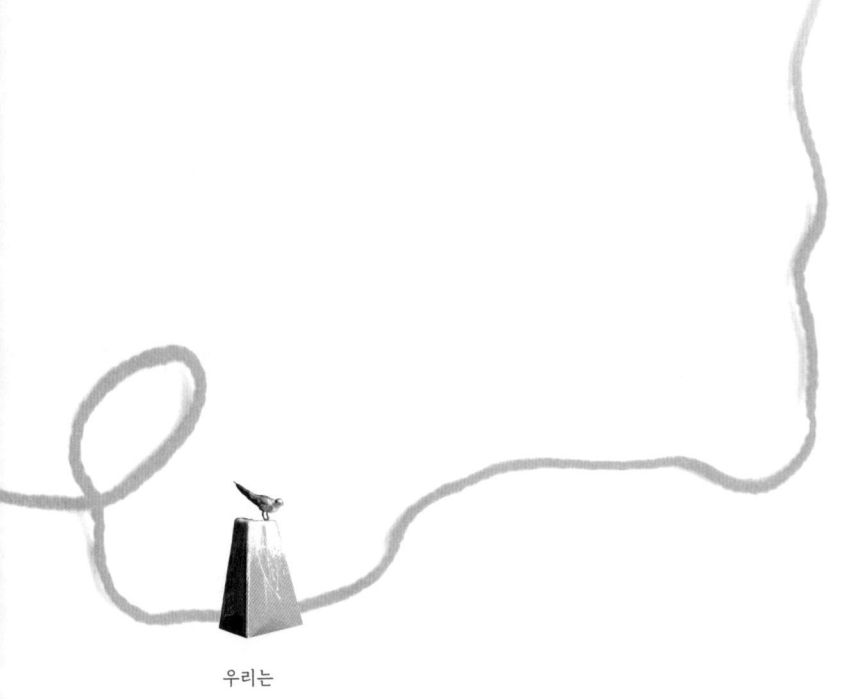

우리는
각자의 방식으로 불안했고
다르게 외로웠다

우리는 각자의 방식으로
불안하고, 다르게 외로웠다

이제부터는 같은 사랑을 하더라도 왜 사람마다 전혀 다른 방식으로 느끼고 반응하는지를 살펴보려 한다. 〈Part 2〉에서는 애착 유형이라는 렌즈를 통해, 관계 안에서 불안해지고 멀어지며 때로는 집착하게 되는 마음의 흐름을 하나씩 풀어볼 것이다. 누군가는 가까워질수록 불안해지고 누군가는 친밀함 앞에서 한발 물러선다. 이 차이는 의지나 성숙도의 문제가 아니라 애착 체계가 작동하는 방식의 차이에서 비롯된다.

〈Part 2〉를 읽을 때는 지금까지 관계를 잘 맺어왔는지 그렇지 않은지를 평가하려 하기보다, 그때마다 내 마음이 어떻게 반응해 왔는지를 차분히 바라보자. 이를 통해 우리는 자신의 사랑이 어떤 애착의 언어로 표현되고 있는지를 알아차리고, 익숙했던 패턴을 조금 다른 시선으로 바라볼 수 있게 될 것이다.

왜 조금만 달라져도
불안해질까

불안형 애착의 불안해지는 심리

함께 영화를 보고 저녁을 먹으면서 서로 웃던 모습이 생생한데, 헤어지고 집으로 돌아가는 길에 답장을 기다리다 보면 마음 한쪽이 서서히 조여온다. 혹시 나만 좋았던 걸까? 오늘 내가 무슨 실수라도 했나?

머릿속에서는 누구랑 통화 중이겠지. 집 가서 바로 씻고 있나 보다. 하고 애써 스스로를 달래보지만 가슴에서 이미 경보음이 울린다. 이 불안은 단순한 기분 탓으로만 치부하기 어렵다. 처음에는 그럴 수도 있지. 하고 넘기려 하지만, 답장이 늦어지는 동안 마음 한구석에서는 작은 의심이 무섭게 싹트기 시작한다. 상대의 표정이나 말투가 달라졌던 순간들이 떠오르고, 내가 실수한 것 같은 장면들이 주마등처럼 스치고 지나간다.

이렇게 작은 불안의 조각들이 모여 하나의 이야기를 만들고, 그 이야기는 곧 '전부 나 때문일지도 모른다'는 해석으로 귀결된다. 이렇게 사소한 신호를 관계의 위협으로 확대 해석하는 경향은 불안형 애착에서 비교적 자주 관찰된다.

　여기서 중요한 점은, 이러한 작은 변화를 위협으로 해석하는 과정이 대부분 의식적인 판단을 거쳐 이루어지기보다 자동적으로, 거의 무의식적인 수준에서 빠르게 일어난다는 사실이다. 그래서 우리는 그 해석을 생각으로 또렷이 인식하기 전에 먼저 불안이라는 감정이나 반복되는 행동의 형태로 그것을 경험하게 된다.

　물론 모든 불안형이 다 그런 것은 아니다. 의식화하여 자동화된 해석을 알아차리는 사람도 있다. 그러나 많은 경우 그 과정은 의식에서 또박또박 설명되기보다 생각과 감정, 행동의 모습으로 먼저 드러난다. 그렇게 자동화된 해석이 반복될수록 애착 체계는 더 쉽게 활성화되고, 생각으로 정리되기 전에 이미 불안한 감정과 상대의 반응을 확인하려는 충동이 더 강해질 수 있다. 이러한 자동적 반응은 불안형에게만 나타나는 현상이 아니라, 애착 체계가 작동하는 방식 전반에서 공통적으로 관찰되는 특징이기도 하다.

왜 가까워질수록 더 불안해질까?

불안형은 관계가 가까워질수록 안심하기보다 오히려 더 많은 확신을 원하는 경향이 있다. 오늘 하루 동안 연락이 줄면 **단순히 바빠서일까? 아니면 마음이 변한 걸까?** 생각이 꼬리를 물고 이어진다. 괜찮다가도 다시 **혹시 내가 뭔가 잘못했나? 지금 누구를 만나고 있는 건 아닐까?** 같은 질문이 마음속을 맴돈다. 마치 휴대폰 배터리가 얼마 남지 않았을 때 괜히 전원이 꺼질까 신경 쓰이는 것처럼 마음속에서는 불안이 점점 커져간다. 이런 생각은 종종 머릿속에서 대화의 형태로 이어진다. **괜찮아, 바빠서 그럴 거야. 아니야, 뭔가 달라졌어.** 이렇게 스스로와 실랑이를 벌이다 보면 마음은 점점 더 불안한 쪽으로 기울기 쉽다.

이런 모습은 단순히 성격 문제로만 설명하기 어렵다. 어느 한 사람만의 잘못으로 돌릴 문제도 아니다. 왜냐하면 겉으로 드러나는 갈등과 행동의 이면에는 내적 작동 모델이 세상을 해석하는 하나의 필터처럼 작동하고 있기 때문이다. 불안형 애착은 내적 작동 모델의 '자기 부정', '타인 긍정'의 신념을 통해 자기 자신에 대해서는 부정적으로 바라보지만, 애착 대상에 대해서는 긍정적으로 인식하는 경향으로 발달했다. 다시 말해, '나는 결국 버림받을 수 있다', '상대는 나보다 더 안정적이고 괜찮은 사람이다'와 같은 신념이 마음속 깊이 자리 잡고 있는 것이다.

사람은 대부분 애착 체계의 본능적인 목적에 따라 친밀감을 추구한다. 그 목적은 애착 대상을 통해 '정서적 안전감'을 회복하는 데 있다. 그러나 불안형의 경우 '자기 부정'의 신념이 강해질수록 '나는 충분히 사랑받기 어렵다'는 결핍감이 함께 따라붙고, 이 결핍은 친밀감에 대한 욕구를 더욱 예민하게 자극한다. 즉, 친밀감을 향한 본능이 기본 동력이라면 자기 부정 신념은 그 본능을 증폭시키고 왜곡하는 필터로 작용하는 셈이다. 그래서 관계가 불확실하다는 위협 신호가 느껴질수록 그 신호를 '내가 부족해서 거절당하는 것일지도 모른다'고 해석하기 쉬워진다.

이처럼 해석이 부정적인 방향으로 치우칠수록 애착 체계는 보다 쉽게 활성화된다. 이는 불안형의 내적 작동 모델이 가진 '타인 긍정'의 신념에 의지하여, 상대에게 더 가까이 다가가면 결국 상대가 반응해 줄 것이라는 희망을 쉽게 놓지 못하기 때문이다. 그 결과 애착 체계는 활성화된 상태를 진정시키기보다 점점 더 고조시켜서 과활성화 상태로 몰고 가기 쉽다.

애착 체계가 과활성화될 때, 무슨 일이 벌어질까?

과활성화란, 애착 체계가 활성화되었을 때 심리적 안전감을 회복하고 정서적 연결과 지지를 확보하려는 욕구가 지나치게 높아진 상태를 말한다. 이때 애착 체계는 상대의 반응에 더욱 민감해지고 한번 활성화되면 좀처럼 가라앉지 않는 경향을 보인다.

답장이 늦거나 말투가 차가워지는 등 상대의 변화가 위협 신호로 느껴지면 애착 체계가 쉽게 활성화될 수 있다. 불안형의 경우 단순히 활성화되는 것에 머물지 않고 과활성화로 이어져, 사소한 변화를 더 민감하게 느끼고 더 부정적으로 해석하는 경향이 높아진다. 생각은 자연스레 최악의 상황을 떠올리기 쉽고, 그에 따라 숨이 가빠지거나 감정이 차올라 눈물이 나기도 하고 짜증이나 분노로 표출되기도 한다. 이런 상태가 이어지면 답답한 마음에 메시지를 연달아 보내거나, 지금 당장 통화하자고 하거나, 상대에게 만나자고 재촉하기 쉬워진다. 이러한 반응들은 모두 상대와 멀어졌다고 느끼는 정서적 거리를 다시 좁히고 흔들렸던 심리적 안전감을 회복하려는 시도다. 그 과정에서 확인하려는 행동이 이전보다 더 자주, 더 강하게 나타나기도 한다. 성인 애착 연구는 이러한 반응의 흐름을 과활성화 전략Hyperactivating Strategies[*]이라고 설명한다.

연락이 뜸해질 때마다 밀려오는 불안감에 무의식적으로 휴대폰을 집어 들고, 작은 단서라도 찾을까 싶어 마지막 대화를 습관처럼 훑어보고 반복해서 확인한다. 그럴수록 잠시 안도감을 느끼더라도 의심은 곧 되살아나서 꼬리에 꼬리를 물고, 더 분명한 증거를 찾으려고 집착하기도 한다. 이러한 일련의 반응을 이 책에서는 확인 행동Reassurance Seeking^{**}이라 부른다.

---

[*] 과활성화 전략은 위협 신호에 대한 생각과 감정의 고조, 이어서 나타나는 확인 행동을 포함한 항의 행동 전반으로 확장되는 반응의 흐름을 가리킨다. 다만, 아미르 레빈(Amir Levine)과 레이첼 헬러(Rachel Heller)의 《Attached》(2019)에서는 행동을 제외한 인지 및 정서적 반응까지만을 활성화 전략(Activating Strategies)이라고 구분하여 설명하고 있다.

---

^{**} 확인 행동은 관계에 있어서 정서적 안전감을 확인하려는 반복적인 시도로, 상대의 감정과 의도를 지속적으로 묻거나 불안을 잠재울 만한 긍정적인 단서를 찾는 일련의 행동이다. 상대가 지금 나에게 안전감을 줄 수 있는지, 앞으로 안전 기지의 역할을 할 수 있는지 확인하려는 시도가 본질이다. 하지만 불안을 낮추려는 의도로 시작되었더라도 확인 행동이 반복될수록 상대에게서 부정적인 단서들을 더 많이 발견하게 되고, 그 결과 불안을 강화하는 역설적인 방향으로 이어지기 쉽다. 하여 잠깐은 불안을 완화하지만 장기적으로는 애착 체계의 과활성화를 강화시켜 불안을 더 쉽게 유발할 수 있다. 직역하면 '안심 추구 행동'이 적절하지만 독자의 이해를 돕기 위해 이 책에서는 '확인 행동'이라는 용어를 쓴다. 여기서의 '확인'은 강박에서 말하는 물리적 점검을 뜻하지 않고, 애착의 맥락에서 관계의 안전성을 확인하려는 행동의 형태를 가리킨다.

확인 행동이란, 관계의 안전성을 확인하기 위해 상대의 감정이나 의도를 반복적으로 확인하거나 스스로 안심할 단서를 찾는 행동을 말한다. 이러한 행동은 겉으로 보기에 상대를 의심하거나 문제를 찾으려는 시도로 오해되기 쉽다. 마치 자신의 불안이 맞다는 것을 확인하려는 시도로 보일 수 있다. 하지만 실제로 불안형은 타인을 부정하기보다, 여전히 나에게 안전한 존재인지 확인하기 위해 타인에 대한 긍정적 신념을 바탕으로 안심할 단서를 찾으려 애쓰는 경우가 더 많다. 이러한 확인 행동은 불안을 일시적으로 낮추는 데에는 도움이 될 수 있으나, 문제는 이것이 반복될수록 애착 체계의 과활성화를 유지하거나 강화하여 불안을 더 쉽게 유발할 수 있다는 점이다.

즉, 확인 행동이 반복될수록 작은 변화에도 쉽게 반응하는 민감한 상태가 될 수 있다. 그 결과, 상대의 사소한 변화에도 애착 체계가 쉽게 활성화되고 과활성화 상태가 이전보다 오래 지속되기 쉬워진다. 보통 위협이 사라지면 애착 체계의 반응도 점차 줄어드는 경향을 보이지만, 이때는 마음이 완전히 가라앉지 않은 채 남아 있거나 쉽게 다시 활성화되는 상태가 반복될 수 있다는 의미다.

♥ 몸과 마음은 어떻게 반응할까?

상대의 답장이 늦고 말투가 미묘하게 달라지면 몸이 먼저 비상 상황임을 감지하는 듯한 반응을 보일 수 있다. 호흡이 가빠지고 심장이 빨리 뛰는가 하면, 어느새 어깨와 턱에 힘이 들어가 있는 것을 알아차리기도 한다. 가슴은 답답해지고 심할 때는 속이 타들어 가거나 배가 뒤틀리는 듯한 불편감이 올라올 수 있다. 이와 동시에 마음은 최악의 상황을 먼저 떠올리고 평소와 다르지 않은 말도 차갑게 들리기 쉽다. 또한, 상대가 보낸 이모티콘 하나까지 신경 쓰이고 거슬리면서 방금 나눈 대화를 머릿속에서 되감는다. 사소한 변화에 의미를 덧씌우다 보니 생각이 좀처럼 멈추지 않고, 결국 다른 일에 집중하기 어렵고 시간마저 느리게 흘러가는 것처럼 느껴질 수 있다.

♥ 행동으로 어떻게 드러날까?

손은 습관처럼 휴대폰을 찾게 된다. "지금 어디야?", "왜 답이 없어?" 같은 메시지를 연달아 보내거나, 당장 통화를 요구하거나, 상대에게 오늘 꼭 만나자고 재촉하며 상대의 반응을 확인하려 들기도 한다. 상대가 답장하기 전까지 '읽음'과 접속 상태를 반복해서 확인하고, 이전 대화를 되짚거나 키워드로 검색하며 스스로를 안심시킬 단서를 찾으려 애쓴다. 때로는 상대의 SNS 활동까지 샅샅이 살피게 된다. 또한, 반응을 끌어

내기 위해 일부러 답장을 늦게 하거나 무심한 말투로 상대의 마음을 떠보는 경우도 있다. 경계가 흐려져 개인 시간과 함께 하는 시간을 명확히 구분하지 못해 상대의 개인 시간마저 함께하는 시간으로 생각하거나, 연락이 잘 안되는 순간을 곧 사랑이 식었다는 신호로 해석하기도 한다.

♥ 관계에 어떤 영향을 미칠까?

반복되는 확인 행동은 상대에게 압박감이나 감시받는 느낌을 줄 수 있다. 그 결과 상대는 답장이 늦어지거나 말수가 줄어들고, 만나는 간격이 점차 길어지기 쉽다. 상대가 개인 시간을 지키려는 마음이 커질수록 둘 사이의 정서적 거리는 더 멀어지기 쉽고, 그 거리는 역설적으로 확인 행동을 다시 자극하는 요인이 되기도 한다. 대화는 점점 표면적인 말들로 겉돌고 사소한 오해로 다툼이 잦아질 수 있다. 이러한 악순환이 이어지면 결국 서로의 심리적 안전감이 눈에 띄게 약화되기 쉬워진다.

♥ 시간이 지날수록 어떻게 달라질까?

애착 체계의 과활성화가 계속되면 몸과 마음이 쉽게 긴장되고 확인 행동 역시 반복될 수 있다. 확인 행동이 순간적으로는 안도감을 주기도 하지만 그 행동이 반복될수록 불안에 대한 민감도가 오히려 높아지기 쉽다.

이처럼 겉으로 보기에는 감정에 휘둘리고 확인 행동이 집요하게 느껴질 수 있지만, 그 이면에는 위협을 느낄 때 애착대상이 안전기지 secure base *가 되어주기를 바라는 간절한 마음이 크다. 과활성화 전략의 본질은 결국 관계 안에서 흔들렸던 정서적 안전감을 다시 회복하려는 시도라고 볼 수 있다.

다만 이 과정에서 의도와 달리 두 사람 사이의 거리가 서서히 멀어지기 쉬워진다. 이러한 흐름이 이어질수록 결국 이전보다 사소한 자극에도 점점 더 쉽게 불안해지고, 한번 불안감이 밀려오면 진정하는 데에 더 많은 시간이 소요되기도 한다.

---

* 애착 이론에서 정서적 안전감을 바탕으로 아이가 주변 환경을 자유롭게 탐색하도록 돕는 대상을 의미한다. 이는 아이가 세상에 대한 호기심을 갖고 탐험하더라도 위험이나 불안을 느낄 때 언제든 돌아가 위로와 보호를 받을 수 있는 안식처(Safe Haven)의 역할을 수행한다. 원래는 부모와 같은 주양육자가 아이의 안전기지가 되지만 성인이 되면서 가까운 친구와 연인, 배우자 등으로 대상이 확장된다.

불안형의 행동 패턴: 항의 행동

애착 체계가 과활성화될 때 불안형에게서 비교적 자주 관
찰되는 행동 패턴을 핵심 항목으로 정리해 보았다. 상대와 친
밀감을 회복하고 상대의 반응과 관심을 유도하려는 일련의
시도들을 항의 행동Protest Behavior *이라고 부른다. 여기에는
확인 행동을 비롯해 과도한 요구, 반복적인 통제처럼 관계의
거리를 좁히기 위해 나타나는 행동들이 항의 행동에 포함된

---

* 항의 행동은 친밀감을 회복하고 관계의 안전을 확보하기 위해 보이는 모든 자
동적이고 충동적인 행동 양상을 총칭한다. 이는 '애착 대상과의 연결을 유지하
라'는 본능적인 항의를 담고 있으며, 이성적 통제보다 불안이라는 감정 충동이
주도하는 과활성화 반응이 특징이다. 불안이 고조됨에 따라 이 행동은 두 가지
양상으로 심화되는 경향이 있다. 확인 행동과 같은 초기 수동적 반응에서 시작
해 몰아붙이기, 질투 유발하기, 적대적으로 표현하기, 그리고 받은 만큼 돌려주
기 같은 능동적 통제 반응으로 발전한다.

다. 이러한 항의 행동은 순간적으로는 불안을 낮추는 데 도움이 될 수 있지만, 반복될수록 과활성화 상태를 유지하거나 강화시키는 방향으로 작용하기 쉽다.

아래의 1~8번은 일상 관계에서 나타나는 항의 행동의 대표적인 예들이다. 모두가 항상 같은 방식으로 나타나는 것은 아니며, 상황과 관계의 맥락에 따라 일부만 경험되기도 한다. 바로 이어지는 박스에서는 상대에게 보다 직접적으로 반응을 요구하는 능동적 항의 행동의 형태를 소개하고 있다.

♥ 작은 변화에도 부정적 의미를 부여한다

표정의 미묘한 변화, 말투, 이모티콘 하나에도 숨겨진 뜻이 있을지 애쓰게 된다. 이런 사소한 변화를 놓치지 않고 곧바로 마음의 거리로 연결 짓고, **혹시 나를 피하는 건가? 날 떠나버리겠지?** 같은 의심으로 생각을 확장하기 쉽다.

♥ 헤어질 날을 미리 상상한다

현재 큰 문제가 없는데도 머릿속에서는 최악의 이별 상황을 미리 상상한다. 미리 마음의 준비를 해두면 덜 아플 것 같다는 자기 위안 때문이다. 하지만 이러한 상상은 현재의 안전감을 약화시키는 경우가 많다.

♥ 연락이 늦어질수록 불안이 커지고 확인 행동이 늘어난다

답장이 없을 때 머리로는 이해하려 하지만 마음에서는 의심과 불안이 쉽게 커진다. 휴대폰을 반복해서 확인하고 이전 대화를 되짚으며 안심할 단서가 있는지 찾으려 애쓴다.

♥ '읽음'과 접속 상태를 과도하게 신경 쓴다

상대의 메시지 읽음 여부나 마지막 접속 시간, 온라인 상태를 반복해서 확인하며 관계가 지금 어떤 상태인지 가늠하려 한다.

♥ 대화를 저장해 두고 의미를 되새긴다

지난 대화 내용을 따로 저장해 두거나 메모로 남기고 다시 읽으며 숨겨진 의미를 찾으려 한다. 이는 안심하기 위한 시도지만 오히려 불안이 되살아나는 경우가 많다.

♥ 자기표현을 줄이고 상대에게 맞춘다

불만이 있어도 갈등이 생길까 봐 하고 싶은 말을 삼키고 상대의 요구에 먼저 맞추려 한다. 시간이 지날수록 자신의 필요를 뒤로 미루게 되고, 상대가 원하는 대로 먼저 행동하기 쉽다.

💜 애정을 과도하게 쏟는다

관계를 잃지 않기 위해 연락과 표현을 더 많이 하고 선물 공세와 같은 행동을 늘린다. 하지만 의도와 달리 이는 상대에게 부담으로 느껴질 수 있다.

💜 관계를 서두르고 확정하려 한다

통화나 답장, 만남의 속도를 당기고 "우리 무슨 관계야?", "오늘 꼭 관계 정리하자."와 같이 관계의 방향을 빠르게 정리하려는 요구가 많아진다. 이는 잠시 안도감을 주기도 하지만 상대에게는 압박으로 받아들여질 수 있다.

이러한 행동은 겉보기에는 애정을 확인하려는 노력처럼 보일 수 있으나, 장기적으로는 상대에게 부담을 주거나 관계의 여유를 줄이는 방향이 될 수 있다. 압박이 반복될수록 상대는 더욱 거리를 두려고 할 것이며, 이는 다시 불안을 자극하는 악순환으로 이어지기 쉽다.

능동적 항의 행동, 이렇게 나타난다 [대표 8개] · · · · · · · · · ·

아래의 행동들은 불안이 크게 고조되었을 때 나타날 수 있는, 보다 직접적인 항의 방식이다. 이는 일시적인 불안 해소는 가능하지만 관계의 장기적인 신뢰와 정서적 안전감을 심각하게 훼손하는 역기능적인 행동들이다. 모두가 동일하게 경험하는 것은 아니며, 일부만 해당될 수 있다.

1 · 집착하기
상대와의 연결을 놓지 않으려는 집착적 행동으로, 계속해서 전화기만 들여다보고 수많은 부재중 전화와 메시지를 연달아 남긴다. 심지어 혹시나 마주칠 수 있을까 하여 상대의 집이나 직장 근처를 배회하기도 한다. 이러한 행동은 단순한 확인 행동을 넘어, 상대의 자율성을 침해하고 반응을 강요하는 강한 항의 행동에 해당한다.

2 · 반응 떠보기
일부러 답장을 늦추거나 무관심한 말투로 상대의 반응과 애정을 시험한다. 예를 들어, 상대에게서 답장 오는 속도보다 늦게 메시지를 보내거나, 상대에게 관심 없는 듯 행동하여 상대의 반응을 확인하려 한다.

3 · 몰아붙이기
통화나 만남을 강하게 요구하며 즉각적인 반응을 기대한다. "지금 뭐하고 있어? 왜 연락이 안 돼?", "내가 한 시간 내로 무조건 답장하랬지?", "이번 주에 못 만나는 건 말도 안 돼."와 같은 표현으로 상대의 자율성을 좁히고 심리적 압박을 가한다.

4 · 의도적으로 잠수를 타고 연락 회피하기
자신의 불안이나 분노를 직접 표현하기보다 의도적으로 연락을 줄이거나 잠시 거리를 둔다. 이는 상대가 불안해하며 자신을 찾도록 만들

어 관계에서 주도권을 회복하려는 수동-공격적 방식의 항의 행동이
다. 이는 상대의 반응을 이끌어 내기 위한 항의 형태의 회피를 말하며,
회피형 애착의 지속적 회피와는 구분된다.

5・질투 유발하기

제삼자를 언급하거나 현재의 관계를 다른 사람과 비교한다. 이를 통해
상대의 질투심을 자극하여 자신에게 다시 집중하도록 만들고, 관계 속
에서 자신의 가치와 중요성을 다시 확인하려는 시도이다.

6・공격적으로 표현하기

짧고 날 선 말투를 사용하거나 상대를 비꼬고 비난한다. 이는 상대의
회피적인 태도에 대한 분노와 좌절이 직접적으로 드러나는 방식으로,
상대가 불편함을 느끼고 반응하도록 압박한다.

7・받은 만큼 돌려주기

상대의 거리두기나 무관심에 대응하여 비슷한 방식으로 감정을 되돌
려주려 한다. 이는 '너도 내가 느낀 불편함을 느껴보라'는 메시지를 전
달하려는 보복적 반응이다.

8・이별로 압박하기

"그만하자.", "헤어지자."와 같은 말을 사용하여 상대의 강한 반응을 이
끌어 내려 한다. 실제로 이별하려는 의도라기보다는, 상대에게 관계
단절의 위협을 느끼게 하여 애정을 다시 확인하려는 가장 극단적인 항
의 방식이다.

불안형이 겪는 익숙한 상황

사례 1 ♥ 답장이 늦어질 때 마음이 흔들렸던 순간

민수와 지혜는 연애를 하고 있다. 연애 초반에는 지혜가 훨씬 더 민수에게 연락도 자주 했고 만나는 시간도 많았지만, 지혜의 회사에서 야근이 많아지면서부터 민수가 느끼기에 연락도 만나는 빈도도 점점 줄어들었다. 지혜가 요즘 바쁘다는 것을 알면서도 민수는 관계를 다시 회복해야 한다는 마음에 "오늘 우리 퇴근하면 만나자." 하고 메시지를 보냈지만, 지혜가 확인한 뒤 한참 동안 답장이 오지 않았다. 그 사실을 알아차린 순간부터 민수의 시선은 자꾸 휴대폰으로 향했다. **아직 회의 중인가? 아니면 설마 그냥 보고도 넘긴 걸까?** 별일 아닐 수도 있다는 생각과 괜히 마음이 철렁 내려앉는 느낌이 동시에 스쳤다. 답장이 늦어지는 이 짧은 공백은 민수에게 단순한 시간이 아니라 관계 어딘가에 금이 간 것처럼 느껴졌다. 심장은 이유 없이 빨라지고 손은 무의식적으로 휴대폰을 집어 들었다. 방금 나눴던 대화를 다시 훑어보며, 혹시 내가 어색한 말을 한 건 아닌지 되짚어 보았다.

조금만 기다리면 괜찮아질 거라고 스스로를 달래보지만 머릿속에서는 이미 여러 장면이 앞서가고 있었다. 혹시 마음이 식은 건 아닐까? 나한테 실망한 게 있는 걸까? 결국 민수는 "왜 연락이 없어?"라고 메시지를 보냈다. 답이 오지 않자, "오늘 잠깐 볼 수 있을까?", "지금 어디야?" 같은 말이 연달아 따라붙었다. 상대를 몰아붙이려는 의도라기보다 이 불안이 사실이 아니라는 확인을 받고 싶은 마음이 더 컸다. 하지만 메시지는 점점 조급해지고 그만큼 마음도 더 흔들렸다.

한편 지혜는 회의가 예상보다 길어져 휴대폰을 볼 틈이 없었을 뿐이었다. 잠시 쉬는 시간에 쌓인 메시지를 보고서야 상황을 알아차렸다. 미안한 마음이 먼저 들었지만 동시에 **또 설명해야 하나?** 하는 피로감도 함께 올라왔다. **조금만 기다려주면 좋겠는데.** 하는 생각이 스쳤지만 막상 답장을 쓰려니 어디서부터 말해야 할지 막막해졌다. 그렇게 몇 분이 더 흐르고, 지혜의 내면에서는 잠시 혼자 있고 싶다는 마음이 조용히 커져갔다.

사례 2 ♥ 확인하고 싶다는 마음이 커지던 순간

가희와 태호는 큰 갈등 없이 비교적 안정적으로 만남을 이어오고 있다. 다만, 요즘 들어 태호에게 연락 오는 간격이 조금씩 길어지고 약속도 전처럼 쉽게 잡히지 않는다. 바쁜 일정 때문이라는 설명을 들어도 가희의 마음은 쉽게 가라앉지 않는다. **정말 바쁜 것뿐일까? 아니면 나에 대한 마음이 달라진 걸까?** 낮에는 애써 괜찮은 척하지만 밤이 되면 마음속 질문은 더 선명해져 갔다.

며칠을 그렇게 넘기다, 가희는 서운한 마음을 조심스럽게 꺼내 보았다. "요즘 왜 이렇게 달라졌어?"라는 말이 먼저 튀어 나왔고, 이어서 "나한테 마음이 식은 거야?"라는 질문이 겹쳐 나왔다. 하지만 태호의 반응은 생각만큼 충분하지 않았다. 돌아오는 대답은 짧았고 가희는 오히려 더 불안해졌다. 불안이 고조될수록 말은 길어지고 목소리와 표정에 날이 서기 시작했다. **이렇게라도 해야 내 마음을 알아주지 않을까?** 하는 불안은 점점 분노와 초조함의 형태로 바뀌어 갔다.

태호가 "그런 건 아니야."라고 설명해도 가희의 마음은 쉽게 놓이지 않았다. "아니라면서 왜 이렇게 연락이 안 되는 거야? 잘 만나지도 못하고!" 가희의 말이 다시 이어지고, 대화는 점점 따져 묻는 방향으로 흘러갔다. 태호는 이해하려 애쓰지만 반복되는 질문과 몰아붙임 속에서 점점 숨이 막히는 느낌을 받았다. 설명을 해도 충분하지 않은 것 같고, 말 한 마디 한 마디가 시험대에 오르는 것처럼 느껴졌다. 그러다 결국 가희의 말이 선을 한 번 넘어서게 되었다. "이럴 거면 그냥 헤어져.", "나랑 연락도 제대로 안 할 거면서 왜 만나?", "다시는 연락하지 마." 이렇게 말이 감정에 밀려 연달아 튀어나온 것이다. 그 순간 태호는 더 말하지 못하고 입을 다물었다. 관계를 붙잡고 싶어 던진 말이었지만 두 사람 사이에는 오히려 돌이키기 어려운 긴장과 거리감이 선명하게 남았다.

이 두 장면은 불안형 애착에서 자주 반복되는 흐름을 보여 준다. 불안형의 내적 작동 모델은 '나는 언제든 버림받을 수 있다'는 신념이 자리한 경우가 많다. 이 신념은 상대의 작은 변화나 거리감을 위협 신호로 빠르게 해석하게 만들고 애착 체계를 즉각적으로 활성화시킨다. 그 결과 불안을 낮추기 위해 확인 행동이나 항의 행동이 나타나지만, 이러한 시도는 의도와 달리 상대에게 압박으로 전달되며 관계의 긴장을 키우기 쉽다. 결국 가까워지고 싶다는 마음이 아이러니하게도 두 사람 사이의 거리를 더 벌려놓는 방향으로 작동하게 되는 것이다.

불안형에게 전하는 메시지

이처럼 불안형에게는 애착 체계가 어떤 방식으로 작동하는지를 이해하는 일이 정말 중요하다. 친밀한 관계 안에서 우리가 경험하는 사랑은 대부분 애착이 작동하는 방식 위에서 이루어진다. 그래서 관계에서 반복되는 불안과 반응을 이해하려면 무엇보다 자신의 애착 체계가 어떤 순간에 활성화되고 어떻게 움직이는지를 알아차릴 필요가 있다. 이러한 이해가 쌓일수록 나 자신과 관계를 바라보는 시선 역시 조금씩 달라질 수 있다.

여기서 기억할 점은 불안이 곧 잘못된 감정이거나 문제라는 뜻은 아니라는 사실이다. 불안은 관계 안에서 위협으로 느껴지는 자극에 우리의 애착 체계가 반응하고 있다는 하나의 신호다. 이 신호를 알아차린다는 것은 관계에서 무엇이 나를 흔들고 있는지를 비로소 볼 수 있게 되었다는 뜻이기도 하다. 이렇게 내면의 불안이 왜 생겨났는지를 이해하는 순간 불안은 더 이상 관계를 주도하는 힘이 아니라, 나 자신과 관계를 돌아보게 하는 출발점이 된다.

셀프 체크리스트: **나는 불안형일까?**

다음의 체크리스트는 성인 애착의 연구 문헌을 토대로 재구성한 자기 점검용 안내이다. 점수 구간은 임상적 기준이 아니라, 불안형 애착의 경향이 관계 안에서 어떤 강도와 양상으로 드러나는지를 이해하기 쉽도록 구분한 것이다. 표준화된 심리검사가 아니므로 임상 진단이나 평가를 대신하지 않는다. 점수는 경향성을 가늠하기 위한 참고 지표일 뿐이며, 점수가 높다고 해서 스스로를 탓하거나 잘못된 것으로 여길 필요는 없다.

다음의 문항들은 지금의 관계를 평가하거나 누군가를 판단하기 위한 질문이 아니다. 관계 안에서 반복적으로 나타나는 나의 불안 반응과 관계의 방식을 천천히 돌아보기 위한 안내에 가깝다. 옳고 그름을 가리려 하기보다 불안이 올라올 때마다 내가 어떤 방향으로 움직였는지를 이해해 보겠다는 마음으로 차분히 따라가 보자.

불안형 질문지

※ 지난 4주 동안의 경험을 떠올리며 각 항목에 점수를 매긴다.

[참여형 0-4점 척도]

0점	1점	2점	3점	4점
전혀 그렇지 않다	드물게 그렇다	가끔 그렇다	자주 그렇다	거의 항상 그렇다

1. 상대의 작은 변화가 나 때문일 수 있다고 생각하는가?
2. 답장이 늦거나 연락 오는 횟수가 줄면 관계가 흔들린다고 느끼는가?
3. 스스로 안심할 단서를 찾으려고 지난 대화를 자주 반복해서 읽는가?
4. 이모티콘, 말투, 표정에서 숨겨진 뜻을 찾으려고 애쓰는 편인가?
5. 사소한 상황에서도 **내가 실수했나?** 하는 생각이 먼저 떠오르는 편인가?
6. 불안을 낮추려고 질문이나 연락 같은 확인 행동을 반복하는가?
7. 상대와 거리를 느끼면 상대에게 과하게 잘해주거나 지나친 애정 표현을 하는가?
8. 불안이 커지면 "지금 만나서 얘기하자.", "통화하자."와 같이 상대에게 지나치게 요구하는 편인가?
9. 상대의 반응이 없으면 "그럴 거면 날 왜 만나?", "우리 헤어지자."와 같이 상대를 압박하는 말이 튀어나오는가?
10. 상대의 개인 시간을 존중하기보다 나의 필요를 먼저 채우려는 편인가?
11. 반응이 없을 때 최악의 상황을 먼저 상상하는 편인가?
12. '읽음' 여부, 접속 상태, SNS 활동을 반복적으로 확인하며 마음을 달래는가?
13. 불만이 있어도 관계가 깨질까 봐 말을 삼키는 일이 많은가?

14. 내 일정, 수면, 식사를 상대의 기준에 맞춰 자주 바꾸거나 미루는 편인가?
15. 질투심을 유발하거나 일부러 늦게 답장해 상대의 반응을 떠보는 일이 있는가?
16. 상대가 혼자 있고 싶다고 말하면 거절당했다고 느끼는가?

점수 해석 — 총점 0~64점

0~20점	불안형 경향이 낮다. 불안이 올라오더라도 확인 행동이나 항의 행동으로까지 확장되지 않고, 관계의 균형이 비교적 안정적으로 유지되는 편이다.
21~36점	불안형 경향이 있다. 특정 상황에서 불안이 활성화되며, 무엇이 촉발 요인으로 작용하는지 비교적 또렷하게 나타난다.
37~52점	불안형 경향이 뚜렷하다. 잦은 확인 행동과 관계의 흐름이 개인의 일상생활보다 우선되는 일이 자주 관찰된다.
53~64점	불안형 경향이 매우 강하게 드러난다. 확인 행동뿐만 아니라 항의 행동까지 이어지며, 격양된 감정이 관계의 상호작용 전반을 주도하기 쉽다.

점수를 어떻게 읽어야 할까? — 반응의 흐름 정리

아래의 분류는 사람을 나누기 위한 기준이 아니라 불안이 올라올 때 내 반응이 주로 어디로 향하는지를 살펴보기 위한 정리에 가깝다. 여러 항목에 동시에 해당하더라도 이상한 일이 아니며, 이는 불안형 애착에서 흔히 보이는 중복된 반응을 자연스럽게 반영한 결과로 이해할 수 있다.

1, 2, 11번이 높다	위협 신호라고 해석하는 편향이 강하다. 작은 변화도 관계의 위협으로 빠르게 받아들이는 경향이 강하다.
3, 4, 5, 6, 12번이 높다	확인 행동 경향이 두드러진다. 불안이 올라오면 대화를 되짚어 보거나, 반복적인 확인, 질문이 많아지는 모습 등이 나타난다.
8, 9, 15번이 높다	불안이 고조될수록 압박, 지나친 요구, 과도한 반응 등 항의 행동으로 이어지기 쉽다.
13번이 높다	갈등을 피하려다가 자기 억제가 많아지고, 감정과 요구를 삼키는 패턴이 반복된다.
7번이 높다	상대에게 애정을 과도하게 쏟는 경향이 나타난다. 애정 표현과 돌봄의 강도가 불안의 크기에 따라 과도해지는 양상을 보인다.
10, 14, 16번이 높다	자신과 상대와의 심리적 경계가 모호해지며, 상대의 자율성을 존중하기 어려워진다.

왜 갑자기
연락을 끊고 싶을까

회피형 애착의 거리두기 심리

같이 영화를 보고 저녁을 먹은 후 헤어지는 길, 휴대폰에 알림이 뜨자 괜히 몸이 경직되고 불편한 기분이 든다. 분명 좋았는데 지금은 왠지 숨이 막힌다. 집 앞 모퉁이를 돌 때쯤, 또 알림이 왔지만 화면을 잠깐 켰다가 이내 꺼버린다. 지금 답하면 연락이 계속 이어지겠지. 메시지를 열었다가 닫고 답장을 미루며 의도적으로 속도를 늦춘다. 서둘러 다음 약속을 잡기보다 오늘은 숨 고를 틈을 만들자. 하고 스스로를 설득한다.

한편, 불안형 상대는 알림창을 몇 번이고 확인하며 마지막 메시지를 다시 읽어본다. 혹시 나만 좋았던 걸까?, 오늘 내가 뭔가 잘못했나? 하는 생각이 스치다가도 아냐, 지금 바쁠 수도 있지. 하며 마음을 달랜다. 하지만 자꾸 마지막 대화하던 장면

이 떠오르고 표정의 작은 변화가 자꾸 신경 쓰인다. 상대가 확인하고 싶은 마음이 커질수록 회피형은 말을 아끼고 한발 물러서게 된다. **지금은 기대를 키우지 말자. 속도를 늦추자.**

이렇게 친밀감에 대한 작은 불안의 조각들이 모여 하나의 이야기를 만들고, 그 이야기는 곧 '전부 상대 때문일지도 모른다'는 해석으로 귀결된다. 이처럼 사소한 신호를 관계의 위협으로 확대 해석 하는 경향은 회피형 애착에서 비교적 자주 관찰된다. 여기서 중요한 점은, 이러한 작은 변화를 위협으로 해석할수록 애착 체계가 일시적으로 활성화되었다가 곧 억제되는 패턴을 보이기 쉽고, 그 결과 상대와 거리를 두고 싶은 충동이 커질 수 있다는 점이다.

왜 가까워질수록 더 멀어지고 싶을까?

이처럼 관계가 가까워질수록 회피형 역시 불안을 느낀다. 불안형이 더 많은 확신을 원해서 불안해지는 경향을 보인다면, 회피형은 개인의 시간과 공간을 비롯한 자신의 영역, 그리고 스스로 생각하고 자기 마음대로 결정할 자유가 줄어드는 상황을 특히 부담스럽게 느낀다. 즉, 자율성이 위협받는다고 느끼는 두려움이 회피형이 겪는 불안의 핵심으로 자주 보고된다. 이처럼 불안은 관계가 가까워질수록 자신의 독립적인 삶과 정체성이 침해될 수 있다는 해석으로 이어지기 쉬우며, 이후 회피형의 여러 행동들을 촉발하는 배경이 된다.

저녁 자리에서 "지금 우리 무슨 사이야?", "이제 우리 관계를 좀 정하자."와 같은 말이 불쑥 나오면 좋았던 분위기가 순식간에 어색해진다. 관계를 명확히 하려는 상대의 말에 선뜻 대답이 나오지 않고 포크가 접시에 닿는 소리와 심장 박동이 또렷하게 느껴진다. 말끝의 힘, 질문의 속도, 눈빛에 담긴 기대치가 한꺼번에 밀려오면서, 복잡한 생각 대신에 '이대로 가면 너무 숨 막힐 것 같다'는 감각이 먼저 떠오른다. 이러한 순간에는 오히려 상대에 대한 짜증이나 불편함 같은 감정 반응이 앞서 나타나기도 한다.

이러한 반응은 역시 단순한 성격 차이로 돌릴 문제가 아니다. 상대에 대한 호불호의 문제로만 보기도 어렵다. 왜냐하면 겉으로 드러나는 갈등과 행동의 이면에는 회피형의 내적 작동 모델이 필터처럼 작동하고 있기 때문이다. 회피형 애착은 내적 작동 모델의 '자기 긍정', '타인 부정'의 신념을 중심으로 발달하는 경향을 보인다. 다시 말해 스스로를 비교적 유능하고 독립적인 존재로 인식하는 반면에, 애착 대상을 비롯한 타인은 지나치게 요구적이거나 결국 자신의 시간과 자율성을 침해할 수 있는 존재로 바라보는 신념이 마음 깊은 곳에 자리 잡기 쉽다. 이러한 신념은 관계의 작은 변화나 친밀감이 커지는 순간을 호의나 안정의 신호로 해석하기보다, 자신의 자율성이 위협받고 있다고 느끼게 만든다.

이처럼 관계의 신호를 위협으로 해석하는 경향이 강해질수록 애착 체계는 활성화된 상태를 유지하기보다 더 빠르게 억제되는 방향으로 기울기 쉬워진다. 성인 애착 연구에 따르면, 회피형은 내적 작동 모델이 가진 '타인 부정'의 신념에 의지하여 상대와 가까워질수록 위험하며 자신의 자율성을 지켜야만 안전하다고 느끼는 경향을 보인다. 그 결과 애착 체계는 높아진 긴장을 유지하기보다 정서적 연결을 줄이고 각성을 낮추는 쪽으로 조절하면서 탈활성화 상태로 몰고 가기 쉽다.

애착 체계가 탈활성화될 때, 무슨 일이 벌어질까?

탈활성화란, 애착 체계가 활성화되었을 때 오히려 친밀감과 정서적 연결을 줄이려는 방향으로 애착 대상과 거리를 두는 방어적 반응을 가리킨다. 이 과정에서 활성화된 애착 체계는 억제되는 경향을 보이며, 정서적 긴장이 겉으로 드러나지 않도록 유지된다. 다만 자신의 자율성을 보호하기 위해 안전하다고 느끼는 상호작용의 거리에는 개인차가 존재한다.

예를 들어 휴대폰 알림이 연달아 울리면서 "이번 주는 매일 봐.", "연휴 비행기 티켓, 오늘 꼭 결제해야 해.", "바로 답장해 줘."와 같은 요구를 받을 때, 회피형은 이를 위협 신호로 해석하는 경우가 많다. 이때 애착 체계는 일시적으로 활성화되지만, 곧 탈활성화되는 방향으로 전환되어 정서적 유대감을 유지하려는 욕구를 억누르고 상대의 애정 표현이나 과도한 요구에서 한발 물러선다. 이와 함께 좋았던 기억이 잘 떠오르지 않거나 상대에 대한 지지와 접촉을 줄이려는 경향이 나타나기도 한다. 성인 애착 연구에서는 이러한 일련의 반응을 탈활성화 전략Deactivating Strategies *이라고 설명한다. 그 결과 연락과 만남의 속도가 전반적으로 느려지는 경향이 관찰된다.

---

* 탈활성화 전략이란 정서적 차단이나 회피로 이어지기 쉬운 행동과 사고의 흐름을 넓게 묶어 설명하는 개념으로, 친밀감이 위협으로 느껴질 때 애착 체계의 활성화를 낮추려는 경향을 반영한다. 이는 거리를 두려는 행동만을 뜻하지 않으며, 관계에 쏟는 시간과 에너지를 줄이거나 상호작용을 줄이는 반응까지를 포함해 이해할 수 있다. 아미르 레빈과 레이첼 헬러의 《Attached》(2019) 같은 일부 대중서 번역에서는 '불활성화 전략'이라 표기하지만 같은 표현이다.

과활성화 전략과 달리 회피형의 탈활성화에서는 항의 행동 같은 외현적 반응이 뚜렷하게 드러나지 않는 경우가 많다. 정서적으로는 거의 반응하지 않고 주의를 다른 곳으로 돌리거나, 혹은 감정을 좀처럼 드러내지 않는 방식으로 반응 강도를 낮추고 정서적 거리를 확보하려는 억제 중심의 흐름이 나타난다.

♥ 몸과 마음은 어떻게 반응할까?

상대의 요구가 강해지는 순간, 호흡이 가빠지고 가슴이 답답해지는 신체 반응이 먼저 나타나기도 한다. 짜증이나 분노가 스치듯 올라오지만 곧 억제되고, 상대의 애정 표현이나 통제하려는 말이 신경에 거슬리면서도 겉으로 크게 드러내지 않는다. 대신 업무나 일정 같은 다른 생각으로 주의가 옮겨가고 자신의 시간과 공간, 자율성이 침해될 것 같다는 불안이 커질 수 있다.

♥ 행동으로 어떻게 드러날까?

말수가 줄고 감정을 드러내지 않으려 하며, 감정적인 대화가 시작되면 농담으로 넘기거나 주제를 바꾼다. 답장을 미루거나 메시지를 짧게 끊고, 대화의 초점을 일상적인 내용이나 정보로 돌린다. 알림을 꺼두거나 '읽음' 표시와 접속 상태를 숨기고, 약속은 가급적 짧게 잡거나 미루는 식으로 상호작용을 최소화한다.

🖤 관계에 어떤 영향을 미칠까?

답장이 늦고 만남이 줄어들수록 불안형 상대는 거리감을 느끼고 확인 행동을 통해 자신의 안전을 확보하려고 한다. 하지만 이런 반응은 오히려 회피형이 더욱더 거리를 두게 만드는 계기가 되기 쉽고, 이 같은 오해가 누적되면 관계에 대한 신뢰와 즐거움이 동시에 약해질 수 있다.

🖤 시간이 지날수록 어떻게 달라질까?

이러한 패턴이 반복될수록 회피형은 연락과 만남을 더욱 줄이고 피하며, 탈활성화 상태를 비교적 오래 유지하는 경향을 보인다. 그만큼 관계가 회복되는 데 필요한 시간은 길어지고 친밀감을 키울 여지는 점차 줄어들게 된다.

탈활성화 전략은 불안을 낮추려는 무의식적인 방어 반응으로 시작한다. 친밀감을 위협 신호로 해석할 때 주의를 다른 곳으로 돌리거나 감정을 드러내지 않는 반응 모두 의도하기 이전에 자동적으로 일어나는 경우가 많다. 답장을 미루거나 무거운 대화를 가벼운 주제로 돌리고, 개인 일정을 촘촘히 채우는 행동을 통해 상대와의 접촉을 최소화한다. 이렇게 거리를 둘 때마다 일시적인 안도감을 느끼게 되면서 '상대와 거리를 두는 것이 비교적 안전하다'는 감각적 경험이 축적된다.

처음에는 자신이 왜 이렇게 행동하는지 분명히 인식하지 못하지만, 시간이 지나면서 이러한 방어적 반응은 점차 익숙한 관계의 방식으로 자리 잡게 된다. 불안을 피하려던 무의식적인 반응이 이제는 '상대와 가까워지면 위험하고 혼자가 더 안전하다'는 의식적 신념으로 굳어지는 것이다. 이렇게 탈활성화 전략은 불안을 완화하려는 자동적인 방어 반응으로 시작되지만, 반복되면서 마치 의식적으로 선택한 대처처럼 받아들여지는 과정을 거친다.

회피형의 행동 패턴: 탈활성화 전략

애착 체계가 탈활성화될 때 회피형에게 비교적 자주 관찰되는 행동 패턴을 핵심 항목별로 정리해 보았다. 아래의 1~12번은 회피형이 친밀감을 위협으로 느낄 때 관계 안에서 비교적 반복적으로 나타나는 반응 양상을 나열한 것이다. 각 항목은 성인 애착 연구를 바탕으로 회피형의 거리두기가 어떤 과정을 거쳐 실제 말과 행동으로 드러나는지를 설명하기 위해 재구성한 것으로, 모든 회피형에게 동일하게 적용되는 목록은 아니다. 이러한 행동들은 당장의 불안을 낮추는 데에는 도움이 될 수 있지만, 반복될수록 친밀감을 키울 기회를 줄이고 탈활성화 상태를 유지하고 강화시키는 방향으로 이어지기 쉽다.

1 ♥ 감정을 드러내지 않으려 한다

감정이 올라와도 비교적 단조로운 목소리와 표정을 유지하거나 눈을 잘 마주치지 않는다. 이모티콘 사용이나 감탄사를 줄이는 방식으로 자신의 감정을 외부로 드러내지 않으려는 반응이 나타나기도 한다. 대화에서는 "괜찮아.", "별일 아냐." 처럼 감정을 곧잘 숨기는 경우가 많고, 상대가 "오늘 왜 그래? 힘들었어?", "무슨 일인지 말해봐."라고 물어도 "아니야, 그냥 피곤해서 그래."라고 짧게 넘기며 대화를 마무리하려는 경향이 관찰되기도 한다.

2 ♥ 감정이입을 피한다

상대의 감정 이야기가 시작되면 농담으로 넘기거나 주제를 바꾸고, 문제 해결이나 정보 전달 중심의 대화로 전환하는 반응이 나타나기도 한다. 예를 들어 "나 오늘 너무 속상했어."라는 말에 "그래서 점심은 먹었어?"처럼 반응하며, 대화의 초점을 정서에서 일상적인 이야기로 돌리는 경우가 있다.

3 ♥ 확답을 요구하면 대답을 피하거나 최소한만 정한다

"우리 무슨 사이야? 이제 더 이상 얼렁뚱땅 넘기지 말고 얘기 좀 해.", "이번 달 안에 부모님께 인사드리러 가자."와 같은 요청이 오면 "생각해 볼게.", "이번 달은 어려워."처럼 확답을 회피하는 반응이 나타난다. 이처럼 당장 결론을 내려야 하는 상황을 피하며 시간을 벌려는 선택은, 관계를 완전히 끊기보다 일정한 거리를 유지한 채 상황을 지켜보려는 방식으로 이어지는 경우도 있다.

4 ♥ 대화에서 집중력이 떨어진다

상대가 "요즘 야근 때문에 너무 힘들고 괴로워.", "내가 어떤 부분 때문에 섭섭했는지 말해볼게." 등 감정을 호소하면, "야근이 몇 시까지랬지?", "잠깐만, 너 점심 먹었어?"와 같이 대화의 초점을 감정보다 정보에 두려는 반응을 보인다. 상대가 조심스럽게 대화를 이어가려 해도 딴생각을 하거나 휴대폰을 보는 등 주의가 흐트러지고, "미안, 방금 뭐라고 했지?"처럼 대화에 충분히 집중하지 못하는 태도가 관찰되기도 한다.

5 ♥ 가까워질수록 거리를 둔다

"지금 좀 만나자."라는 연락을 받으면 단순히 만나자는 요청임을 알면서도, 다투거나 집요하게 요구받을지도 모른다는 생각에 불편해진다. 그럴 때면 답장을 미루거나 알림을 꺼두고, '읽음' 표시와 접속 상태를 숨긴 채 메시지를 몰아서 한꺼번에 처리하는 경우도 있다. "오늘은 일정이 많아서 나중에 이야기하자."처럼 대화를 피하려는 반응이 나타나기도 한다.

6 ♥ 정서적·신체적 친밀함을 줄인다

함께 자거나 스킨십을 하는 상황에서 "오늘은 피곤해.", "혼자 자는 게 편해."라고 말하며 물리적 거리를 두려고 한다. 상대가 손을 잡으려 하면 주머니에 손을 넣거나, 포옹을 하려고 해도 짧게 받아주고 금방 거리를 두는 경우도 있다. 함께 걸을 때도 앞서 걷거나 자연스럽게 공간적 간격을 두려는 모습이 관찰되기도 한다.

7 ♥ 사랑 표현을 미룬다

"사랑해."라는 직접적인 표현은 부담스럽게 느껴질 수 있어 피하고, "좋아하긴 하지.", "너 괜찮잖아."처럼 감정을 우회적으로 완곡하게 전달하는 경우가 있다.

8 ♥ 비밀이 있고 개인 시간을 선호한다

개인 취미 활동이나 사적인 일정에 대해 상대에게 자세히 설명하지 않고 "그냥 친구 만났어." 정도로만 답한다. 상대와 일정이나 계획을 공유하지 않거나 혼자만의 시간을 일정 부분 유지하려는 반응이 나타나기도 한다. "오늘은 그냥 혼자 있고 싶어.", "오늘 친구들이랑 약속이 있어서 안 돼."라고 말하며 자연스럽게 간격을 두려는 반응이 관찰되기도 한다.

9 ♥ 미래가 막힌 상대를 선택한다

이미 짝이 있거나, 장거리 또는 시간대가 크게 어긋나는 사람처럼 장기적으로 책임이 어려울 수 있는 상대에게 끌리거나 그런 관계를 선호하는 경우가 있다. 이는 무의식적으로 '가까워질 가능성'을 제한함으로써 관계의 진도와 부담을 조절하려는 회피적 선택으로 이해할 수 있다.

10 ♥ 가벼운 플러팅으로 경계를 흐린다

제삼자에게 호감을 표현하거나 가볍게 친밀한 제스처를 보이며, 현재 관계에서 느껴지는 기대와 부담을 낮추려는 반응을 보인다. "쟤 스타일 괜찮네.", "저런 애가 나랑 훨씬 더 잘 맞는데." 같은 말을 하거나, 제삼자와 가볍게 메시지를 주고받으면서 정서적 에너지를 분산시키는 경우도 있다. 이러한 방식은 당장의 긴장과 압박을 완화하는 데에는 도움이 될 수 있지만 반복되면 신뢰가 약해질 가능성도 커진다.

현재 상대를 의도적으로 질투하게 만들거나 불안을 자극해 주의를 끌려는 행동이라기보다, 친밀감이 부담으로 느껴질 때 정서적 긴장을 낮추려는 회피적 조절 반응으로 이해하는 편이 적절하다. 회피형의 경우 제삼자가 관계에 개입하는 듯 보이더라도 핵심 목적은 두 사람 사이의 긴장감을 완화하고 스스로를 진정시키는 데에 가깝기 때문이다.

11 ♥ 상대의 단점이 크게 보인다

가까워질수록 사소한 행동이나 습관이 유독 신경 쓰이고 낭만이 식은 듯한 느낌이 든다. 상대가 밥 먹을 때 내는 작은 소리, 옷 입는 방식, 사소한 말투 등에 자꾸 눈이 가며, "왜 저렇게 말하지?", "저런 취향은 좀…" 같은 부정적인 생각이 반복해서 떠오르기도 한다.

12 ♥ 전 연인을 그리워한다

지금은 불편함이 커질수록 과거 연인을 이상화하며 "그때가 더 자유로웠어.", "그땐 부담 없었는데." 같은 생각이 스치기도 한다. 당시의 관계 역시 친밀감에서 오는 불안이나 부담이 전혀 없었던 것은 아니지만, 시간이 지나며 좋았던 기억이 더 선명해지고 그에 비해 현재 관계의 불편함이 상대적으로 크게 느껴지는 경우도 있다.

이러한 행동은 겉보기에는 자신의 자율성을 지키려는 반응으로 이해될 수 있으나, 시간이 지날수록 상대가 정서적 고립감을 느끼는 계기가 되기도 한다. 처음에는 개인의 영역을 존중받고 싶어 하는 표현으로 받아들여지기도 한다. 하지만 이러한 반응이 반복되면 상대는 이를 무관심이나 애정의 부족, 관계적 단절의 신호로 해석하기 쉬워진다. 서로의 거리가 멀어질수록 상대는 불안을 느끼며 다시 다가오려는 행동을 보이기도 하고, 이러한 접근은 시간이 지날수록 회피형이 또다시 한발 물러서게 만드는 계기로 작용할 수 있다. 이처럼 정서적 거리를 확보하려는 시도는 의도와 달리 상대의 애착 욕구를 충분히 충족시키지 못해, 관계에 대한 무력감을 쌓고 관계의 안전이 흔들리는 역효과로 이어질 가능성이 있다.

회피형은 정말 친밀감을 원하지 않을까?

회피형의 근원적 딜레마

아이러니하지만 회피형 역시 친밀감의 욕구가 있다. 회피형도 애착 체계가 활성화될 때 애착 대상에게 다가가 안전을 확인하고 싶은 무의식적 충동이 나타나기도 한다. 다만 자신의 욕구를 드러낼 경우 거절당하거나 자신의 영역이 침해받을 수 있다는 신념이 강할수록, 의식적으로 친밀감을 드러내지 않으려는 방향으로 반응하기 쉽다. 그 결과 스스로에게 친밀감의 욕구가 없는 것처럼 행동하거나, 상대가 친밀함을 강하게 요구하는 태도에 불편함이나 거리감을 느끼는 경우도 관찰된다. 그래서 겉으로는 독립적이고 차분해 보일 수 있지만 내면에서는 애착의 충동을 억제하는 데 상당한 에너지를 쓰고 있을 수 있다. 이러한 반응이 반복될수록 '상대와 거리를 두는 것이 비교적 안전하다'는 타인 부정의 신념이 점점 더 굳어지고, 친밀해질 기회가 점차 줄어들고 만다.

탈활성화 전략의 한계: 감정이 쏟아지는 순간

이 지점에서 중요한 한 가지를 더 짚어볼 필요가 있다. 회피형은 대체로 감정을 드러내지 않고 억제하는 방향으로 반응하지만, 관계 스트레스로 인해 탈활성화 전략이 유지되기 어려워질수록 감정이 겉으로 드러나는 순간이 생기기도 한다. 성인 애착 연구에 따르면 관계 스트레스가 누적되는 상황에서 회피형이 계속 침묵하거나 거리를 두기보다는, 냉소적인 말이나 날 선 표현으로 반응하는 강도가 높아지는 사례가 있다. 이때 평소보다 말투가 차가워지거나 표현이 단호해지며, 대화를 멈추게 하거나 관계의 흐름을 한 번에 끊어내는 반응이 나타날 수 있다. 상황에 따라서는 지금의 관계를 단절하려는 뉘앙스를 남기거나, 잠시 거리를 두자는 의사 표현을 강하게 전달하는 방식으로 상대를 밀어내기도 한다.

이러한 감정의 변화가 단순히 성격에 문제가 있거나 분노 조절이 어렵기 때문은 아니다. 오랜 시간 억제해 온 감정이 서서히 누적되다가 어느 순간 겉으로 일시적 반응이 드러났다고 이해하는 편이 더 적절하다. 중요한 점은, 이와 같은 반응 이후 회피형 스스로가 죄책감이나 공허감을 느끼며 다시 감정을 차단하고 거리를 두는 익숙한 흐름으로 돌아가곤 한다는 점이다. 즉 감정이 드러나는 순간 역시 탈활성화 전략의 연장선으로 관찰되며, '회피하다가 갑자기 감정이 터져 나온다'는 회피형의 상반된 모습은 결국 하나의 애착 패턴으로 자연스럽게 연결된다.

회피형이 겪는 익숙한 상황

사례 1 💜 가까워질수록 숨 막히는 순간

지수와 준호는 연애를 하고 있다. 어느 날 준호는 다가오는 주말을 어떻게 보낼지 떠올리며 조심스럽게 여행 이야기를 꺼냈다. 하지만 지수의 휴대폰에 메시지 알림이 뜬 순간, 지수의 손은 얼어붙은 듯 움직이지 않았다. 단순히 답장하기 싫어서가 아니었다. 그 짧은 문자 너머로 주말 내내 준호의 기분을 살피고, 서로의 취향을 조율하고, 혼자 계획했던 휴식을 반납해야 한다는 예감이 지수의 마음을 무겁게 짓누르기 때문이었다. 지수는 관계가 깊어질수록 준호의 요구가 늘어날 것을 두려워하고 있었고, 자기 자신을 잃어버릴 것 같은 기분을 느끼고 있었다. **지금 이 대화를 이어가면 더 바라는 게 많아지겠지?** 지수는 그렇게 휴대폰을 내려놓고 잠시 숨을 골랐다.

답장을 미루는 이 짧은 순간은 지수에게 자기만의 리듬을 되찾는 시간처럼 느껴졌다. **조금만 늦게 해도 괜찮을 거야.** 하지만 알림을 확인할 때마다 **어디까지 맞춰줘야 할까? 여기서 또 뭔가를 더 해줘야 하나?** 하는 생각이 겹쳐 올라왔다. 지수는 게임을 하거나 산책을 하며 시선을 다른 데로 돌렸다. 그렇게 하면 마음이 조금 가라앉을 것 같기 때문이었다. 하지만 시간이 지날수록 대화 자체를 피하고 싶다는 감각이 서서히 커져만 갔다.

한편 준호는 답장이 오지 않는 시간이 길어질수록 마음이 복잡해졌다. **내가 부담이 된 걸까? 괜히 말을 꺼냈나?** 하는 생각이 머릿속을 맴돌았다. 조심스럽게 "무슨 일 있어?"라고 메시지를 보내보지만, 그 질문조차 지수에게는 재촉처럼 느껴졌다. 지수는 상대의 불안을 헤아리기보다는 지금 이 순간 자신을 지켜야 한다는감각을 더 강하게 느꼈다. 그러다 어느 순간 "왜 이렇게 자꾸 몰아붙여?", "우리 관계, 다시 생각해 봐야 할 것 같아."라고 날 선 답장을 보내고야 말았다.

사례 2 ♥ 편안함이 갑자기 부담으로 느껴진 순간

민재와 서우가 몇 달째 안정적으로 만남을 이어오고 있다. 함께 있는 시간도 편안하고 연락도 잦은 편이었다. 그런데 어느 날 서우가 무심결에 "다음 달에는 부모님께 인사드리는 게 어때?"라고 말하자, 민재는 웃으며 고개를 끄덕였지만 마음 한편이 갑자기 조여왔다. 집으로 돌아오는 길, 방금 나눈 대화가 계속 떠오르며 발걸음이 무거워졌다. **아직은 좀 이른 것 같은데.**

그날 이후 민재의 태도는 조금씩 달라졌다. 예전처럼 먼저 연락하지 않고 답장도 간결해졌다. 서우가 오늘 어땠냐는 질문에도 "그냥 그랬어." 정도로만 대답이 나왔다. 마음이 식은 것은 아니지만 관계가 한 단계 더 나아간다는 생각이 부담으로 다가오고 있었다. 민재는 스스로에게 괜히 앞서가는 건 아닐까? 지금처럼만 지내도 괜찮지 않을까? 하고 말하며 불편한 감정을 눌러보았다.

한편, 서우는 이 변화를 금세 알아차렸다. 서우는 조심스럽게 "요즘 나한테 좀 멀어진 거 같아."라고 말을 건네보았지만, 그 말은 민재에게 다시 한번 압박으로 느껴졌다. 민재는 설명하려다 그만두고, "요즘 생각이 많아서 그래."라며 대화를 정리했다. 그렇게 시간을 벌면 마음이 가라앉을 거라 기대했지만 관계에 대해 이야기할수록 오히려 더 피하고 싶어졌다.

위 장면들은 회피형 애착에서 흔히 관찰되는 흐름을 압축적으로 보여주고 있다. 회피형의 내적 작동 모델에는 '타인은 지나치게 요구적일 수 있고, 혼자 감당하는 편이 더 안전하다'는 신념이 자리한 경우가 많다. 이러한 신념은 친밀해지려는 신호나 기대, 책임과 부담이 느껴질수록 위협으로 해석하게 만들고, 상황을 자율성이 침해되는 방향으로 바라보게 한다. 그 결과 애착 체계가 활성화되는 순간을 경계하며 한발 물러서 거리를 두려고 하고, 불편함이 누적되면 한 번에 강하게 밀어내는 행동으로 이어지기 쉽다. 이러한 거리두기는 당장의 불안을 낮춰주지만, 상대에게는 이유를 알 수 없는 변화로 느껴지며 또 다른 긴장을 만들어 낼 수 있다.

회피형에게 전하는 메시지

회피형은 관계 안에서 상대와 거리를 두려고 노력하지만, 사실 그 이면에는 자신의 안전을 되찾으려는 마음이 자리 잡고 있다. 이러한 거리두기의 시도는 당장의 불안을 낮추는 데에는 도움이 되지만, 그 과정에서 상대와의 정서적 연결과 상호 조율이 함께 줄어들기 쉽다. 그래서 거리를 두며 느끼는 정서적 안전감이 실제 관계의 안정으로 이어지기는 어려울 수 있다.

회피형에게도 분명 애착 체계는 작동한다. 무의식 저변에는 이들 또한 상대에게 가까이 다가가고 싶은 마음이 있다. 실제 관계에서 상대와 가까워질수록 숨이 막히는 듯한 답답함을 느끼는 이유는 사랑이 식어서라기보다, 자신을 지키고 보호하려는 본능이 과거의 경험과 맞닿아 있기 때문이다. 심리적 긴장을 줄이기 위해 다양한 방식으로 거리를 조절하려는 회피형의 모습이 겉으로는 무심하고 차가워 보일 수 있지만, 결국 이러한 반응은 대부분 자기 안전을 회복하려는 시도인 셈이다.

우리 마음속에 자리 잡은 두려움은 그 자체로 문제라기보다, 우리가 인식해야 할 하나의 신호다. 이 신호를 어떻게 해석하고 대응할지는 각자의 선택에 달려 있다. 두려움에 휩쓸려 뒷걸음질 치기보다 서로의 속도를 맞추려 노력할 때 반복되던 악순환은 완화될 수 있다. 중요한 점은, 우리가 경험하는 사랑 역시 이러한 애착이 작동하는 방식 위에서 이루어진다는 사실이다. 거리를 두는 선택이 당장은 숨통을 트이게 해줄 수는 있겠지만, 내가 왜 물러서려 하는지 그 이유를 명확히 알아차릴 때 비로소 관계의 방향은 달라질 수 있다. 이 지점에서 회피형은 잠시 멈춰 서서 스스로에게 질문해야 한다. 나는 지금 정말 거리를 두고 싶은 걸까, 아니면 내 안의 두려움이 나를 물러서게 하는 걸까?

셀프 체크리스트: **나는 회피형일까?**

이 체크리스트는 성인 애착의 연구 문헌을 토대로 재구성한 자기 점검용 테스트다. 점수 구간은 임상적 기준이 아니라, 우리가 자신의 경향을 이해하기 쉽도록 설정한 실용적 범주다. 표준화된 심리검사가 아니므로 임상 진단이나 평가를 대신하지는 않는다. 점수는 경향성을 가늠하는 참고 지표일 뿐이니 점수가 높다고 해서 스스로를 탓하거나 잘못된 것으로 여길 필요는 없다. 이는 단지 우리가 가진 회피형 애착의 경향성을 잘 알아차리고 있다는 뜻이다.

다음의 문항들은 지금의 관계를 평가하거나 누군가를 판단하기 위한 질문이 아니라, 관계 안에서 반복적으로 나타나는 나의 반응 패턴을 천천히 돌아보기 위한 안내에 가깝다. 옳고 그름을 가리려 하기보다 지금의 나를 이해해 보겠다는 마음으로 차분히 읽어보자.

회피형 질문지

※ 지난 4주 동안의 경험을 떠올리며 각 항목에 점수를 매긴다.

[참여형 0-4점 척도]

0점	1점	2점	3점	4점
전혀 그렇지 않다	드물게 그렇다	가끔 그렇다	자주 그렇다	거의 항상 그렇다

1. 관계가 가까워질수록 답장을 늦추거나 대화를 피하고 싶은가?
2. 감정적인 대화보다 정보 중심의 대화가 편한가?
3. 확답이나 책임을 요구받으면 "생각해 볼게."처럼 대답을 회피하는가?
4. 감정적으로 대화가 흘러가면 농담으로 넘기거나 화제를 바꾸는가?
5. 알림을 끄거나 '읽음' 표시, 접속 상태를 숨기고 메시지를 몰아서 처리하는가?
6. 스킨십, 잠자리 등 신체적 친밀감을 줄이고 싶은가?
7. "사랑해."와 같은 직접적인 표현을 미루고 부담스러워하는가?
8. 혼자 있는 시간이 꼭 필요하고, 그래야 마음이 안정되는가?
9. 가까워질수록 상대의 단점이 더 눈에 들어오는가?
10. 지금 관계보다 과거의 관계가 더 좋았다고 느낀 적이 있는가?
11. 현재 상대가 있음에도 제삼자와 만나거나 연락한 경험이 있는가?
12. 이미 짝이 있거나 장거리 연애처럼 현실적으로 미래가 어려운 대상에게 더 끌리는가?
13. 과거 연인을 지금보다 더 좋게 기억하며 현재 관계를 낮춰 보는가?
14. 상대가 나에게 "우리 무슨 사이야?", "관계 정리를 좀 하자."라고 할 때 회피하고 싶은 충동이 드는가?
15. 내 불편함을 말하기보다 조용히 거리를 두는 편인가?
16. 누군가 나를 이해하려 들면 숨이 막히는가?

점수 해석 — 총점 0~64점

0~15점	회피형 경향이 낮다. 현재의 관계에서 친밀감과 자율성 사이의 균형을 비교적 안정적으로 유지하는 모습이 나타난다.
16~30점	회피형 경향이 일부 나타난다. 감정 표현보다 독립을 우선하는 반응이 상황에 따라 드러날 수 있으며, 친밀감이 높아질수록 일정 이상의 거리를 두고 싶은 욕구가 함께 나타날 가능성이 있다.
31~45점	회피형 경향이 뚜렷하다. 관계가 가까워질수록 속도를 늦추거나 정서적 거리를 유지하려는 반응이 반복적으로 나타나기 쉽다. 친밀감이 부담으로 해석되는 경향이 비교적 고정된 패턴으로 이어지고 있을 수 있다.
46~64점	회피형 경향이 강하게 나타난다. 친밀감이 위협으로 인식되면서 애착 체계가 자주 탈활성화되는 흐름이 관찰되며, 거리두기 반응이 자동적으로 반복되는 양상이 두드러질 수 있다.

점수를 어떻게 읽어야 할까? — 반응의 흐름 정리

다음의 항목들은 서로 딱 잘라 나뉘는 분류라기보다, 회피형이 친밀감을 위협으로 느낄 때 상황에 따라 겹쳐 나타나기 쉬운 반응의 흐름을 묶어 정리한 것이다. 여러 항목에 동시에 해당하더라도 이는 회피형 애착의 특성상 자연스러운 결과로 이해할 수 있다.

2, 7, 15번이 높다	감정이 오갈수록 말수를 줄이고, 자신의 마음을 직접 드러내기보다 감정을 눌러두려는 반응이 자주 나타난다.
3, 14번이 높다	관계의 정의나 확답을 요구받는 순간 부담을 느끼며, 결정을 미루거나 상황을 무마하려는 반응이 두드러진다.
4, 5번이 높다	정서적 압박이 느껴지는 순간, 대화의 초점을 다른 데로 돌리거나 상호작용 자체를 잠시 피하려는 경향이 드러난다.
1, 6, 8번이 높다	친밀해질수록 불편함이 커지며 물리적, 정서적 거리를 두고 싶어지는 충동이 반복된다.
9, 11번이 높다	가까워질수록 상대의 단점이 크게 느껴지거나, 현재 관계 외의 대상으로 시선을 돌리며 정서적 거리를 확보하려는 반응이 보인다.
10, 13번이 높다	현재 관계가 부담스러워질수록 과거의 관계를 더 좋게 떠올리고 비교함으로써, 지금 관계에서의 친밀감을 완화하려는 경향이 나타난다.
12번이 높다	장기적인 책임이나 현실적으로 미래가 어려운 대상을 선택함으로써, 관계를 미리 제한하려는 흐름이 관찰된다.
16번이 높다	상대가 나를 이해하려 들거나 정서적으로 가까이 다가올수록 숨 막히는 느낌과 함께 한발 물러서고 싶은 반응이 강해진다.

왜 사랑이
고프면서도 두려울까

공포회피형 애착의 이중적 심리

어젯밤, 함께 영화를 보고 저녁을 먹는 동안에는 마치 세상 모든 것이 완벽한 것처럼 느껴졌다. 서로 눈을 마주치고 웃으며 깊은 대화를 나눌 때 마음 한쪽에서 '드디어 나는 안전하다'는 안도감이 차올랐다. 하지만 오늘 아침, 상대에게 "어젯밤 너무 좋았어."라는 메시지를 보내려던 순간에 손가락이 멈춘다. 갑자기 나는 지금 행복한데, 상대가 비웃으면 어쩌지? 이렇게 가까워졌다가 결국 상처받고 버려지면 어떡하지? 하는 공포가 밀려온다.

결국 보내려던 따뜻한 메시지 대신, 뜬금없이 "오늘 일이 너무 많네. 연락은 저녁에나 할게."라고 관계에서 한발 물러서는 듯한 메시지를 보낸다. 그리고 어젯밤 들었던 사소한 말이나 무심했던 행동이 문득 떠오르고, 그것들이 마치 상대가 나를 떠나려 한다는 신호로 느껴진다. 방금 전까지 애정을 갈망하던 마음은 빠르게 식고 네가 나를 떠나기 전에, 내가 먼저 떠날 거다. 너랑 거리를 둬야 안전해. 하는 충동으로 기울어진다.

이처럼 공포회피형의 마음속에서는, 방금 전까지 안도감을 느꼈더라도, 마음이 흔들리는 순간마다 상대의 사소한 표정 변화나 말투가 달라졌던 장면들이 연달아 떠오르기 쉽다. 이렇게 작은 불안의 조각들이 하나씩 모이게 되면, 관계 자체를 위협으로 받아들이고 확대 해석 하는 경향을 보이기도 한다. 그래서 이러한 반응은 불안형에게서 관찰되는 양상과 비슷해 보일 수 있다. 공포회피형 역시 관계 안에서 친밀감과 정서적 연결을 갈망하기 때문이다.

하지만 중요한 점은, 쉽게 불안해지고 확인하려는 충동이 잠시 올라오더라도, 곧바로 상대와 거리를 두려는 반응을 보일 수 있다는 점에서 차이가 있다. 이 지점에서 공포회피형은 회피형과 유사한 양상을 보이기도 한다. 한편으로는 상대를 붙잡고 확인하고 싶다가도, 다른 한편으로는 차단하고 숨고 싶은 마음이 동시에 올라오며, 이러한 상반된 반응이 겹칠 때 공포회피형 특유의 내적 혼란이 형성된다. 끌림이 커지는 만큼 두려움도 함께 커지기 때문이다. 하지만 겉으로 보기에는 이런 마음의 움직임이 잘 드러나지 않을 수 있다.

왜 가까워질수록 끌리면서도 두려울까?

관계가 가까워질수록 공포회피형은 복합적인 불안을 경험하는 경향이 있다. 그렇다면 왜 이렇게 가까워질수록 마음이 더 복잡해지는 걸까? 이 복합적인 불안은 두 가지 근원적인 위협이 겹치면서 형성된다. 하나는 상대에게 가까이 다가갈수록 거절당하거나 결국 상대가 떠날지도 모른다는 버림받음의 위협이고, 또 하나는 상대와 가까워질수록 나의 시간과 선택, 삶의 주도권이 침해받을지도 모른다는 자율성 상실의 위협이다.

이렇게 복잡하고 상이한 감정은 단순히 성격 문제로 환원하기 어렵다. 상대를 믿지 못해서라기보다, 혹은 싫어해서라기보다, 겉으로 드러나는 갈등과 행동의 이면에 공포회피형의 내적 작동 모델이 하나의 필터처럼 작동하고 있기 때문이다. 공포회피형 애착은 내적 작동 모델의 '자기 부정', '타인 부정'의 신념을 중심으로 발달하는 경향을 보인다. 이들에게는 '나는 사랑받을 가치가 없다'는 자기 부정의 신념과 동시에 '타인은 결국 나를 버리거나 상처 줄 수 있다'는 타인 부정의 신념이 오랜 시간에 걸쳐 마음속 깊이 자리 잡아왔다.

1 ♥ 거절과 버림받음에 대한 위협

공포회피형이 느끼는 불안의 근원, 그 첫 번째는 거절과 버림받음에 대한 위협이다. 말 그대로 상대가 자신을 거절하거나 결국 떠날지도 모른다는 가능성 앞에서 애착 체계가 빠르게 반응한 결과 불안을 크게 느낀다.

여기서 잠깐 불안형의 경우부터 살펴보자. 이들이 느끼는 불안과 두려움의 밑바탕에는 '자기 부정', '타인 긍정'의 신념을 지닌 내적 작동 모델이 하나의 필터처럼 작동한다. 그래서 관계가 불확실하다고 느껴지는 순간, '자기 부정'의 신념에 따라 '자신의 부족함 때문에 상대에게 거절당할 수 있다'고 해석하기 쉽다. 이러한 해석이 반복될수록 거절과 버림받음에 대한 두려움은 점점 더 견디기 어려운 감정으로 남게 된다.

하지만 자신이 부족하다고 느끼더라도 '타인은 나를 사랑해줄 수 있다'고 믿는 경향이 있기 때문에, 불안형은 '타인 긍정'의 신념에 기대어 상대에게 다가가려는 시도를 쉽게 포기하지 않는다. 이들은 타인이 자신에게 정서적 안전감을 제공

해 줄 수 있을 것이라 기대하면서 친밀감을 유지하고, 상대의 반응에 민감하게 반응함으로써 불안을 조절하려 한다. 그 결과, 활성화된 애착 체계를 억제하기보다는 과활성화 전략으로 이어지기 쉽다.

한편, 공포회피형 역시 내면에 '자기 부정'의 신념을 지니고 있어 '나는 사랑받을 가치가 없다'는 결핍감을 경험하기 쉽다. 이 결핍은 친밀감에 대한 욕구를 강하게 자극한다. 이러한 점이 불안형과 유사해 보일 수 있다. 그러나 공포회피형을 불안형과 구분 짓는 지점은 바로, 관계에 대해 '타인 부정'의 신념을 함께 지니고 있다는 점이다. 이들에게는 '타인은 믿을 수 없고, 결국 나를 거부하거나 상처 줄 수 있다'는 인식이 깔려 있어, 관계가 가까워질수록 곧 거절당하거나 버림받을지도 모른다는 파국적인 예측으로 기울기 쉬워진다.

불안형은 확신이 부족해서 불안을 경험한다면, 많은 경우 공포회피형은 오히려 확신이 생기는 순간에도 '곧 잃게 될 것'이라고 해석하기 때문에 불안이 더 위협적으로 느껴질 수 있다. 이처럼 압도적인 상실의 고통을 피하려는 과정에서 애착 체계의 활성화를 억제하고 탈활성화 전략으로 기울기 쉽다. 그 결과 관계를 유지하려는 마음과 거리를 두려는 마음이 동시에 부딪히며, 상황에 따라 물러서는 선택으로 이어질 가능성이 높아진다.

불안형은 타인의 잠재적 긍정성에 주의를 기울이며 관계를 시도하는 반면, 공포회피형은 타인의 잠재적 위험성에 더 초점을 맞추는 경향이 있다. 이처럼 동일한 자기 부정의 신념을 공유하더라도 타인에 대한 신념의 차이가 애착 행동의 방향성을 서로 다르게 형성하도록 만든다.

2 ♥ 자율성 상실에 대한 위협

공포회피형이 느끼는 불안의 두 번째 근원은 자율성 상실에 대한 위협이다. 이들은 말 그대로 상대에게 개인의 시간과 공간, 자신의 영역, 그리고 스스로 선택하고 결정할 수 있는 자율성이 침해받을지도 모른다는 가능성을 두려워하는 경향을 보인다.

먼저 회피형의 경우부터 살펴보자. 이들이 느끼는 불안과 두려움의 밑바탕에는 '자기 긍정', '타인 부정'의 신념을 지닌 내적 작동 모델이 하나의 필터처럼 작동한다. 그래서 관계가 가까워지거나 상대의 요구가 느껴질 때 '타인 부정'의 신념에 따라 '상대와 가까워질수록 내가 정서적으로 고통받게 된다'

고 해석하기 쉽다. 이러한 해석이 반복될수록 상대와의 친밀함은 자율성을 위협하는 요소로 인식되며 두려움이 점점 더 위협적으로 느껴진다.

다만 회피형은 '자기 긍정'의 신념을 바탕으로 자신을 독립적이고 강한 존재로 인식하는 경향이 있다. 그래서 타인의 도움이나 친밀감의 필요성을 스스로 부인하며, 겉으로 보기에는 친밀감이 필요하지 않은 것처럼 보이기도 한다. 이들은 '타인은 나의 시간과 자유를 침해하고 나를 의존하며 억압할 수 있다'는 인식을 유지하는 동시에, '굳이 타인 없이도 나는 충분히 잘 지낼 수 있다'는 자기 확신에 의지한다. 이러한 자기 긍정의 신념은 회피형이 무의식적으로 상대와의 거리를 유지하며 자율성을 지켜야 안전하다는 방향으로 행동하게 만든다. 그 결과, 애착 체계의 활성화를 억제하고 탈활성화 전략으로 기울기 쉬워진다.

한편, 공포회피형 역시 내면에 '타인 부정'의 신념을 지니고 있어 '타인은 믿을 수 없으며 나를 통제하거나 이용할 수 있다'고 인식하는 경향이 있다. 이 때문에 친밀감의 욕구가 쉽게 억제되며, 상대와 가까워질수록 자신의 독립적인 삶과 정체성이 침해받을지 모른다는 두려움이 올라온다는 점에서는 회피형과 유사해 보일 수 있다. 그러나 공포회피형을 구별하는 지점은 바로 여기에 '자기 부정'의 신념이 함께 작동한다는 점이다. 이들은 '나는 스스로를 지켜낼 힘이 부족하다'는 취약감을 동시에 지니고 있어서 자신을 방어할 여력이 충분하지 않다고 느끼는 상태다. 이때 상대가 의존적으로 행동하거나 지나치게 가까워졌다고 인식하면 '상대에게 억압되고 종속될지도 모른다'는 파국적인 예측으로 이어지기 쉽다.

이처럼 회피형이 '나는 괜찮다'는 자기 확신을 바탕으로 자율성을 비교적 일관되게 지켜내려 한다면, 공포회피형은 '나는 부족하다'는 인식 때문에 자율성 상실에 대한 두려움을 더 크고 위협적으로 경험하는 경향이 있다. 이러한 파국적인 예측을 피하려는 과정에서 공포회피형 역시 애착 체계의 활성화를 억제하고 탈활성화 전략으로 기울기 쉽다. 그 결과 관계를 유지하려는 마음과 거리를 두려는 마음이 엇갈리며, 상황에 따라 먼저 물러서는 선택으로 이어질 가능성이 높아진다.

회피형은 자신의 자율성을 '자기 긍정'의 신념에 기대어 비교적 일관되게 지키려 하지만, 공포회피형은 '자기 부정'의 취약성 때문에 다시 다가가야 할까? 아니면 멀어지는 게 맞을까? 이 사이를 반복적으로 오가며 불안정하고 모순적인 방식으로 자율성을 지키려 한다. 이처럼 동일한 '타인 부정'의 신념을 공유하더라도 자기 자신에 대한 신념의 차이가 행동의 방향과 관계의 결과를 다르게 만들어 간다.

오해 바로잡기 ·
공포회피형은 늘 두려움을 안고 사는 걸까?

결론부터 말하자면 그렇지 않다. 공포회피형이 경험하는 두려움은 관계의 맥락과 상황에 따라 달라지는 경향이 있다. 이를 두 가지 관점에서 살펴보자.

첫째, 공포회피형은 친밀한 관계에서 취약성이 비교적 쉽게 자극되지만, 그렇다고 해서 두려움이 모든 대인관계에서 동일하게 나타나는 것은 아니다. 애착 이론에 따르면, 애착 체계는 기본적으로 특정한 애착 대상, 즉 정서적으로 중요한 상대에게서 정서적 안전감을 얻고자 할 때 활성화되는 경향이 있다. 인간은 생존을 위해 애착 대상을 찾도록 진화해 왔으며, 이 동기 체계가 바로 애착 체계다. 다만 이 체계는 모든 사회적 관계에서 동일하게 작동하기보다는 정서적 의미가 큰 관계에서 더 두드러지게 활성화된다.

이 때문에 공포회피형의 불안과 두려움은 일반적인 사회적 상호작용보다는 정서적 친밀감이 형성된 관계 안에서 더 잘 드러난다. 사회적 관계에서는 비교적 안정적으로 기능하는 경우도 있지만, 가까운 관계 안에서는 혼란스러운 반응이 나타나는 경우가 적지 않다. 다시 말해 공포회피형에게서 두려움은 모든 관계에서 상시적으로 유지되는 감정 상태라기보다, 특정 애착 대상과의 관계 맥락에서 활성화되는 정서적 반응에 가깝다.

둘째, 애착 대상과의 관계라 하더라도 두려움이 항상 지속적으로 유지되는 것은 아니다. 거절이나 버림받음, 혹은 통제와 침해로 해석될 수 있는 구체적인 위협 신호가 느껴질 때에 한해 불안과 두려움이 상황적으로 유발되는 경향이 있다. 예를 들어 답장이 평소보다 늦어지거나 말투가 갑자기 차갑게 느껴질 때, 혹은 상대의 요구가 과도하다고 인식되거나 자신의 영역이 침범된다고 느껴질 때 불안이 빠르게 올라올 수 있다.

따라서 공포회피형의 두려움은 늘 같은 강도로 유지되는 고정된 정서 상태라기보다, 관계 안에서 위협 신호가 느껴질 때 활성화되었다가 상황에 따라 완화되거나 가라앉는 정서 반응으로 이해하는 편이 더 적절하다.

여기서 눈여겨볼 점은, 공포회피형의 내적 작동 모델을 이루는 두 신념이 관계의 흐름에 따라 서로 다른 방향의 반응을 자주 자극한다는 점이다. 이 두 신념은 한쪽으로만 움직이기보다 상황에 따라 번갈아 작동하며 마음속에 긴장을 만들어 낸다.

먼저 '나는 사랑받을 가치가 없다'는 자기 부정의 신념은 스스로를 결핍된 존재로 느끼게 하고, 그 부족함을 메우기 위해 상대에게 더 가까이 다가가고 싶은 마음을 불러일으키는 경우가 많다. 정서적으로 안전해지고 싶다는 욕구가 강해지면서 접근하려는 동기가 비교적 또렷하게 드러난다.

반면 '타인은 믿을 수 없고 나를 떠날 수 있다'는 타인 부정의 신념은 가까워질수록 오히려 위험이 커진다고 해석하게 한다. 이렇게 해석하는 순간, 관계 안에서 한발 물러서고 싶어지는 마음이 자연스럽게 뒤따르기도 한다.

이처럼 위협 신호가 감지되는 상황에서는 다가가고 싶은 마음과 멀어지고 싶은 마음이 거의 동시에 올라오며 서로 부딪히는 양상이 관찰된다. 이때 느껴지는 '동시성'은 두 마음이 실제로 함께 유지된다는 뜻이라기보다 과활성화와 탈활성화 반응이 아주 짧은 간격으로 빠르게 전환되면서 나타나는 체험에 가깝다. 그래서 의식에서는 이 두 상태가 분리되어 인식되지 않고 하나로 뒤섞인 긴장으로 느껴지는 경우가 많다. 바로 이 지점에서 공포회피형 특유의 정서적 긴장이 형성된다.

애착 체계가 과활성화되었다가 탈활성화될 때, 무슨 일이 벌어질까?

미쿨린서와 셰이버 박사의 연구에 따르면, 애착 체계는 관계 안에서 위협 신호가 감지될 때 자동적으로 활성화되는 경향을 보인다. 이때 어떤 사람은 상대에게 더 다가가 관계의 안전을 확인하려 하고, 또 어떤 사람은 감정을 억제하며 거리를 두는 방식으로 스스로 보호하려 한다. 그런데 공포회피형의 경우에는 위협 신호 앞에서 한 가지 반응이 안정적으로 유지되기보다 상대에게 다가가려는 반응과 한발 물러서려는 반응이 서로 번갈아 나타나기 쉽다.

이러한 전환은 애착 체계가 잠시 과활성화되었다가 곧 억제되고 탈활성화로 넘어가는 과정이 빠르게 이어지며 나타난다. 그 결과 공포회피형은 친밀감을 원하면서도 동시에 부담과 두려움을 느끼는 모순된 감정을 느끼게 되고, 관계 안에서 상대에게 가까이 다가섰다가 다시 물러서는 행동이 반복되는 경향을 보이게 된다.

1 ♥ 몸과 마음은 어떻게 반응할까?

관계의 작은 변화가 감지되면 몸이 먼저 반응하는 경우가 적지 않다. 심장이 빨리 뛰거나 호흡이 짧아지고 어깨나 턱에 힘이 들어가는 식이다. 생각은 위협에 민감해져 최악의 상황을 떠올리기 쉽고, 마음 한편으로는 상대에게 거절당할까 봐 불안해진다. 동시에 관계에 휩쓸려 자율성을 잃을지 모른다는 두려움이 빠르게 뒤따르기도 한다. 이 과정에서 잠시 상대를 붙잡고 싶다는 과활성화 반응이 나타났다가, 곧 상처를 피하려는 탈활성화 반응으로 전환되면서 일관성이 흐트러져 보이기도 한다. 경우에 따라 감정이 순식간에 치솟아 눈물이 터지거나 분노가 갑자기 치밀어 오르는 경험을 하기도 하고, 과거에 반복적이거나 강한 상처 경험이 있는 일부 사람들에게는 감정이 멀어지는 듯하고 현실감이 흐려지는 해리 반응이 일시적으로 나타나기도 한다. 이렇게 각성이 쉽게 높아지고 완화되기 어려운 상태가 이어지면 관계 안에서 몸의 이완이나 정서적 안전감을 충분히 경험하기가 점점 어려워질 수 있다.

2 ♥ 행동으로 어떻게 드러날까?

처음에 불안이 높아질 때 애착 체계가 활성화되면서, 관계가 안전한지 아닌지 확인하려는 행동이나 불만을 간접적으로 드러내는 반응이 잠시 나타날 수 있다. 여기서 확인 행동은 항의 행동의 초기이자 비교적 수동적인 형태로 이해할 수 있다. 겉으로 보면 불안형의 행동과 비슷해 보일 수 있지만, 공포회피형의 경우 이러한 접근 반응이 오래 유지되지 않는다는 점에서 차이를 보인다. 관계의 안전을 확인하려는 시도가 있은 뒤, 친밀감이 다시 느껴지거나 상황이 안정되는 순간 오히려 이를 억제하고 물러서는 방향으로 기울기 쉽다.

이 과정에서 공포회피형의 행동은 마치 연애 초반의 밀고 당기기처럼 보일 수 있다. 그러나 이는 상대를 조종하거나 계산해서 하는 행동이라기보다 위협 신호에 반응하여 자동적으로 작동하는 정서 조절의 결과에 가깝다. 애착 체계가 위협을 느끼면 상대를 붙잡으려는 반응이 잠시 나타났다가 곧 거리를 두려는 행동으로 전환되는 흐름이 관찰된다. 먼저 관계가 불안하다고 느껴질 때 손이 자연스럽게 휴대폰으로 가고 **어제 내가 혹시 말실수를 했나? 오늘 잠깐이라도 보자 할까?** 같이 관계가 안전하다는 것을 확인하려는 생각과 행동을 보인다. 여기까지는 확인 행동을 포함한 과활성화 전략으로, 관계를 붙잡으려는 시도에 해당한다.

하지만, 상대에게서 연락이 오고 다정한 말투와 여느 때와 같은 목소리에 잠시 마음이 풀리는 순간에도 긴장은 완전히 사라지지 않는다. 친밀감이 다시 또렷하게 느껴질수록 **이렇게 기대다가 상처받으면 어쩌지? 지금 너무 가까워졌는데 괜찮을까?** 같이 이 또한 위협 신호로 빠르게 해석하게 되면서, 상황을 더 이상 안전하지 않은 방향으로 받아들이기 쉽다.

그 결과 방금까지 이어지던 대화를 멈추거나 답장을 미루고, "오늘은 혼자 있고 싶어.", "지금은 얘기하기 힘들어."와 같은 말을 꺼내며 한발 물러선다. 이는 애착 체계의 활성화를 억제하려는 탈활성화 전략으로, 상처를 피하려는 방향으로 기울어진 행동이다.

이후에는 대개 일이나 운동, 집안일 등에 몰입하며 불안한 마음을 가라앉히려 한다. 관계가 완정돼 가는 순간에도, **지금 여기서 멈추는 게 덜 아프지 않을까? 먼저 거리를 두는 편이 안전하지 않을까?** 하는 생각이 비집고 올라와 연락을 줄이거나 만남을 미루는 등 속도를 조절하기도 한다.

3 ♥ 관계에 어떤 영향을 미칠까?

상대는 관계 안에서 따뜻함과 거리감이 번갈아 드러나는 반응을 이해하려 애쓰다 혼란을 느낄 수 있다. 조금 전까지 관계가 편안하게 느껴졌는데 짧은 시간 안에 심리적 거리감이 생기면 상대는 상황을 어떻게 받아들여야 할지 갈피를 잡기 어려워진다. 이러한 예측하기 어려운 경험이 반복될수록 서로에 대한 정서적 안전감은 서서히 약화되고 대화는 조심스러워지며 오해가 쌓이기 쉽다. 그 결과 상대는 먼저 마음을 열고 다가오는 데 부담을 느끼게 된다. 공포회피형 역시 '결국 나는 버려질 수 있고, 타인은 완전히 믿기 어렵다'는 기존의 신념을 더욱 확고히 하는 방향으로 기울 수 있다. 이런 상호작용의 흐름은 상대의 작은 변화마저 위협 신호로 해석하게 만들며, 불안이 다시 커지는 순환으로 이어지기 쉽다.

4 ♥ 시간이 지날수록 어떻게 달라질까?

초기에는 애정을 표현했다가 곧 거리를 두는 모습이 번갈아 보이기도 한다. 그러나 이러한 반응이 반복될 경우, 예고 없이 멀어지는 흐름이 관계 안에서 하나의 익숙한 패턴으로 굳어질 가능성이 있다. 이 과정에서 관계는 점차 지치고 서로의 반응을 예측하기 어려운 상태로 기울기 쉽다. 감정의 균형이 흔들리면서 만족감은 줄어들고 두 사람 모두 관계 안에서 편안함을 느끼기 어려워질 수 있다.

이처럼 공포회피형의 반응은 친밀감을 향한 욕구를 바탕으로, 관계 안에서 자신을 잃을지 모른다는 두려움과 상대에게 가까이 다가갈수록 결국 버림받을지도 모른다는 두려움이 겹쳐지면서 형성된다. 가까워질수록 다가가고 싶은 마음과 스스로를 지키려는 방어가 번갈아 작동하다 보니, 겉으로 봤을 땐 행동의 흐름이 일관되지 않게 보이기도 한다.

이 때문에 상대는 마음이 있는 것인지, 아니면 이미 멀어진 것인지 판단하기 어려워진다. 하지만 이러한 반응은 관계를 흔들기 위해 의도적으로 선택된 행동이라기보다 위협을 감지한 순간 정서적 고통을 줄이기 위해 애착 체계가 자동적으로 작동한 결과에 가깝다.

공포회피형의 행동 패턴: 다가갔다가 물러선다

애착 체계가 과활성화되었다가 탈활성화로 전환될 때, 공포회피형에게서 비교적 자주 관찰되는 행동 패턴을 핵심 항목별로 정리해 보았다. 아래에 제시된 항목들은 공포회피형이 친밀감을 위협으로 느끼는 순간, 관계 안에서 반복적으로 나타나기 쉬운 반응의 흐름을 중심으로 구성한 것이다. 성인 애착 연구를 바탕으로, 이러한 반응이 실제 관계 장면에서 어떤 말과 행동으로 드러나는지를 재구성했다.

각 항목에 제시된 예시는 공포회피형이 느끼는 위협 상황에서 관계의 안전을 확인하려는 접근 반응과 스스로를 보호하기 위해 거리를 두려는 반응이 어떤 순서와 맥락 속에서 대화와 행동으로 드러나는지를 설명하기 위한 것이다. 따라서 모든 공포회피형에게 동일하게 적용되는 목록은 아니다. 이러한 반응들은 순간적으로 불안을 낮추는 데에는 도움이 될 수 있지만, 접근과 회피가 충분히 조율되지 않은 채 반복될 경우 친밀감이 깊어질 기회가 줄어들게 만든다. 그 결과, 점차 탈활성화 상태가 관계 안에서 불안을 조절하는 익숙한 방식으로 굳어지기 쉽다.

1 ♥ 상대의 반응을 확인하며 눈치를 본다

직접적으로 요구하거나 불만을 표현하기보다는 상대의 반응을 조심스럽게 관찰하는 방식으로 관계의 안전을 가늠하려 한다. 예를 들어, 답장을 일부러 미루거나 대화 중 말투를 평소보다 건조하게 바꿔 상대가 어떤 반응을 보이는지를 살피기도 한다. 이때 마음속에서는 **이 사람은 내가 어떻게 반응해도 여전히 나에게 관심이 있을까? 혹시 이미 마음이 멀어진 건 아닐까?** 같은 불안이 함께 작동하는 경우가 적지 않다. 이러한 행동은 상대를 시험하거나 조종하려는 의도라기보다 갈등을 피하면서도 관계가 안전한지 확인하려는 자기 보호적 반응에 가깝다. 다만 이런 방식이 반복되면 상대에게는 거리를 두려는 방어적 모습이나 냉담함으로 받아들여질 수 있고, 그로 인해 관계 안에서의 불안이 오히려 커지는 방향으로 이어질 가능성이 크다.

2 ♥ 애정을 계산하면서 표현을 억누른다

마음이 깊어질수록 감정을 그대로 드러내는 일이 부담스럽게 느껴진다. 그래서 스스로 '이 정도까지만 표현해야 안전하다'는 선을 그으며 애정을 조심스럽게 다루려 한다. 예를 들어, 메시지를 쓰다 지우기를 반복하거나 선물을 준비해 두고도 망설이다 결국 건네지 못하는 일이 생기기도 한다. 겉으로는 차분해 보이지만 내면에서는 감정이 차오르며 이렇게 표현했다가 거절당하면 어떡하지? 하는 두려움이 함께 작동하는 경우가 적지 않다. 이러한 절제는 순간적으로는 자신을 보호하는 데 도움이 될 수 있지만, 같은 방식으로 반복될수록 상대에게는 차갑고 자신에게 관심이 없다고 느껴질 수도 있다. 그 결과, 애정이 충분히 전달되지 못하면서 두 사람 사이의 정서적 거리가 서서히 멀어지는 방향으로 이어지기 쉽다.

3 ♥ 사랑을 시험하며 기다리게 한다

때때로 상대의 마음이 얼마나 자신에게 향해 있는지 확인하고 싶은 욕구가 올라오면서 약속 시간에 늦거나 연락을 잠시 미루는 행동이 나타나기도 한다. 이때 마음속에는 이 사람이 나를 정말 중요하게 생각한다면, 내가 늦더라도 화내면 안되고 기다려 줘야 하지 않을까? 하는 기대와 불안이 함께 작동하는 경향을 보인다. 이러한 행동은 상대를 의도적으로 시험하거나 조종하려는 목적이라기보다 관계의 안전을 확인하려는 확인 행동이 평범하지 않게 나타나는 경우로 볼 수 있다.

다만 공포회피형의 경우, 이런 접근 반응이 오래 유지되기보다 상대의 반응을 확인한 뒤 곧 **이렇게까지 해야 하나?** 하는 회의감이나 부담감이 함께 올라오면서, 다시 거리를 두려는 방향으로 기울기 쉽다.

4 ♥ 사랑을 증명해 달라고 무리하게 요구한다

때때로 상대에게 특정한 행동을 기대하며, 그것을 사랑을 확인하는 신호로 받아들이려고 한다. "정말 나를 생각한다면 오늘 약속 취소하고 와야 하는 거 아니야?", 차로 3시간 거리인데도 "날 사랑한다면 반차 내고 여기까지도 못 와?", 혹은 "날 사랑한다면서 그 사람 연락처 하나 지우는 게 그렇게 어려워?", "이 정도는 해줘야 사랑하는 거 아니야?"와 같은 말들이 여기에 해당한다. 이러한 표현들은 단순히 애정을 확인하려는 요구로 보일 수 있지만, 관계를 통제하려는 의도라기보다 불안을 낮추기 위한 반사적인 반응에 가깝다. 상대가 이러한 기대에 미치지 못할 경우 실망이나 서운함이 커지고, **역시 나는 충분히 사랑받지 못하구나.** 하고 해석하게 되면서 불안이 증폭되기 쉽다.

반대로 상대가 요구를 들어주면 잠시 안도감을 느낄 수는 있지만, 곧 **이렇게까지 확인해야만 안심할 수 있나?** 하는 부담감이나 친밀감에 대한 경계심이 올라와 다시 거리를 두려는 방향으로 행동하기도 한다. 이처럼 무리한 요구를 통해 불안을 잠시 낮추는 방식은 단기적으로는 도움이 될 수 있으나, 같은 패턴이 반복될 경우 상대에게는 강한 압박으로 인식되어 관계를 더욱 불안하게 만들 가능성이 커진다.

5 ♥ 가까워지는 만큼 다시 물러선다

먼저 다정하게 메시지를 보내며 관계가 아직 안전한지 확인해 보려 하다가도, 대화가 이어지는 과정에서 불안이 빠르게 올라와 대화를 중단하거나 '읽음' 표시만 남기는 식으로 물러선다. 상대의 반응을 보고 잠시 안심하지만 **이렇게 가까워지다가 상처받으면 어떡하지?** 같이 해석하면서 행동이 멈추기 쉽다. 이러한 변화는 의도적으로 상대를 밀어내기보다는 친밀함을 위협으로 인식한 순간 스스로를 보호하려는 자동적인 반응에 가깝다. 예를 들어 전날 깊은 대화를 나누게 되어 관계가 가까워졌다고 느낀 다음 날, 갑자기 약속을 미루거나 혼자 있고 싶다는 말로 거리를 조절하려 하기도 한다. 이는 전날의 친밀감이 통제나 부담으로 느껴져서 관계의 속도를 늦추고 정서적 긴장을 완화하려는 시도로 이해할 수 있다. 이때, 일이나 취미에 몰입하여 감정을 가라앉히려는 행동이 뒤따르기도 한다.

6 ♥ 자주 거리 두는 말을 꺼낸다

불안이 올라올 때 "오늘은 혼자 있고 싶어.", "지금은 좀 피곤해서 나중에 얘기하자."와 같은 말을 꺼내며 스스로를 진정시키려고 한다. 이는 감정을 숨기거나 회피하려는 의도라기보다 순간적으로 정서적 부담을 낮추고 자신을 보호하려는 반응에 가깝다. 겉으로는 단순히 피곤하거나 혼자 있고 싶다는 표현처럼 보이지만, 많은 경우 내면에서 지금 더 가까워지면 상처받을지도 모른다는 두려움이 함께 일어나고 있는 것이다. 상대는 이런 말을 갑자기 선을 긋고 멀어지려 한다는 느낌을 받을 수 있는데, 실제로 상대가 체감할 정도로 연락이 줄어들거나 대화의 분위기가 달라지는 흐름이 나타나게 된다. 이러한 반응은 불안을 줄이려는 시도에서 비롯된다. 하지만 같은 방식이 반복될 경우 관계를 예측할 수 없어지고 정서적 안전감 또한 약화되는 방향으로 이어질 수 있다.

7 ♥ 상처받지 않기 위해 마음을 미리 닫는다

관계가 안정될수록 **오히려 지금 이 정도에서 멈추면 덜 아플지도 몰라.** 하는 생각이 떠오른다. 그러다 보니 스스로 마음을 덜 주려 하거나, 대화 속에서 애정을 표현하는 일을 의식적으로 줄이게 되기도 한다. 연락 빈도를 낮추거나 약속을 미루며 정서적 거리를 조절하려는 모습이 나타나는 것도 이와 마찬가지다. 이러한 반응은 곧 이별을 확정 짓거나 관계를 끝내겠다는 의도라기보다 다가올지 모를 버림받는 상황을 미리 대비하여 감정의 강도를 낮추려는 시도로 이해할 수 있다. 이 과정은 순간적으로는 불안을 완화하는 데 도움이 될 수 있지만, 같은 방식이 반복될수록 상대로부터 느끼는 정서적 안전감이 서서히 약화될 가능성이 크다.

공포회피형에게도 과활성화 반응이 나타나는 이유

불안형의 애착 체계는 공포회피형과 같이 자기 부정의 신념을 지녔지만, 공포회피형과 달리 타인 긍정의 신념이 마음의 바탕에 있기 때문에 많은 경우 과활성화 전략을 통해 상대와의 친밀감과 정서적 연결을 회복하려 시도한다. 하지만 공포회피형은 어떻게 자기 부정과 타인 부정의 신념을 동시에 지니고 있으면서도 과활성화 반응이 나타나는 걸까?

공포회피형이 상황에 따라 상대를 시험하거나, 과도한 확인 행동이 나타나는 이유는 애착 체계가 위협 신호에 반응할 때 자동으로 활성화되는 특성 때문이다. 미쿨린서와 셰이버 박사의 연구에 따르면, 애착 행동은 인지적으로 형성된 신념보다 더 빠르고 본능적인 수준에서 먼저 작동하는 경향을 보인다. 다시 말해 신념은 관계에서의 전반적인 방향성을 형성하는 역할을 하고, 과활성화 행동은 순간적인 불안에 반응하는 일시적 반응으로 나타나는 경우가 많다.

불안이 순간적으로 크게 올라올 때 애착 체계는 관계의 안전을 확보하기 위해 접근 행동을 잠시 유발할 수 있다. 하지만 공포회피형의 경우에는 곧바로 '타인은 믿기 어렵다'는 타인 부정의 신념이 함께 작동하기 때문에, 활성화된 애착 반응을 지속하지 못하고 이를 억제하는 방향으로 기울기 쉽다. 그 결과 애착 체계는 비교적 빠르게 탈활성화로 전환되며, 다가섰던 흐름이 다시 물러서는 방향으로 바뀌는 경우가 많다.

이러한 반복은 하나의 고정된 성격 특성이라기보다 불안과 회피가 상황에 따라 번갈아 자극되는 공포회피형의 전형적인 조절 양상으로 이해할 수 있다. 즉, 상대에게 가까이 다가가려는 반응과 거리를 두려는 반응이 오가는 이 흐름은 모순적 행동으로 보일 수 있으나, 실제로는 정서적 고통을 줄이기 위해 애착 체계가 순간순간 선택한 결과에 가깝다.

공포회피형이 겪는 익숙한 상황

사례 1 ♥ 안도감 뒤에 밀려오는 경계심

상호와 지희는 연애 중이다. 어젯밤까지 다정하게 통화로 대화를 나누며 잠들었고 그 순간만큼은 마음이 한결 편안했다. 관계가 안전하다고 느껴지는 안도감이 잠시 마음을 채웠다. 하지만 다음 날 아침이 지나 점심이 되도록 지희에게서 연락이 오지 않았다. 그러자 상호의 마음은 빠르게 안 좋은 쪽으로 기울어지기 시작했다. **혹시 내가 어제 뭔가 잘못 말한 게 있나? 무슨 일이 생긴 건 아닐까?** 같은 생각이 꼬리를 물며 올라왔고 버려질지도 모른다는 불안이 점점 커져갔다.

결국 상호는 이 불안을 견디지 못하고 먼저 메시지를 보냈다. "무슨 일 있는 건 아니지? 왜 아직도 연락이 안 돼? 걱정되니까 꼭 연락해." 잠시 후 다행히도 지희는 미안함을 담아 장문의 답장을 보내왔다. 부모님이 갑자기 집에 오셔서 정신이 없었다는 설명과 함께, 곧 만나서 이야기하자고 상황을 다 소통해 주었다. 상호는 그제야 안도의 숨을 내쉬었다. **그래, 아직 괜찮아.** 관계가 다시 안전해진 것처럼 느껴졌다.

하지만 이 안도감은 오래 머물지 않았다. 마음 한편에서 또 다른 방향으로 자꾸 흘러갔다. **이렇게 의지하다가 나중에 더 크게 상처받으면 어떡하지? 더 관계가 깊어지는 건 위험하지 않을까?** 방금 전까지 위로처럼 느껴졌던 지희의 다정함은 어느새 자신을 묶어두는 부담으로 왜곡되어 다가왔다. 상호의 마음은 다시 한번 긴장하고 친밀한 흐름에서 잠시 벗어나야겠다는 충동이 올라온다.

상호는 스스로를 진정시키기 위해 한발 물러섰다. 지희가 보낸 따뜻한 메시지에 짧고 건조하게 답장을 보냈다. 지희가 연락을 더 이어가고 싶어 한다는 것을 알았지만, 상호는 "지금 좀 피곤하네."라는 말로 더 다가올 수 없도록 대화를 마무리했다. 지희에 대한 마음이 식거나 관계를 끝내려는 선택이라기보다, 지금 이 친밀함이 더 커지기 전에 숨을 고르려는 시도에 가까웠다. 그렇게 상호의 하루는 다시 조용해졌지만 마음속에는 안도와 경계가 동시에 남아 있었다. 가까워졌다는 사실이 위안이 되면서도, 그만큼 위험해졌다는 감각이 함께 머무는 채로 말이다.

사례 2 ♥ 자율성을 지키려다 멀어지는 선택

민재와 수아는 1년째 연애를 이어오고 있다. 연애 초반, 민재는 수아와의 관계가 비교적 편안하게 느껴졌다. 수아는 감정을 솔직하게 표현했지만 그것이 당장 부담으로 다가오지는 않았다. 함께 보내는 시간이 쌓여갈수록 관계는 자연스럽게 안정되어 가는 듯 보였다.

문제는 관계가 익숙해지고 '앞으로'에 대한 이야기가 오가기 시작한 시점이었다. 둘의 집은 한 시간 거리였는데, 수아가 더 가까운 거리로 집을 이사하게 되었을 때와 시기가 비슷했다. 어느 날 수아가 다음 달 일정을 이야기하며 "그때쯤엔 우리도 좀 더 자주 보게 되겠지?"라고 말했을 때, 민재의 마음속에서는 설명하기 어려운 긴장이 올라왔다. 수아는 다정하게 말했지만 민재에게는 그 말이 **이제 더 깊은 관계로 매이게 되는 건 아닐까?** 하는 신호처럼 들렸기 때문이었다.

그날 이후, 민재는 자신도 모르게 수아와의 관계에서 속도를 늦추기 시작했다. 답장은 전보다 짧아졌고 만남 약속도 자연스럽게 미뤘다. 특별한 불만이 있어서라기보다 관계 안에 오래 머무를수록 숨이 막히는 느낌이 들기 시작했던 것이다. 수아가 "요즘 무슨 고민이 있는 것 같아 보여."라고 조심스럽게 묻자, 민재는 "그냥 좀 복잡해."라는 말로 대화를 정리했다. 더 설명하면 그 설명 자체가 관계를 더 깊게 만들 것 같다는 느낌이 들었다.

며칠 뒤 수아는 민재의 속도를 존중하겠다는 메시지를 보냈다. 그 문장을 읽는 순간, 민재의 마음은 잠시 풀어진다. **그래, 이렇게 이해해 주면 괜찮을지도 몰라.** 하지만 곧 또 다른 생각이 민재를 괴롭혔다. **이렇게 이해해 주는 사람일수록 나중에는 더 많은 걸 기대하지 않을까? 그 기대를 내가 감당할 수 있을까?** 안도감과 경계심이 동시에 올라오면서 민재는 다시 한발 물러선다. "당분간은 혼자 정리할 시간이 필요해." 그렇게 민재는 관계를 완전히 끊지는 않지만 스스로 감당할 수 있는 거리만큼만 남겨두는 선택을 한다.

사례 3 ♥ 기다림으로 확인하려는 마음

공포회피형인 다희는 은우와의 관계가 깊어질수록 한 가지 생각이 자꾸 마음을 건드렸다. **이 사람이 정말 나를 떠나지 않을까?** 때로는 관계가 안정적인 것 같다는 생각과 함께 오히려 이 관계의 끝을 상상하게 되는 순간들도 있었다.

어느 날 다희는 앞선 일정이 예상보다 길어지면서 은우와 만나기로 한 시간에 늦을 것만 같았다. 휴대폰을 손에 쥔 채 몇 번이나 메시지를 썼다 지우기를 반복하면서 **지금 말하면 괜히 변명처럼 들리지 않을까? 조금 늦는다고 해서 화를 내지는 않을까?** 이런 생각들이 머릿속을 빠르게 오가며 마음이 조급해졌다.

결국 약속 장소에 도착했을 때는 이미 예정된 시간보다 삼십 분이나 지나 있었다. 그런데도 은우는 별다른 불만 없이 웃으며 다희를 맞아주었다. 그 순간 다희의 마음에는 잠깐 안도감이 스쳤다. **아, 아직은 괜찮구나.** 하지만 그 안도감은 오래 머물지 않았다. 다희에게 곧바로 다른 생각이 끼어들었다. **속으로는 화났으면서 겉으로만 괜찮은 척하는 거 아니야?** 다희는 은우의 표정과 말투를 곱씹으며 미묘한 신호를 찾기 시작했다.

며칠 뒤, 다희는 자신도 명확히 설명하기 어려운 마음에 다시 비슷한 상황을 만들었다. 이번에는 일부러 약속 시간보다 한 시간 늦게 도착했다. 한 시간쯤 지나 도착했을 때도 은우는 자리를 떠나지 않고 기다리고 있었다. "무슨 일 있었던 거야?", "괜찮아. 난 기다릴 수 있어."라는 말이 들려왔을 때, 다희의 마음에는 또다시 안도감이 번졌다. 동시에 또 이해하기 힘든 의심이 따라왔다. **이래도 화내지 않는다고? 그럼 어디까지 괜찮은 거지? 내가 만약 두 시간을 기다리게 했다면 그땐 나를 버렸을지도 몰라.** 그 생각이 떠오르자 다희의 마음은 다시 긴장되었다. 안심하려고 했던 행동이 오히려 더 큰 불안을 불러온 셈이었다.

다희는 마음 한쪽에서는 또 다른 질문이 생각났다. **이렇게까지 확인해야 안심하는 내가 이상한 게 아닐까? 다음에는 더 늦으면 그땐 어떻게 될까?** 그때마다 잠깐의 안도와 뒤따르는 불안이 엇갈려 올라왔다. 관계를 확인하고 싶은 마음과 이런 방식이 스스로에게도 부담스럽게 느껴지는 감정이 동시에 뒤섞이며 다희의 마음을 복잡하게 만들었다.

이 세 장면은 공포회피형 애착에서 자주 반복되는 반응의 흐름을 비교적 잘 보여주고 있다. 특히나 다희의 행동은 상대를 조종하거나 시험하려는 의도라기보다 사랑이 아직 안전한지 확인하려는 충동이 평범하지 않게 드러난 일화에 가깝다. 다만 공포회피형의 경우, 이런 접근 반응이 오래 유지되기보다 곧 부담과 회의로 이어지면서 다시 거리를 두고 싶은 마음으로 전환되기 쉽다.

이처럼 공포회피형의 마음속에서는 '나는 결국 버려질 수 있다'는 자기 부정과 '타인은 믿기 어렵다'는 타인 부정의 신념이 함께 작동한다. 상대가 멀어지고 있다고 느껴질 때는 불안이 먼저 올라와 관계가 아직 안전한지 확인하려는 행동이 나타나고, 다시 친밀감이 돌아온 순간에는 그 친밀함 자체를 또 다른 위협으로 해석하여 한발 물러서고 싶은 마음이 뒤따르기 쉽다.

이 과정은 변덕스럽거나 계산적인 선택이라기보다 정서적 고통을 줄이기 위해 애착 체계가 상황에 따라 자동적으로 조정하는 반응에 가깝다. 공포회피형은 사랑을 원하지 않는 유형이 아니라, 많은 경우 상대가 가까워지면 가까워질수록 관계 안에서 받았던 과거의 상처와 위험했던 기억이 함께 떠오르기 쉬운 사람들이다. 그래서 친밀감이 깊어지는 순간, 현재의 관계에서 겪고 있는 갈등 장면이 과거의 상처나 위협을 느꼈던 경험과 겹쳐 보이게 된다. 이때 자신의 안전을 지키기 위해 몸과 마음이 빠르게 경계 태세로 전환되고, 그 결과 접근과 회피가 뒤섞인 복합적인 반응으로 나타나는 것이다. 이러한 흐름을 이해하는 것은 공포회피형의 행동을 판단하기보다 왜 그런 반응이 반복되는지를 맥락 속에서 바라볼 수 있게 돕는다.

공포회피형에게 전하는 메시지

대체로 혼란스러운 반응의 뒤에는 스스로를 지키려는 마음이 자리 잡고 있다. 가까워지면 안심이 되다가도 갑자기 두려워지는 이유는, 사랑의 경험이 과거의 상처받았던 기억과 연결되어 애착 체계가 활성화되기 쉬운 상태가 되기 때문이다. 다시 말해 공포회피형 역시 사랑을 강하게 원하지만, 사랑이 안전하지 않았던 경험 때문에 사랑을 두려운 감정으로 기억하는 경우가 많다. 그래서 가까워질수록 숨 막히는 느낌과 반대로 허전함이 함께 올라와 똑같은 대상을 두고도 양가감정이 나타나기도 하는 것이다. 이는 결함이 아니다. 그저, 충분히 보호받지 못했던 환경 속에서 형성된 적응의 결과에 가깝다.

그럼에도 불구하고 친밀감이 곧 위협이 아니라는 경험이 반복될수록 공포회피형의 반응은 서서히 달라질 수 있다. 상대가 거리를 두려는 행동을 곧바로 버림받음의 위협으로 해석하지 않고, 상대가 가까이 다가오려는 행동을 자율성을 해치는 통제로 받아들이지 않는 경험이 쌓이게 되면, 관계를 지속하고자 하는 마음이 늘어나게 된다. 이처럼 공포회피형 역시 새로운 관계를 통해 긍정적 경험을 거친다면 어린 시절 생존을 위해 형성되었던 애착 양상이 다시 조정될 수 있다.

셀프 체크리스트: **나는 공포회피형일까?**

이 체크리스트는 연구 문헌을 바탕으로 재구성한 자기 점검용 안내이며, 임상 진단이나 평가를 대신하지 않는다. 점수는 경향을 살펴보기 위한 참고 지표로, 정확한 분류나 판정을 내리기보다는 관계 안에서 과활성화 반응과 탈활성화 반응이 언제 작동하는지, 어느 방향으로 더 자주 나타나는지를 인식하는 데 목적이 있다.

또한 일부 문항은 불안형이나 회피형의 체크리스트에서 보았던 질문과 유사하게 느껴질 수 있다. 이는 공포회피형이 불안과 회피의 요소를 함께 지니고 있으며, 상황에 따라 과활성화 반응과 탈활성화 반응이 번갈아 나타나기 때문이다. 다시 말해, 문항의 유사성은 공포회피형 애착이 지닌 복합적 양상이 불안형과 회피형의 반응을 포함하고 있다는 증거다.

혹여 결과가 마음에 걸렸다면 그것은 문제가 발견되었다기보다 스스로의 반응을 알아차리기 시작했다는 신호에 가깝다.

점수를 기준 삼아 자신을 판단하기보다, 이 결과를 통해 불안이 먼저 올라오는 순간은 언제인지, 그 사이에서 잠시 멈추고 숨을 고를 수 있는 지점은 어디인지를 돌아보는 계기로 삼는 게 좋다. 이런 인식은 자동적인 패턴에서 벗어나 관계 안에서 다른 선택을 시도할 여지를 넓혀준다.

공포회피형 질문지

※ 지난 4주 동안의 경험을 떠올리며 각 항목에 점수를 매긴다.

[참여형 0-4점 척도]

0점	1점	2점	3점	4점
전혀 그렇지 않다	드물게 그렇다	가끔 그렇다	자주 그렇다	거의 항상 그렇다

1. 상대와 속 깊게 대화를 나눈 뒤, 다음 날 연락을 줄이거나 약속을 미루고 싶어졌던 순간이 떠오르는가?
2. 애정을 표현한 직후 불안이 올라와 대화를 멈추고 싶다는 충동이 스친 적 있는가?
3. 상대가 다가올 때 반가우면서도 동시에 숨고 싶다는 감정이 함께 올라온 경험이 있는가?
4. 문제를 직접 말하기보다 조용히 거리를 두는 방식으로 상황을 넘겨본 기억이 있는가?
5. 관계가 가까워질수록 먼저 이별을 상상해 본 적이 있는가?

6. 연락이 뜸해졌을 때 확인 메시지를 보냈다가, 곧바로 대화를 끝내고 싶어졌던 순간이 있었는가?

7. 바쁘다는 이유로 감정을 밀어두고 일이나 취미에 몰두하며 버텨 본 적이 있는가?

8. 애정을 표현하면 약해 보일 것 같다는 걱정이 먼저 앞섰던 순간이 있는가?

9. 상대의 요구가 쌓일수록 무기력해지며 상대에게서 멀어지고 싶다는 생각이 들었던 적이 있는가?

10. 친밀함을 유지하려면 나 자신을 희생해야 할 것처럼 느껴졌던 기억이 있는가?

11. 사랑이 안전한지 확인하려는 마음으로 상대를 곤란하게 했던 행동들이 있었는가?

12. 관계가 안정될수록 오히려 마음이 불편해지는 느낌을 경험한 적이 있는가?

13. 상대가 일상에 관여할 때 통제받고 있다는 생각이 스쳐간 적이 있는가?

14. 감정이 올라오는 순간, 농담이나 침묵으로 상황을 넘겨본 기억이 있는가?

15. 애정을 표현하는 일이 오히려 불안을 키운다고 느껴졌던 때가 있는가?

16. 연락을 피하고 혼자 시간을 보낸 뒤에야 마음이 가라앉는다고 느껴본 적이 있는가?

점수 해석 — 총점 0~64점

0~15점	공포회피형 경향이 비교적 낮다. 대체로 상황에 맞게 감정을 주고받는 편이지만, 일부 장면에서는 친밀함을 드러내는 데 주저함이 나타날 수 있다.
16~30점	공포회피형 경향이 약하게 나타난다. 친밀감이 커질수록 불안이 올라오며, 거리를 두려는 반응이 간헐적으로 나타날 수 있다.
31~45점	공포회피형 경향이 비교적 뚜렷하다. 가까워질수록 두려움이 커지고, 관계의 안전을 확인하려는 충동이 잠시 나타났다가 억제되며 회피로 이어지는 흐름이 관찰되기도 한다.
46~64점	공포회피형 경향이 비교적 강하게 나타난다. 많은 경우, 관계의 안전을 확인하려는 과활성화 반응이 잠시 나타났다가, 친밀감에서 벗어나려는 탈활성화 반응으로 전환되는 흐름이 반복될 수 있다.

점수를 어떻게 읽어야 할까? — 반응의 흐름 정리

다음의 항목들은 공포회피형의 반응을 고정된 유형으로 나누기보다, 관계 안에서 위협이 느껴지는 순간 어떤 반응이 더 자주 활성화되는지를 묶어 정리한 것이다. 점수가 여러 묶음에 동시에 해당하더라도, 이는 공포회피형 애착의 특성상 불안과 회피가 상황에 따라 함께 자극되기 때문에 비교적 자연스러운 결과로 이해할 수 있다.

1, 2, 3, 5, 12, 15번이 높다	친밀한 교류 이후에 오히려 불안이 빠르게 올라오며, 관계가 안정되는 순간에도 경계가 활성화되는 흐름을 시사한다. 다가가고 싶은 마음이 먼저 나타났다가, 곧 버림받을지도 모른다고 예측하며 물러서는 반응이 반복되기 쉽다.
4, 7, 8, 14, 16번이 높다	불안을 말이나 요구로 표현하기보다, 감정을 눌러두고 혼자 조절하려는 경향이 비교적 두드러진다. 이 경우 침묵하고 거리를 두거나, 일이나 활동에 몰입하는 등 많은 경우 탈활성화 전략이 정서 조절의 중심이 된다.
6, 11, 15번이 높다	관계의 안전을 확인하려는 접근 반응이 비교적 분명하게 나타났다가, 그 행동 자체를 부담스럽게 생각하여 다시 억제하는 흐름이 반복될 가능성을 시사한다. 과활성화 반응이 짧게 보였다가 곧바로 탈활성화되는 공포회피형의 전형적인 패턴과 연결된다.
9, 10, 13번이 높다	친밀감이 깊어질수록 관계 안에서 통제되거나 자율성을 잃을 수 있다고 해석하여 비교적 쉽게 애착 체계가 활성화된다. 이 경우 관계의 속도를 늦추거나 정서적, 물리적 거리를 확보하려는 반응이 강화되기 쉽다.

왜 어떤 사랑은
편안할까

안정형 애착의 관계 유지법

일과를 마치고 연인이 준비한 저녁 식탁 앞에 앉는다. 오랜만에 둘이서만 보내는 시간이다. 대화는 비교적 자연스럽고 서로의 눈빛에는 여유가 묻어난다. 상대가 잠시 휴대폰을 확인해도 크게 신경이 쓰이지 않고, 식사가 끝난 뒤 잠시 침묵이 흘러도 그 분위기를 견딜 수 있다. 그저 함께 있다는 사실이 충분하게 느껴진다. 헤어질 때도 "오늘 즐거웠어. 잘 가."라는 말로 마무리한다. 확인 문자나 즉각적인 반응이 없어도 마음이 크게 흔들리지 않는다. 식탁 앞에서 잠시 흐른 침묵이나 헤어질 때 건넨 담담한 인사만으로도, 오늘의 관계는 이 정도면 충분하다는 마음이 조용히 남는다.

이처럼 안정형 애착을 가진 사람은 조급함보다는 비교적

여유 있게 관계를 경험하는 편이다. 관계가 주는 따뜻함을 느끼면서도 자신의 독립성과 개인적인 영역을 비교적 잘 유지한다. 상대에게 지나치게 의존하지도 않고 그렇다고 갑작스럽게 거리를 벌리지도 않는다. 사랑이란 항상 밀착된 상태를 유지하는 일이 아니라, 함께 머물되 각자의 속도와 공간을 존중하는 과정이라는 감각을 지니고 있다. 그렇다면 이런 비교적 편안한 관계는 어떻게 가능해지는 걸까?

이러한 편안함은 우연히 생겼다고 보기는 어렵다. 안정형은 관계 속에서 자신과 타인 모두를 어느 정도 신뢰할 수 있다는 내적 확신을 바탕으로 반응하는 경향이 있다. 다시 말해, 이들이 보여주는 평온함은 타고난 성격의 결과라기보다 반복된 관계 경험 속에서 형성된 내적 작동 모델에서 비롯된 경향에 가깝다. 이제 그들이 어떤 신념을 바탕으로 관계 상황을 해석하는지 살펴보자.

왜 가까워져도 불안하지 않을까?

주말 저녁, 상대가 갑자기 약속을 취소한다. "오늘은 혼자 있고 싶어." 짧은 한 문장의 메시지였지만 회피형인 상대가 지금 어떤 상태에 있는지는 어느 정도 짐작이 간다. 솔직히 약간의 서운함이 올라오긴 해도 그 감정에 바로 휩쓸리지는 않는다. 요즘 회사에 일이 많았던데. 스트레스받을 일도 많고. 혼자 쉬는 날이 필요하겠다. 괜히 확인 문자를 보내거나 이유를 캐묻기보다 일단 상대의 속도를 존중해 보기로 한다. 아침에 혼자서 조용한 시간을 보내며 다른 일정을 정리한다. 괜히 바로 반응하지 않아도 관계가 멀어지지 않는 순간들이 쌓이면서, 기다림 자체가 관계를 이어주는 시간이 될 수 있다는 것을 몸으로 조금씩 익혀간다.

다음 날, 상대가 먼저 전화를 걸어온다. "어제는 미안해. 그냥 좀 쉬고 싶었어." 상대의 말에 마음이 누그러지고 "그럴 수 있지. 쉬고 나니까 좀 괜찮아?"라고 답한다. 그 짧은 대화에는 불안을 감추려 애쓰는 긴장도, 일부러 거리를 벌리려는 태도도 없다. 대신 서로의 상태를 확인하고 다시 연결되는 여유가 흐른다. 이런 경험이 몇 번쯤 쌓이고 나면, 관계는 늘 매끄러워서가 아니라 언제든 다시 이어질 수 있다는 신뢰를 조용히 쌓아가게 된다.

이번에는 다른 상황이다. 불안형 상대는 아침에 자신이 보낸 마지막 문자에 답이 오지 않는 게 마음에 걸린다. 혹시 내가 귀찮게 한 건 아닐까? 무슨 일 있는 게 아닐까? 이 같은 생각이 끊임없이 들어서 오전 내내 휴대폰을 확인하다가 그냥 전화를 건다. 하지만 그때 하필이면 회사에서 긴급회의 중이라 전화를 돌릴 수밖에 없었다. 상대는 전화도 안 되고 답장도 오지 않자 점점 초조해지고, 혹시 마음이 식은 건 아닐까? 내가 뭘 잘못했지? 하는 불안감이 커진다. 회의가 끝난 후 다급히 전화를 걸며 말한다. "미안, 아침에 긴급회의가 있었어. 출근하자마자 지금까지 계속 회의 하느라 이제야 봤네. 너 되게 걱정했겠다. 연락 안 돼서 미안해." 상대는 그제야 가슴에 차오르던 말들이 잠시 멈추는 걸 느낀다. "오늘 저녁에 같이 밥 먹을까? 얼굴 보고 얘기하자." 이어지는 따뜻한 말에 마음이 서서히 가라앉는다.

안정형은 상대의 불안을 외면하지 않지만 그 감정에 그대로 끌려가지도 않는다. 대신 차분한 톤을 유지하며, 상대가 어느 정도 예측할 수 있는 방식으로 반응한다. 그 과정을 통해 '괜찮아', '나는 여전히 여기 있어'라는 메시지가 자연스럽게 전달된다. 이는 상대의 감정에 공감하되, 그 감정에 휩쓸리지 않도록 스스로 조절하며 반응하는 모습에 가깝다. 이런 태도는 대화를 단번에 진정시키기보다 지나치게 긴장이 고조되지 않도록 완충해 주는 역할을 한다.

이처럼 안정형은 관계에서 비교적 안정적인 반응을 보이는 편이다. 이러한 반응은 어디에서 비롯될까? 안정형은 다른 유형에 비해, 그 밑바탕에 '자기 긍정', '타인 긍정'의 신념을 지닌 내적 작동 모델이 하나의 필터처럼 작동한다. 다시 말해, '나는 사랑받고 도움을 받을 자격이 있다'는 자기 긍정과 '타인은 대체로 신뢰할 수 있고 필요할 때 의지할 수 있다'는 타인 긍정의 신념을 비교적 안정적으로 유지하는 경향이 있다는 뜻이다.

　이러한 자기 긍정의 신념은 안정형이 관계에서 자신의 필요와 감정을 비교적 솔직하게 표현하게 표현하도록 도와주는 경향이 있다. 거절이나 갈등이 생기더라도 자신의 가치에 대한 기본적인 신뢰가 크게 흔들리지 않기 때문에, 감정에 과도하게 반응하기보다는 한발 거리를 두고 상황을 바라보려 한다. 여기에 타인 긍정의 신념이 더해지면 관계를 통해 안전과 지지를 얻을 수 있다는 기대가 유지되어 위협적인 상황이나 스트레스 상태에서도 건강한 상호작용을 유지하려는 방향으로 반응하기 쉽다. 그 결과 서로에게 기대고 도움을 주고받으면서도, 각자의 영역과 경계를 존중하는 관계가 형성된다. 이런 안전감은 애착 체계가 활성화되는 순간에도 감정과 행동의 균형을 유지하도록 돕는 기반으로 작동한다.

애착 체계가 활성화될 때, 어떤 일이 벌어질까?

안정형에게도 갈등은 찾아온다. 관계에서 일시적인 거리감이나 정서적 긴장이 생기면 안정형의 애착 체계 역시 활성화된다. 이때 애착 체계는 관계를 회복하고 정서적 안전감을 되찾으려는 방향으로 반응하지만, 동시에 자신의 감정을 인식하고 조절하려는 흐름이 함께 나타나는 경향이 있다. 다시 말해 위협이 감지될 때 애착 체계가 작동하더라도, 감정 반응이 곧바로 과도해지기보다는 자기 조절이 병행되며 관계를 유지하려는 방향으로 반응이 이어지는 경우가 많다.

여기서 중요한 점은 애착 체계가 활성화되는 상황에서도 안정형은 불안을 즉각적인 위협으로만 해석하지 않는다는 점이다. 오히려 불안을 관계의 균형이 흔들리고 있음을 알려주는 하나의 신호로 받아들이고, 많은 경우 그 신호 앞에서 감정의 중심을 잃지 않으려는 쪽으로 선택한다.

♥ 몸과 마음은 어떻게 반응할까?

위협 신호를 감지하더라도, 많은 경우 이를 곧바로 억누르기보다 잠시 숨을 고르고, 지금 자신이 어떤 감정을 느끼고 있는지 스스로를 살핀다. 예를 들어 대화 도중 상대의 말투가 차가워졌을 때, "말을 왜 그렇게 해?", "그런 식으로 말하지 말랬지?"처럼 즉각적으로 방어하기보다는, 속으로 **지금 내가 서운하게 느끼는구나. 어디서 마음이 상했던 거지?** 하고 자신을 돌아보는 선택을 하는 경우가 많다.

이때 올라오는 불안은 없애야 할 문제가 아니라 지금의 상태를 알아차리라는 신호로 받아들여진다. 감정을 이렇게 인식하고 나면 마음의 긴장이 서서히 풀리기 시작하고, 호흡이 조금씩 느려지며 생각도 한결 또렷해진다. 그래서 안정형은 즉각적으로 반응하기보다 잠시 여유를 두고 말의 속도와 어조를 조절하는 방향으로 선택하는 경향이 있다. 이러한 작은 멈춤과 인식의 순간들이 이어지면서 몸과 마음이 서서히 안정되는 조절 과정이 형성된다.

💜 행동으로 어떻게 드러날까?

관계에서 불안을 느끼는 순간에도 감정을 숨기거나 회피하기보다는 이를 드러내고 다루려는 선택이 먼저 나타난다. 상대가 속상한 마음으로 말이 거칠어지더라도, 즉각적으로 맞서기보다 자신의 솔직한 마음을 차분히 전하려는 태도가 중심이 된다. 예를 들어 "너무 속상했겠다.", "그렇게 느끼고 있는 줄 왜 몰랐을까?", "내가 좀 무심했던 것 같아."처럼 상대의 감정을 먼저 받아들이고, 이어서 "요즘 야근 때문에 정신이 팔려서 그만큼 잘 돌아보지 못했던 것 같아.", "친구들한테 널 소개해 주면 좋겠다고만 생각했지, 네가 불편해할지도 모른다는 생각은 미처 못했던 것 같아.", "내가 네 마음을 충분히 살피지 못했어."처럼 자신의 상황과 한계를 설명한다. 이때 이러한 문제로 관계 자체가 흔들린 것은 아니라는 신호를 말과 태도에 담아 미안한 마음과 함께 전달하는 경우가 많다.

이는 회피형처럼 물러서서 회피하거나, 불안형처럼 과도한 확인으로 몰아붙이는 방식과는 다른 반응이다. 대신 감정이 담긴 대화를 통해 자신과 상대의 애착 체계가 함께 안정되도록 돕는 방향을 택하는 경향이 있다. 이때 사용되는 언어는 대체로 부드럽고, 태도 역시 비교적 예측 가능하고 일관되게 유지된다. 이러한 맥락에서 안정형의 대화는 단순한 해명이나 사과를 넘어서 감정의 공명을 통해 관계 안에서 정서적 안전감이 형성되어 가는 과정을 보여준다.

♥ 관계에 어떤 영향을 미칠까?

갈등 상황에서도 안정형은 관계에 대한 기본적인 신뢰를 비교적 유지하는 편이다. 잠시 거리감이 생기더라도 이를 곧바로 위기로 확대 해석 하기보다는, 관계 안에서 조율이 필요하다는 신호로 받아들이는 경향이 있다. 그래서 그런 순간을 서로를 이해할 수 있는 하나의 계기로 바라보는 경우가 많다. 이때 핵심은 상황을 즉각적인 위협으로 단정하기보다 상대의 행동에 여러 가능성을 열어두고 해석하려는 태도이다. 예를 들어, 상대의 말투가 차가워지거나 잠시 거리를 두려는 행동이 보일 때, 이를 곧바로 거절당했다거나 애정이 식었다고 해석하기보다는 '지금은 혼자 마음을 정리할 시간이 필요할 수 있겠다'고 받아들인다. 성인 애착 연구에 따르면, 이런 해석 방식은 상대의 행동을 위협으로 고정하지 않고 일시적인 회복이나 관계 조율의 신호로 받아들이는 안정형의 인지적 특성과 연결된다.

중요한 점은 이것이 현실을 부정하는 낙관이 아니라, 상대가 처한 맥락을 넓게 고려해서 신호의 의미를 유연하게 해석하려는 태도라는 점이다. 이러한 태도는 대체로 서로의 불안을 과도하게 키우지 않고 관계의 긴장을 완화하는 방향으로 작용한다. 다만, 같은 갈등 상황과 위협 신호가 반복될 때에도 안정형이 계속 해석하고 받아들이기만 하는 것은 아니다. 일정 기간 비슷한 패턴이 이어지면 이를 관계 안에서 다뤄야 할 또 다른 신호라고 인식하고 직접적인 대화를 시도하는 경우가 많다. 이는 생각 속에서 상황을 이해하는 데 그치지 않고 무엇이 반복되고 있는지를 함께 확인하며 행동적 합의로 나아가려는 과정에 가깝다.

위협 신호가 반복될 때의 전환 원칙 · · · · · · · · · · · · · ·

1 · 상대의 패턴을 인식한다

같은 행동이 짧은 기간 안에 여러 번 반복될 때, 이를 단순한 기분 변화나 우연한 사건이 아니라 '관계 안에서 반복되고 있는 흐름'으로 인식한다. 예를 들어, 연락이 자주 늦거나 약속을 자주 취소할 경우, 그 이유를 단정 짓기보다는 관계의 흐름에서 어떤 부담을 느끼고 있는지 상대가 나와 조율이 필요할 어떤 문제가 생겼을지 그 가능성을 함께 떠올려보는 것이다. 이러한 인식은 상대를 비난하기 위한 판단이 아니라 지금 관계 안에서 어떤 신호가 반복되고 있는지를 알아차리기 위한 과정에 가깝다.

2 · 자기 감정을 먼저 공유하고 상대의 마음을 확인한다

"왜 요즘 연락이 잘 안돼?"처럼 원인을 추궁하기보다 "요즘 연락이 줄어들어서 나로서는 마음이 조금 멀어진 것처럼 느껴졌어."와 같이 자신의 감정 경험을 중심으로 이야기한다. 이는 상대의 행동을 평가하기보다 그 행동이 자신에게 어떤 영향을 주었는지를 솔직하게 전하는 방식이다. 이런 대화는 상대의 의도를 단정 짓지 않으면서도 서로의 상태를 확인하려는 시도로 이어지는 경우가 많다.

3 · 서로 지켜야 할 행동을 합의한다

상황에 따라 "바쁠 때는 하루에 한 번 짧게라도 서로의 상황을 알려주자.", "감정이 많이 올라올 때는 잠시 쉬었다가 다시 이야기하자."처럼 관계를 유지하기 위한 최소한의 기준을 함께 정해본다. 이는 옳고 그름을 가리기보다는, 앞으로의 상호작용을 조금 더 편안하게 만들기 위한 조율의 시도에 가깝다.

4 · 지속적으로 돌아보고 다시 조율한다

약속이 지켜졌을 때는 그 변화가 관계에 어떤 영향을 주었는지를 함께 돌아보고, 여전히 같은 패턴이 반복된다면 다시 대화를 시도한다. 이 때의 목적은 약속을 점검하거나 상대를 평가하는 데 있지 않고, 지금의 방식이 서로에게 적절한지를 함께 살펴보는 데 있다. 이러한 반복적인 점검과 조율은 관계를 유지하려는 의지를 확인하는 과정으로 작동하는 경우가 많다.

이 흐름은 상대를 호의적으로 바라보는 해석을 버리는 것이 아니라 그 해석에만 머무르지 않고 관계 안에서 실제로 조율을 시작하는 변화에 가깝다. 안정형은 흘러가는 관계의 맥락을 잘 이해하고 사실을 확인한 뒤에, 필요하다면 기준을 다시 세우고 그 합의를 점검하는 과정을 반복하는 경향이 있다. 이를 통해 관계에 대한 신뢰를 유지하면서도 자신의 정서적 안전과 경계를 함께 돌보려는 선택이 나타나기도 한다.

🖤 시간이 지날수록 어떻게 달라질까?

이런 균형 잡힌 대응이 반복되면, 많은 경우 안정형의 애착 체계는 점차 더 안정적인 방향으로 자리 잡는다. 위기나 갈등이 생길 때마다 '우리는 다시 연결될 수 있다'는 경험이 누적되기 때문이다. 이처럼 관계 안에서 갈등을 다루고 회복하는 경험이 이어지면, 서로의 반응을 예측하기가 한결 수월해지고 관계의 흐름도 조금씩 익숙해진다. 이런 상황에서는 이 사람이 이렇게 반응하겠구나. 완전히 무너지기보다는 다시 조율할 수 있겠구나. 하는 감각이 쌓인다.

이러한 경험이 반복될수록 관계에 대한 긴장이 서서히 낮아지고, 갈등 자체가 곧바로 위협으로 느껴지지 않는 상태에 가까워진다. 미쿨린서와 셰이버 박사의 연구에서는 이런 누적된 회복 경험이 관계의 회복 탄력성을 형성하는 데 기여할 수 있다고 설명한다. 다만, 이는 자동적으로 보장되는 결과라기보다, 관계 안에서 비슷하게 조율하고 회복되는 과정이 반복될 때 나타날 수 있는 좋은 변화의 한 예다. 그렇기 때문에 시간이 지날수록 '우리는 함께 성장할 수 있다'는 신뢰가 형성되기도 한다. 이 역시 모든 관계에서 동일하게 나타나는 필연적인 결과라기보다는, 회복 경험이 충분히 축적된 관계에서 비교적 자주 관찰되는 변화로 이해하는 편이 좋다. 제아무리 안정형이라도 상대에 따라 마음처럼 되지 않는 사례도 많다.

요약하자면 이런 균형 잡힌 반응은 많은 경우 상대에게 하나의 안전기지처럼 작용하여, 다시 연결될 수 있다는 감각을 형성하는 데 기여한다. 이러한 과정 속에서 상대는 아무리 갈등 상황이 생기더라도 관계가 완전히 무너지지 않을 것이라는 기본적인 신뢰를 느끼게 된다.

여기서 또 다른 안정형의 핵심은 불안을 잘 느끼지 않는 것이 아니라, 불안을 느끼더라도 관계를 포기하지 않는 선택이 반복된다는 데 있다. 그렇다면 어떻게 안정형은 불안을 느끼는 순간에도 관계를 놓지 않을 수 있을까? 보통 그 힘은 어린 시절 양육자와의 관계 속에서 두텁게 형성된 신뢰 경험에서 비롯된다. 아이가 배고파서 울 때 누군가 자신을 버려놓지 않고 돌아와 주었고, 도움이 필요할 때 누군가의 응답을 받았다. 감정이 격양되었을 때도 관계가 끊어지지 않았던 경험이 반복되면서 '관계는 흔들려도 다시 이어질 수 있다'는 감각이 몸에 남았던 것이다. 다시 말해, 안정형은 불안이 없는 유형이 아니다. 불안이 올라오는 순간에도 이 기억을 바탕으로 관계를 포기하지 않는 선택을 반복해 왔다고 볼 수 있다. 그래서 불안을 느끼더라도 관계를 밀어내거나 매달리기보다, 다시 조율할 수 있다는 가능성을 관계 안에 남겨둔다.

안정형의 행동 패턴: 감정은 표현하고 갈등은 다룬다

안정형의 행동 패턴은 '정서적 균형과 관계 회복'을 중심으로 나타난다. 불안형이 과활성화 전략을, 회피형이 탈활성화 전략을 사용한다면, 안정형은 조절과 회복을 반복하며 관계의 일관성을 유지하는 편이다. 이처럼 애착 체계가 활성화되거나 관계 안에 긴장이 생길 때 안정형에게 비교적 자주 관찰되는 행동 패턴을 항목으로 정리해 보았다.

아래에 제시된 내용은 성인 애착 연구를 바탕으로 한다. 안정형이 불안이나 거리감을 느끼는 순간에도 어떻게 관계를 유지하려는 방향으로 반응하는지를, 실제 관계 장면에서 반복적으로 나타나는 행동 특성을 중심으로 소개한 것이다.

1 ♥ 자기 감정을 인식하고 조절한다

안정형은 감정을 억누르기보다 감정에 휩쓸리지 않으려는 방향을 선택하는 경우가 많다. 기쁨과 슬픔, 서운함과 분노를 비교적 솔직하게 표현하면서도 이러한 감정들이 관계를 크게 흔들지 않도록 감정의 흐름을 살피며 조절하려 한다. 이처럼 안정형은 자신의 감정을 상대적으로 명확히 인식하고, '지금 나는 이런 기분이야'라고 언어화하여 상대에게 전하려고 시도하는 편이다. 이러한 표현 방식은 많은 경우 불안이 과도하게 커지는 것을 완화하고 상대가 즉각적으로 방어적인 반응에 들어가지 않도록 도울 수 있다. 그 결과 관계를 유지하고 신뢰를 이어가는 데 기여하는 경우가 많다.

2 ♥ 갈등을 회피하지 않고 조율한다

갈등 상황에서 침묵하거나 거리를 두기보다는, 감정을 함께 다루기 위해 상대와 조율하려고 한다. 예를 들어 대화 도중 상대가 불편함을 드러낼 때, 곧바로 반박하기보다 "나도 모르게 내 이야기만 한 것 같아. 미안해.", "네 이야기를 더 듣고 싶었어. 그때 그래서 어떻게 됐다고?", 혹은 "지금은 우리 둘 다 조금 예민한 것 같아. 잠깐 쉬었다가 다시 이야기해 볼까?"처럼 긴장을 낮추는 표현을 사용하는 경우가 많다. 이러한 반응은 상대가 다시 마음을 열 수 있는 여지를 남기며, 대화의 호흡을 조절하는 역할을 한다. 이 과정에서 두 사람의 감정이 서로 영향을 주고받으며 함께 안정되는 흐름이 형성되기도 한다. 다만 이는 언제나 동일하게 나타나는 결과라기보다 안정형이 갈등 상황에서 비교적 자주 선택하는 반응 방식에 가깝다. 이런 상호 간의 조율은 관계 안에서 안전감을 키워가는 하나의 기회가 될 수 있다.

3 ♥ 공감하되, 감정에 휘말리지 않는다

안정형은 자신의 정서 상태가 관계 분위기에 영향을 미친다는 점을 어느 정도 인식하고 있다. 그래서 불안한 상대를 대할 때 감정을 함께 이해하려 하면서도 그 감정에 그대로 휩쓸리지 않으려는 태도를 선택하는 경우가 많다. 이는 상대의 감정을 공감하면서도 자신의 정서적 중심을 유지하기 위해 조절하려는 과정에 가깝다. 예를 들어 상대가 "요즘 나한테 마음이 식은 거야?"라고 물을 때, 즉시 부정하거나 설명부터 하기보다 "그렇게 느끼게 했다면 미안해."라고 상대의 감정을 먼저 인정해 주는 반응을 보인다. 이어서 "최근에 프로젝트 때문에 정신이 없어서 표현이 부족했던 것 같아."처럼 자신의 상황을 설명하며, 많은 경우 관계의 의미가 달라진 것은 아니라는 점을 차분히 전한다. 혹은 "그 말 들으니까 마음이 좀 뭉클한 것 같아. 내가 요즘 표현이 부족했었지?"처럼 상대의 정서에 공감하면서도 대화를 안정적으로 이어가기도 한다. 이러한 반응은 상대의 불안을 곧바로 없애기보다는 감정이 과도하게 커지지 않도록 긴장을 낮추는 완충 역할을 할 수 있다. 그 결과 정서적 공명이 자연스럽게 형성되고, 대체로 관계 안에서 다시 연결될 수 있다는 감각이 서서히 자리 잡게 된다.

4 ♥ 위협 대신 의미를 읽는다

상대와 갈등이 생겨 위협 신호를 감지하더라도, 많은 경우 상대의 행동을 곧바로 위협으로 단정 짓기보다는 다른 가능성을 함께 떠올려 본다. 예를 들어 상대가 연락이 부쩍 줄어든 상황에서도 **나를 피하는 건가?** 하고 바로 결론을 내리기보다, **요즘 많이 바쁠 수도 있겠구나.** 하고 상황을 넓게 해석하며 마음을 가라앉히려 한다. 혹은 **지금은 여유가 없을지도 모르니까 조금 더 기다려 봐야지. 일이 많다고 했으니까 퇴근하고 나서 천천히 연락 올 수도 있지 않을까?** 같이 자신의 불안한 감정을 키우지 않으려는 방향으로 스스로를 진정시키며 차분하게 기다리는 경우가 많다. 이런 태도는 불안을 억누르거나 부정하는 것이 아니라, 부정적인 감정이 지나치게 커지지 않도록 스스로 균형을 되찾으려는 반응에 가깝다. 이때 상대에 대한 신뢰 역시 쉽게 무너지지 않는다. 성인 애착 연구에서는 이를 안정형의 특정한 기술이라기보다, 위협으로 볼 수 있는 상황에 더 넓은 의미를 담아 생각하여 감정의 강도를 조절하는 전환의 과정이라 설명한다.

5 ♥ 밀고 당기기 대신 조율과 회복을 반복한다

안정형은 관계를 시험하듯 밀고 당기기를 하며 감정싸움을 하기보다 어긋난 지점을 다시 맞추는 쪽으로 반응하는 편이다. 감정을 일부러 숨기거나 과장해서 상대의 반응을 떠보기보다는 문제가 생긴 지점을 드러내고 다시 합의하는 선택으로 이어진다. 예를 들어, 상대가 연락이 없어 일방적으로 약속이 취소되었을 때 먼저 서운함을 쌓아두거나 일부러 거리를 두지 않는다. 대신 "혹시 무슨 일 생긴 건 아니야? 너한테 무슨 상황이 있었는지 알고 싶어.", "나는 일정 조정할 수 있으니까, 연락할 마음이 생길 때 그때 얘기해 줘."처럼 상황을 짚고 조율하려 한다. 이때 핵심은 무조건 상대에게 맞춰서 갈등을 없애려 하는 것이 아니라 갈등 이후의 흐름을 끊지 않는 데 있다. 감정이 격해졌을 때도 일부러 관계를 흔들어서 상대의 반응을 확인하기보다, 잠시 멈춘 뒤 다시 이야기할 시간을 정하고 연결을 유지하려는 쪽을 선택한다. 이런 반응은 갈등을 힘겨루기로 끌고 가지 않고 갈등과 회복이 반복되는 흐름 속에서 관계를 이어가려는, 안정형의 특징이라 이해할 수 있다.

안정형의 반응에서 자주 관찰되는 또 다른 특징은 갈등이 생길 때마다 감정을 즉시 억누르기보다, 자신의 상태를 살피는 동시에 서로의 마음을 조율하려는 흐름이 반복된다는 점이다. 관계 안에서의 반복된 경험은 두 사람이 서로의 감정을 이해하고 다시 맞춰가는 연습이 되면서, 관계가 조금씩 단단해질 수 있는 기반을 형성한다.

이러한 조율과 회복은 의식적으로 계산하거나 학습한 기술의 결과라기보다, 많은 경우 어린 시절 양육자와의 상호작용 속에서 형성된 정서 조절 경험이 현재의 관계 안에서 자연스럽게 드러나는 연속적 흐름에 가깝다.

이처럼 안정형의 행동은 즉각적인 반응보다 '조율과 회복'의 순환을 반복한다. 감정을 조절하면서도 표현하고, 갈등을 피하지 않으면서도 부드럽게 해결한다. 그래서 이들에게 사랑은 도망치거나 매달리는 전쟁이 아니라 위기 앞에서도 감정을 함께 조율하고 균형을 맞추어 가는 동행과 같다.

안정형이 겪는 익숙한 상황들

사례 1 ♥ 거절이 아니라 회복의 신호로 읽을 때

안정형인 민지는 토요일 저녁, 남자친구 기태와 영화를 보기로 했었다. 하지만 상영을 얼마 남기지 않고 기태에게서 "오늘은 그냥 집에서 쉬고 싶어. 미안해."라는 메시지가 왔다. 순간 아쉬움이 스쳤지만 민지는 그 감정에 바로 끌려가지 않았다. **요새 기태가 많이 지쳐 있었지.** 민지는 이 상황을 거절이 아니라 회복이 필요한 신호로 받아들였다.

민지는 "괜찮아. 푹 쉬어. 나도 오늘은 책 좀 읽으려고 했어. 충분히 쉬고 연락할 수 있을 때 연락해."라고 답장을 보냈다.

상대를 붙잡지도, 서운함을 쌓아두지도 않는 이 선택은 관계를 밀어붙이기보다 숨을 고를 수 있는 공간을 남겼다. 다음 날 만난 두 사람 사이에는 어색한 해명 대신 다시 이어졌다는 안도감이 흘렀다.

카페에서 기태가 무심코 날카로운 말을 던졌을 때도 마찬가지였다. 민지의 마음이 잠시 흔들렸지만, 곧 호흡을 고르고 생각했다. **지금은 나를 공격하는 게 아니라 기태가 많이 지쳐 있어서 그런 거야.** 민지는 맞받아치기보다 "안 그래도 요즘 많이 힘들어 보이더라. 무슨 일 있었어?"라고 물었다. 대화는 단번에 해결되지 않았지만 서로의 속도는 조금씩 맞춰졌다. 민지는 갈등을 없애기보다 갈등 속에서도 관계가 이어질 수 있다는 감각을 유지했다.

사례 2 ♥ 불안에 휘말리지 않고 연결을 다시 만드는 방식

동주는 퇴근길에 휴대폰 배터리가 갑자기 꺼지면서 한동안 연락을 확인하지 못했다. 그사이 지우는 퇴근 시간에 맞춰서 보낸 메시지에 답이 오지 않자 점점 마음이 불안해졌다. **혹시 내가 괜히 보냈나? 지금은 나랑 이야기하고 싶지 않은 걸까?** 이런 생각이 머릿속에 맴돌았다.

집에 도착하고서 동주는 휴대폰을 곧바로 충전했다. 평상시처럼 연락이 안 될 때마다 늘 불안해했던 지우라서 동주도 많이 걱정됐던 것이다. 휴대폰을 켤 수 있을 만큼 배터리가 차자마자, 동주는 휴대폰을 켜고 지우에게서 온 여러 통의 부재중 전화와 메시지를 확인했다. 동주는 지우에게 전화로 먼저 상황부터 짧게 전했다. "지우야, 아까 퇴근하다가 폰이 꺼졌어. 회사에서 계속 충전하고 있었다고 생각했는데 단자가 불량이었나 봐. 오는 길에 얼마나 놀랐던지. 집에 오자마자 충전하고 바로 전화한 거야." 그리고 이어서 지우의 마음을 짚으며 말을 이었다. "답이 없어서 많이 신경 쓰였겠다." 이에 지우가 낮은 목소리로 대답했다. "응, 조금 불안했어." 그 말에 동주는 고개를 끄덕이면서 "지금 통화 괜찮아? 아니면 조금 있다가 얼굴 보고 밥 먹을까?"라고 말하며 선택지를 남겼다.

동주는 불안에 함께 휩쓸리지도, 그렇다고 감정을 외면하지도 않았다. 오히려 차분한 태도를 유지한 채 '나는 여전히 여기 있다'는 신호를 분명히 전했다. 그 결과 지우의 불안이 곧바로 사라지지는 않았지만, 서서히 가라앉아 갔다.

이 두 장면은 안정형의 완벽함이 아니라, 그들이 관계의 신호를 다루는 방식이 다르다는 점을 보여준다. 안정형은 상대의 감정에 과도하게 휘말리지 않고 존중해 주되, 자신의 감정을 억누르지 않으며 중심을 잃지 않는다. 그래서 안정형의 관계에서는 다른 관계에서는 느낄 수 없는 독특한 분위기가 느껴진다. 다툼이 없어서 편안한 것이 아니라, 흔들려도 다시 맞출 수 있다는 신뢰가 깔려 있어 편안하다. 이 신뢰는 상대에게 숨을 고를 수 있는 여유를 남기고 관계를 계속 이어갈 수 있는 안전한 바탕이 된다. 안정형의 사랑은 상대를 붙잡지 않으면서도 떠나지 않게 만드는 힘을 지닌다.

안정형에게서 배우는 메시지

불안형에게 관계는 잃으면 안 되는 생명줄처럼 느껴지고, 회피형에게 관계는 언젠가 벗어나야 할 구속처럼 인식되기 쉽다. 반면 안정형에게 관계는 반드시 붙들어야 할 것도, 반드시 끊어내야 할 것도 아닌, 함께 있어도 되는 공간에 가깝다.

그래서 안정형은 갈등을 '관계가 잘못되었다는 증거'로 받아들이기보다, 관계를 다시 조율해 볼 수 있는 과정의 일부로 이해한다. 잘 맞으면 이어가고, 어긋나면 조정해 보고, 그럼에도 지속이 어렵다면 정리할 수도 있다는 인식이 있다. 관계를 하나의 고정된 운명이 아니라 유연한 흐름으로 바라보는 것이다.

이 관점에서 보면 관계는 나를 증명해야 하는 시험대가 아니다. 안정형은 사랑받기 위해 자신을 입증하려 애쓰기보다 지금의 자신으로도 관계 안에 머물 수 있다는 감각을 지닌다. 그래서 안정형에게 관계란, 나를 소모시키고 평가하는 위협이 아니라 자기 자신을 잃지 않은 채 조율하고 머물 수 있는 연결의 장이다. 도망치지 않아도 되고 매달리지 않아도 되며, 문제가 생겨도 모든 것이 한순간에 무너질 것처럼 느껴지지 않는다. 관계를 이렇게 이해한다면 지금보다 더 편안해질 수 있고 그 변화는 누구에게나 천천히 이루어질 수 있다.

셀프 체크리스트: **나는 안정형일까?**

이 체크리스트는 연구 문헌을 바탕으로 재구성한 자기 점검용 안내이며, 임상 진단이나 평가를 대신하지 않는다. 점수는 단지 경향성을 가늠하기 위한 참고 지표로, 우리 자신을 판단하거나 규정하기 위한 것이 아니다. 중요한 것은 점수 그 자체보다 관계 안에서 언제 긴장이 올라오는지, 어떤 상황에서 상대와 다시 조율할 필요를 느끼는지를 스스로 알아차리는 데 있다.

만약 이 질문들을 읽을 때 마음이 조금이라도 흔들린다면 이미 스스로를 돌아보고 있다는 신호일 수 있다. 부담을 느끼거나 자신을 평가하기보다는 지금 관계에서 내가 어떤 반응을 선택하고 있는지 가볍게 살펴보는 마음으로 체크해 보자. 이는 '어떤 유형인지'를 가려내기 위함이 아니라 앞으로의 관계에서 무엇을 조금 더 연습해 볼 수 있을지 발견하기 위한 출발점과 같다.

안정형 질문지

※ 지난 4주 동안의 경험을 떠올리며 각 항목에 점수를 매긴다.

[참여형 0-4점 척도]

0점	1점	2점	3점	4점
전혀 그렇지 않다	드물게 그렇다	가끔 그렇다	자주 그렇다	거의 항상 그렇다

1. 갈등이 생겼을 때 대화를 피하기보다 시간을 정해서 다시 이야기하려고 하는 편인가?
2. 내 감정을 비교적 잘 알아차리고 감정이 격해지기 전에 말로 풀어보려고 시도하는가?
3. 상대가 불안하거나 서운해할 때 즉시 방어하기보다 그 감정을 먼저 인정하려는 편인가?
4. 답장이 늦거나 약속이 미뤄졌을 때 이를 곧바로 위협 신호로 단정 짓기보다 상황을 유연하게 바라보려 하는가?
5. 부탁을 비교적 분명히 전하고, 거절 받더라도 관계가 흔들린다고 느끼기보다 쉽게 깨지지 않을 것이라 믿는 편인가?
6. 내 시간과 자율성을 지키면서도 관계 안에서 서로의 필요를 함께 조율하려고 하는가?
7. 서로 다툰 이후, 감정이 조금 가라앉았을 때 먼저 연락하거나 메시지를 보내는 관계를 다시 연결하고자 노력하는 편인가?
8. 상대의 말투가 거칠어졌을 때 감정에 곧바로 휩쓸리기보다 스스로 평정심을 유지하기 위해 노력해 보는가?
9. 문제를 개인의 잘잘못으로 나누기보다 함께 해결해야 할 과제로 바라보려는 편인가?

10. 질투나 불안이 생겼을 때 반복적인 확인 행동보다 대화를 통해 상황을 살펴보려고 하는가?
11. 고마움이나 애정이 필요할 때 말이나 행동으로 표현하려고 하는가?
12. 서로 합의한 내용을 기억하고 지키기 위해 의식적으로 신경 쓰는 편인가?
13. 반복되는 위협 신호를 알아차렸을 때 이를 곧바로 지적하기보다 대화의 주제로 삼고 조율과 합의를 시도해 보려 하는가?
14. 도움이 필요할 때 이를 요청하고, 상대가 도우려 할 때 비교적 열린 마음으로 받아들이려 하는가?
15. 혼자 쉬고 싶을 때 상대를 밀어내기보다 이유를 설명하고 시간을 요청해 보려는 편인가?
16. 관계가 흔들리는 순간에도 관계가 다시 조율될 수 있다는 가능성을 완전히 닫아두지 않으려 하는가?

점수 해석 — 총점 0~64점

0~15점	안정형 반응이 아직 익숙하지 않은 편일 수 있다. 갈등 상황에서 불안이 커지거나 거리를 두려는 반응이 앞설 가능성이 있다. 이 구간의 점수는 부족함을 의미하기보다 현재의 관계에서 불안 반응이 비교적 자주 활성화되고 있음을 보여주는 신호로 이해하는 편이 좋다.
16~30점	안정적인 반응이 조금씩 형성되고 있는 단계로 볼 수 있다. 위협으로 확대 해석 하지 않으려는 시도가 나타나지만, 상황과 관계의 맥락에 따라 불안을 느끼거나 거리를 두려는 반응이 먼저 관찰되기도 한다. 이 구간 역시 고정된 수준을 의미하기보다는 변화가 진행 중인 흐름으로 이해하는 것이 적절하다.

31~45점	비교적 안정적인 반응이 자주 관찰되는 편이다. 갈등 상황에서도 관계를 단절하기보다 회복을 염두에 둔 반응이 나타나는 경우가 많으며, 감정 조절과 관계 조율이 비교적 자연스럽게 이어진다. 다만 항상 동일하게 유지되는 상태라기보다, 여러 상황에서 반복적으로 관찰되는 경향을 가리킨다.
46~64점	안정적인 조율과 회복의 흐름이 자주 관찰되는 편이다. 관계에서 긴장이나 어긋남이 생기더라도 관계를 개선해야 할 신호로 받아들이고 다시 회복할 수 있다고 여기는 경향이 두드러진다.

점수를 어떻게 읽어야 할까? — 반응의 흐름 정리

이 분류는 이해를 돕고자 각 문항이 가리키는 반응의 흐름을 분류해 보았다. 사람은 상황과 관계에 따라 서로 다른 방식으로 반응하기 때문에 점수 분류가 한쪽에만 몰려 있어도 이상한 일이 아니다. 중요한 것은 어느 문항의 점수가 높고 낮은지를 구분 짓는 일이 아니라 관계 속에서 내가 보통 어떤 방식으로 반응하고 있는지를 스스로 알아차리는 일이다.

1, 2, 8, 10번이 높다	감정을 알아차리고 말로 풀어가려 하며, 충동적으로 반응하기보다 스스로를 조절하려는 경향을 자주 보인다. 이는 특정 상황에서 반복되는 반응 방식이라 할 수 있다.

3, 4, 9, 13, 16번이 높다	관계의 신호를 곧바로 위협으로 단정 짓기보다, 좀 더 넓게 상황을 살피며 대화를 주도하는 반응이 자주 나타난다. 불안이 올라올 때 선택되는 하나의 대응 방식에 가깝다.
5, 6, 12, 15번이 높다	개인의 시간과 자율성을 지키면서도 관계 안에서 합의하고 조율하려는 행동이 비교적 잘 드러난다. 이는 관계를 평가하기보다, 문제 상황에서 어떤 행동을 선택하는지를 보여준다.
7, 11, 14번이 높다	먼저 상대에게 연결을 시도하고 도움을 주고받으며 관계를 회복하려는 행동을 자주 선택한다. 다만 이는 자동적인 반응이 아니라, 상황에 따라 달라지는 자의적 선택이다.

우리는 각자의 방식으로 불안했고 다르게 외로웠다

갈등은
관계의 실패가 아니라,

애착의 언어가
어긋난 신호다.

서로의 패턴을 읽을 때
사랑은 이해로 바뀔 수 있다.

갈등

비슷한 싸움이 반복되는 이유

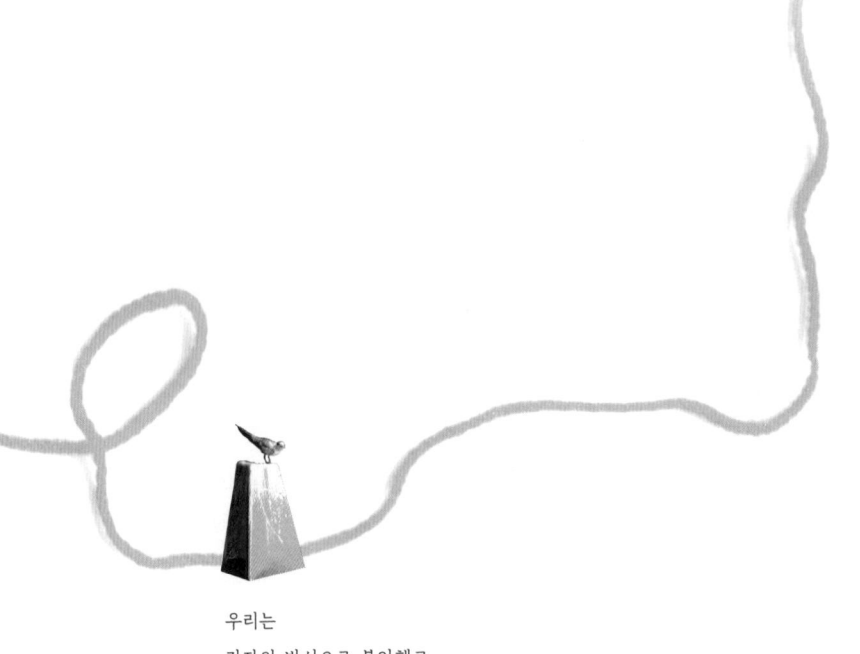

우리는
각자의 방식으로 불안했고
다르게 외로웠다

우리는 서로를 미워해서가 아니라, 다르게 사랑해서 다투었다

관계에서 갈등이 생길 때 우리는 흔히 누가 더 틀렸는지, 누가 더 상처를 줬는지를 먼저 떠올린다. 말다툼이 시작되면 판단이 앞서고 마음은 금세 방어적인 방향으로 기울어진다. 하지만 그렇게 바라보면 갈등은 늘 해결되지 않은 채 같은 자리에서 반복되기 쉽다.

〈Part 3〉에서는 옳고 그름을 가리기보다 그 순간 마음속에서 어떤 반응이 먼저 일어났는지에 초점을 두려 한다. 갈등이 일어나는 순간, 이미 각자의 애착 체계는 관계를 지키기 위해 저마다의 방식으로 움직이기 시작한다. 이 장에서는 서로가 하는 말보다 그 이면의 마음을 들여다보아 사랑이 흔들리는 진짜 이유를 함께 살펴볼 것이다.

가까워질수록
더 다투게 되는 이유

균열을 만드는 애착 불균형*

메시지가 오지 않은 지 벌써 세 시간이 지났다. 머릿속에는 온갖 생각이 소용돌이친다. 내가 뭘 잘못했을까? 왜 이렇게 갑자기 멀어진 걸까? 가슴이 두근거리고 손끝이 차가워진다. 머리로는 괜찮다고 말해보지만 몸은 이 불안을 실제 위협으로 받아들이고 있다.

사랑이 깊어질수록 마음은 더 따뜻해지기를 기대하게 된

---

* 애착 불균형은 애착 이론의 공식 용어는 아니지만, 기존 애착 연구에서 사용되는 애착 불안정성(Attachment Insecurity)과 같은 용어를 대중적으로 풀어 쓴 표현이다. 이 책에서는 두 사람이 각기 다른 애착 체계를 지닌 채 관계 속에서 자신만의 방식으로 안정을 확보하려고 할 때, 그 방식이 엇갈리며 생겨나는 불안과 긴장을 설명하기 위해 사용하였다.

다. 그런데 많은 관계에서 겪듯이 어느 순간부터 불안함이 서로를 괴롭힌다. 상대의 말투 하나, 연락 한 번에도 마음이 출렁인다. 가까워지고 싶은데 오히려 긴장되는 이 감정은 어디에서 오는 걸까? 이런 불안을 경험하는 사람이 적지 않다. 서로를 아끼고 더 가까워지고 싶어도 마음 한편이 쉽게 요동친다. 연락이 조금만 늦어도 괜히 불안해지고 상대의 표현이 줄어든 것처럼 느껴지면 마음이 식은 건 아닐지 의심이 든다. 반대로, 상대가 지나치게 가까이 다가올 때는 숨이 막히는 듯한 답답함을 느끼기도 한다.

불안형은 혹시 내가 너무 과했나? 하는 생각에 마음이 급해지기 쉽고 회피형은 조금만 더 혼자 있고 싶다. 하며 거리를 두려 한다. 같은 상황을 두고도 두 사람은 전혀 다르게 받아들인다. 가까워지고 싶은 마음과 잠시 물러나고 싶은 마음이 엇갈리면서 관계는 미묘하게 흔들리게 된다. 이처럼 각자의 마음은 서로를 향하고 있지만 걸음과 방향이 달라 오해가 쌓이기 쉽다. 왜 이런 일이 벌어질까?

애착의 연속성: 과거 경험이 현재를 흔든다

많은 사람이 이런 감정의 혼란을 느끼지만 그 이유를 또렷하게 설명하기는 쉽지 않다. 앞서 살펴보았듯, 이는 대체로 사랑이 식어서 생기는 문제가 아니다. 그보다 관계 안에서 애착 체계가 작동하면서 나타나는 반응에 가깝다. 특히 불안형과 회피형처럼 서로 반대되는 애착 유형이 만났을 때, 각자의 애착 체계가 나름의 방식으로 반응하면서 오해가 쌓이고 애착 반응의 불균형으로 이어지기 쉽다.

이 지점을 이해하려면 어떤 경험 속에서 각 애착 유형이 형성되었는지를 잠시 떠올려 볼 필요가 있다. 어린 시절의 양육 환경은 우리가 관계에서 왜 이렇게 다르게 반응하는지를 이해하는 중요한 단서가 된다. 성인 애착 연구에 따르면, 불안형은 어린 시절 관계에서 돌봄이 들쑥날쑥하다고 느낀 경험을 반복하면서 '언제 버림받을지 모른다'는 불안을 더 쉽게 품게 되었다. 친밀감을 예측하기 어려운 상황에서 늘 마음을 살피며 지내야 했고, 관계 자체를 불안하게 느끼는 경향으로 이어진 것이다.

회피형은 감정을 표현했을 때 외면당했다고 느끼거나, 양육자의 지나친 간섭과 통제로부터 사적인 영역이 자주 침범당했다고 느꼈던 경험이 쌓이면서 '감정을 드러내면 불편해진다'는 쪽으로 학습하게 되었다. 감정을 표현할수록 거부되거나 반대로 통제당했던 기억은, 성인이 되어서도 감정을 억누르고 거리를 두려는 반응으로 이어지곤 한다. 공포회피형은 대체로 양육자와 가까워지고 싶다가도 동시에 위협으로 느꼈던 경험을 반복하면서 '가까워지면 위험할 수 있다'는 감각을 함께 품어왔다. 그래서 관계 안에서 연결을 원하면서도 동시에 물러서는 반응이 함께 나타나기 쉽다.

이처럼 저마다 다른 어린 시절의 경험을 거치며 내적 작동 모델에 각자의 서로 다른 신념이 형성되고 이는 자신과 타인, 세상을 바라보는 하나의 필터처럼 작동하게 되었다. 이렇게 형성된 애착의 필터는 성인이 되어서도 관계 속에서 반복적으로 모습을 드러내며, 오랜 경험을 통해 점차 강화되는 경향이 있다.

갈등 상황에 놓이면 애착 체계는 과거에 경험했던 상실이나 거절 받았던 기억을 떠올리기도 한다. 그래서 더욱 관계 안에서 발생하는 갈등과 문제들을 위협 신호로 받아들이기 쉬운데, 그 과정에서 심장이 빨라지거나 불안한 생각이 꼬리에 꼬리를 무는 흐름이 이어지기도 한다. 과거의 관계에서 감정이 불안정했던 경험이 잦았다면 마음은 경계 태세로 들어가기 쉽고, 비교적 안정적인 관계를 경험해 왔다면 관계 속에서도 편안함을 비교적 잘 유지할 것이다. 다시 말해, 이런 불안은 많은 경우 사랑의 위기라기보다 우리 내면의 애착 체계가 현재의 관계를 해석하며 보내는 신호에 가깝다. 우리는 종종 상대가 변했다고 느끼지만 실제로는 과거의 경험이 현재의 상황을 해석하는 데 영향을 미치고 있는 경우가 많다.

결국 중요한 점은 과거에 겪었던 관계의 경험이 현재의 관계에 지속적으로 영향을 미치고, 관계 속에서 애착 체계가 반응하는 방식의 차이가 클수록 오해가 쌓이기 쉽다는 사실이다.

애착 불균형의 본질: 관계가 불안할수록 드러나는 균열

사람이 사랑할 때 서로에게 기대려 하는 것은 너무나 자연스러운 일이다. 하지만 서로에게 바라는 마음이 지나칠 때에는 가까이 다가가려는 시도조차 부담으로 느껴지기도 한다. 상대에게 기대고 연결되기를 바라면서도 동시에 스스로를 지키려는 마음이 함께 움직이는 것이다. 이 두 욕구가 비교적 자연스럽게 균형을 이룰 때 관계는 대체로 안정적인 상태를 유지한다. 하지만 애착 체계가 불안정하게 반응할 경우 이 균형은 쉽게 흔들릴 수 있다. 혼자 있을 때에도 내면의 균형이 흔들릴 수 있지만, 특히 두 사람의 애착 체계가 관계 속에서 엇갈릴 때 그 불균형이 더욱 두드러지기 쉽다. 이는 다름이 아니라, 각자가 안전함을 느끼는 방식이 서로 다르기 때문이다. 이런 맥락에서 갈등은 사랑이 부족해서라기보다, 두 애착 체계가 만나는 과정에서 드러나는 불균형한 반응으로 이해할 수 있다.

불안형과 회피형의 관계를 떠올려 보자. 애착 이론에 따르면, 불안형은 정서적 연결이 약해질 가능성에 민감하게 반응하는 경향이 있고, 회피형은 자신의 영역과 자율성이 침해받을 수 있다는 느낌에 예민해지기 쉽다. 그래서 한쪽이 다가가면 다른 한쪽은 부담을 느끼고, 한쪽이 물러서면 다른 한쪽은 거절당한 듯 느끼는 장면들이 자주 만들어진다. 이렇게 서로 다른 두려움이 맞물리면서 관계에는 긴장이 생긴다. 이 과정에서 불안형은 관계를 붙들기 위해 더 가까워지려는 방향으로 반응하기 쉽고, 회피형은 정서적 거리를 두며 자신을 보호하려는 쪽으로 반응하는 경향이 있다. 각자는 나름대로 관계를 지키려 하지만 그 시도가 오히려 상대의 불안을 자극하는 상황으로 이어지기도 한다. 한편 공포회피형의 경우에는 가까워지고 싶은 마음과 피하고 싶은 마음이 동시에 일어나면서 불균형한 반응과 혼란을 함께 경험하는 경우가 적지 않다.

사실 관계를 지키려는 마음은 다르지 않다. 다만 같은 자극을 마주하더라도 그 해석과 반응의 방향이 다를 수 있다. 관계가 깊어지면 깊어질수록 양쪽 모두 불안을 더 자주 느끼게 되고, 각자의 애착 체계는 저마다 무의식적으로 '이 관계가 나에게 안전한가?'를 점검하려는 방향으로 움직이기 쉽다. 같은 상황에서도 전혀 다른 감정을 느끼는 이유가 여기에 있다.

이것이 관계 속에서 갈등이 반복되는 배경이며, 불균형한 애착 반응의 핵심이다. 이 책에서 말하는 '애착 불균형'이란 서로 다른 애착 체계를 지닌 두 사람이 관계 안에서 안전을 확보하려는 방식이 엇갈리며 생기는 심리적 긴장을 가리킨다. 이러한 불균형은 이후 관계 안에서 특정한 갈등의 양상으로 이어지기 쉽다. 관계는 왜 매번 같은 지점에서, 반복적으로 흔들릴까? 그 배경에는 바로 이러한 애착 체계의 엇갈림이 존재한다.

애착의 불균형을 알아차리는 한 걸음

관계에서 마주하는 갈등은 실패라기보다 서로 다른 마음이 엇갈리고 있다는 신호에 가깝다. 그 불균형을 알아차리는 순간, 관계는 이미 조금씩 달라지기 시작할 것이다. 상대의 반응을 바꾸기 이전에 먼저 이 관계 안에서 각자의 애착 체계가 어떻게 반응하고 있는지를 살펴보는 일이 중요하다.

서로의 마음이 다르게 작동한다는 사실을 이해할 때, 오해는 서서히 풀리고 스스로를 지키기 위해 세웠던 울타리 역시 조금씩 허물어질 것이다. 사랑은 완벽해서 이어지는 것이 아니라 불안 속에서도 다시 바라보고 이해하려는 시도로 이어지기 마련이다.

사랑할수록
더 외로워지는 이유

불안형 × 회피형의 악순환

연락이 줄고 대화가 어색해질 때, 두 사람은 같은 방 안에서도 서로 다른 세계에 있는 듯했다. "요즘은 예전 같지 않아." 불안형은 낮은 목소리로 말을 꺼낸다. "내가 뭘 잘못했는지도 모르겠는데, 그냥 자꾸 멀어지는 것 같아." 말이 끝나기도 전에 눈가가 붉어졌다. 맞은편 회피형 상대는 잠시 시선을 피했다가 조용히 한숨을 내쉬었다. "그냥 잠깐 혼자 있고 싶을 뿐인데, 왜 자꾸 나를 몰아붙이는지 모르겠어." 그 말에 방 안의 분위기가 더 무거워졌다. 한쪽은 가까워지려 할수록 멀어지는 상대를 보며 혼란스러워하고, 다른 한쪽은 다가오는 상대의 마음을 감당하지 못해서 뒷걸음질 친다. 이렇게 서로의 방식이 너무 달라서 많은 커플이 서로를 오해하곤 한다.

이때의 갈등은 대부분 사랑이 식었다는 증거라기보다 서로 다른 애착 체계가 부딪히며 만들어 내는 심리적 결과다. 불안형은 상대가 멀어지는 이유를 '자신이 상대를 붙잡아 둘 만큼의 매력이 없어서'라고 해석하고, 회피형은 상대의 요구를 '자신을 억압하려는 시도'로 느낀다. 이럴 때 불안형은 왜 이렇게 차갑게 굴지? 하고 느끼고, 회피형은 왜 이렇게 감정적으로 몰아붙이지? 하고 생각한다. 말은 오가지만 마음은 점점 더 반대로 흘러가는 것이다.

이처럼 서로의 신호를 잘못 읽을 때 각자의 애착 체계가 상반되게 작동하는데, 이런 반응이 반복될수록 관계는 점점 더 불안정해지고 서로의 정서적 거리는 멀어지고 만다. 이때 불안형은 상대가 거리를 두려 하는 행동을 '버림받을 수 있다'는 신호로 받아들여서, 더 자주 연락하고 더 많이 표현하여 관계를 어떻게든 붙잡으려 한다. 하지만 회피형은 정반대다. 이런 상대의 접근을 압박으로 느껴 더욱더 거리를 두려고 한다. 서로의 행동이 상대의 두려움을 자극하면서 두 사람은 점점 깊은 오해의 수렁으로 빠져들고 만다. 그럴수록 불안형은 '나는 더 애써야 한다'고 느끼고, 회피형은 '더 멀어져야 숨을 쉴 수 있다'고 느끼게 된다.

이번에는 바로 이 불안형과 회피형의 악순환을 특별히 살펴보려고 한다. 단순한 성격 차이로 치부하기엔 이 패턴이 관계의 안정성을 무너뜨리는 힘이 너무 크다. 서로를 사랑하면서도 상처만 주고받는 이유를 이해하려면, 애착 체계가 어떻게 서로의 두려움을 건드리는지 깊이 들여다봐야 한다. 이 악순환을 알아차려야 우리는 '누가 잘못했는가?'에서 '우리가 어떻게 서로의 불안을 건드리는가?'로 초점을 옮길 수 있다.

우리의 사랑이 어긋나는 순간

사례 1 ♥ "오늘만큼은 안 가면 안 될까?"

정우와 해리는 결혼 3년 차 부부였다. 겉으로 보기엔 잘 지내는 부부였지만, 격주마다 열리는 정우의 회사 야유회만큼은 늘 싸움의 도화선이었다. 해리는 "오늘은 그냥 쉬면 안 될까? 우리도 주말에 여행 안 간 지 오래됐잖아."라며 부탁했고, 정우는 "사회생활이 그런 거야. 빠지면 눈치 보이잖아."라며 단호하게 말했다. 말다툼은 점점 커졌고, 해리는 결국 눈물을 삼켰다. **회사 사람들은 다 챙기면서 왜 나는 늘 뒤로 밀릴까?** 정우는 정우대로 답답했다. **왜 이렇게 예민하게 굴지? 나도 피곤해 죽겠는데…. 늘 정기적으로 있었던 일인데 요즘 따라 더**

이상하네.

사실 그 속에는 해리가 모르는 사정이 있었다. 야유회는 자율 참석이었고 그 누구도 강요하는 사람이 없었다. 그러나 정우에게는 야유회가 꼭 지키고 싶은 자신만의 루틴이었고, 단체 활동이 오히려 혼자만의 균형을 되찾게 해주는 시간이었다. 웃고 떠들면서 또래 동료들과 어울리는 동안, 집에서 느끼는 긴장감에서 벗어나 숨을 돌릴 수 있었던 것이다. 해리는 그것을 알지 못했다. 해리에게는 반대로 그 시간이 외로움이 깊어지는 시간이었다.

시간이 흘러 또다시 야유회 전날이 되었을 때 해리는 침묵 끝에 말했다. "당신은 왜 그렇게까지 꼭 가야 해? 나랑 있는 건 의무가 아니야?" 정우는 짧게 대답했다. "그냥 사회생활이야. 오해하지 마." 그 말에 해리는 마음이 무너졌다. 다음 날, 정우는 예정대로 야유회에 갔고 해리는 텅 빈 거실에서 혼자 밥을 먹었다.

문제는 '야유회'가 아니었다. 해리에게는 주말을 함께하며 사랑을 확인하는 시간이 필요했고, 정우에게는 바깥세상에서 균형을 회복하는 재충전의 시간이 필요했다. 해리는 '가까워져야 안전하다'고 믿었고, 정우는 '거리를 둬야 숨을 쉴 수 있다'고 믿었다. 겉으로 봤을 때 문제의 원인은 야유회였지만 그 밑바탕에는 서로 다른 애착 체계가 충돌하고 있었던 것이다.

사례 2 ♥ "너는 왜 그렇게 나한테 뭐라 해?"

현수와 은비는 결혼을 앞두고 신혼집에서 함께 사는 커플이다. 이들은 연애만 할 때보다 같이 살면서부터 훨씬 더 잘 지낼 것이라 생각했지만, 예상과 다르게 아주 사소할 수 있는 집안일 분담으로 자주 갈등을 빚었다.

은비는 퇴근 후 밀린 설거지와 빨래를 챙기며 피곤한 기색을 감추지 못하고 한숨을 내쉬었다. 사실 현수가 하기로 한 일이었지만 아무것도 돼 있지 않았다. 그럴 때마다 내색하지 않고 늘 은비가 해왔지만 이날따라 서운함과 분노가 끓어올랐다. 현수가 퇴근하고 돌아왔을 때 화를 참지 못하고 말았다.

"설거지랑 빨래해 놓는다고 했잖아! 왜 안 해놓은 건데? 왜 나한테 꼭 다 하라고 맡겨두는 건데?" 현수는 다짜고짜 은비가 쏘아붙이는 말에 당황스러웠다. "아니, 나는 퇴근하고 하려 했는데 네가 먼저 한 거잖아. 자기가 해놓고 왜 나한테 뭐라 하는 거야? 그냥 둬. 내가 좀 이따 할게." 현수의 말에 은비는 눈물을 쏟아냈다. 현수는 늘 나중에 자기가 하겠다고 했지만 은비가 기다리는 나중은 좀처럼 오지 않았다. 결국 은비는 말했다. "같이 사는데 왜 나 혼자 사는 기분이지?" 현수는 대답했다. "나는 왜 늘 뭘 잘못한 사람처럼 느껴야 하는 건데?" 그날 밤, 두 사람은 같은 침대에 누워 있었지만 각자의 생각 속에서 멀어져 갔다.

사실 겉으로는 집안일 문제처럼 보이지만, 그 속에는 더 근본적인 갈등이 있다. 은비에게 함께 생활을 꾸려간다는 것은 서로가 연결되어 있다는 증거였다. 집안일 때문에 싸운다는 건 단순한 생활 습관의 차이가 아니라, 정서적 안전감의 문제가 되는 것이었다. 현수가 은비의 말을 따라주고 함께 행동할 때는 은비 자신의 애착 욕구를 채울 수 있었지만, 반면에 현수는 그럴수록 더욱 답답함을 느꼈다. 현수에게 집은 온종일 밖에서 긴장하면서 지낸, 자신이 회복할 수 있는 유일한 자유의 공간이었다. 그래서 은비의 말이 자신을 통제한다고 느껴졌던 것이다. 이렇게 사소한 일상 속에서도 서로 다른 애착 체계가 만나 각자가 친밀감과 자율성을 각각 지키려다 오히려 상처를 주고받게 된다.

사례 3 ♥ "사진 한 장 때문에 싸울 줄은 몰랐어."
민호와 도희는 연애 1년 차 커플이었다. 연애 초반, 민호는

SNS에 커플 티를 내는 것을 부담스러워했다. "굳이 사람들한 테 보여줄 필요는 없잖아. 우리만 알면 되지." 도희는 그 말이 아쉬웠지만 이해하려 했다. 그래, 이 사람은 좀 조용한 스타일 이니까. 우리만 잘 지내면 됐지. SNS가 대수인가? 그렇게 생 각하며 잘 지내려고 노력했다.

그러다 두 사람은 제주도로 여행을 갔고, 바닷가에서 주변 에 자랑하고 싶을 정도로 예쁜 사진을 남겼다. 도희는 그날 밤, 그 사진을 개인 SNS에 올리며 "사랑스러운 내 남친 :)"이 라는 글과 함께 민호를 태그했다. 그런데 아니나 다를까 잠시 후 민호에게서 전화가 왔다. "도희야, 그 사진 좀 내려줘. 내가 싫다고 했는데 왜 올렸어?" 그는 다급하고 불편한 목소리였 다. "왜? 우리 사진인데? 이 정도는 괜찮잖아. 그리고 우리 만 난 지 1년이나 됐는데, 숨길 건 또 뭐야? 그게 더 이상한 거 아 니야?" 도희는 당황스러웠고 본의 아니게 쏘아붙이듯 말했다. 하지만 민호는 단호했다. "나 원래 이런 거 싫어하잖아. 그거 때문에 사람들 신경 쓰이고 괜히 말 나올 수도 있잖아."

결국 도희는 울분을 삼키며 게시물을 비공개로 돌렸지만 마음속에는 불편한 생각이 끊임없이 떠올랐다. 이게 그렇게 큰일인가? 나를 숨기고 싶은 건가? 이럴 거면 연애는 왜 하

는 거야? 그날 밤 두 사람은 크게 싸웠다. "내가 그렇게 창피해?", "그게 왜 그렇게 중요한데? 내가 싫어서 그런 게 아니라 했잖아." 말은 엇갈리고 감정은 격해졌다. 도희는 '사랑받고 있지 않다'는 느낌에 불안했고, 민호는 아직 '책임져야 할 관계'에 부담을 느끼고 있었다.

겉으로 보기엔 단순히 SNS 게시 여부를 두고 벌어진 싸움이었지만, 그 안에는 서로 다른 애착 반응이 숨어 있었다. 도희에게 함께 찍은 사진을 올리는 일은 '사랑받고 있다는 증거'를 세상에 보이는 일이었다. 누군가와의 관계를 드러낼 때 안전감을 얻는 성향이 자연스럽게 드러난 순간이었다. 반면 민호에게 SNS는 '책임과 통제의 상징'이었다. 누군가와의 관계가 사람들의 눈에 공개되는 순간, 그는 더 이상 자유롭지 못하다고 느꼈다. 민호의 내면 깊은 곳에서 '이 관계를 지켜야 한다'는 압박과 동시에 '그 책임감이 나를 짓누를지도 모른다'는 두려움이 커졌다.

며칠 뒤, 도희는 아무렇지 않게 민호가 SNS에 친구들과 찍은 사진을 올린 것을 보고 상처를 받았다. **나랑 찍은 건 부담스러워하면서 친구들이랑 찍은 건 잘도 올리네.** 감정이 북받친 도희는 "너는 날 사랑하긴 하는 거야?"라고 물었고, 민호는 짧게 대답했다. "그만 좀 물어봐. 너는 툭하면 사랑하는 거 맞냐고 물어보냐. 안 사랑하면 왜 만나겠어?"

두 사람 모두 사랑을 지키고 싶었지만 서로의 방식이 달랐다. 결국 도희의 행동은 민호의 두려움을 건드렸고, 민호의 회피는 도희의 불안을 자극했다. 그렇게 사랑은 서로를 향하면서도 반대 방향으로 흘러가고 있었다.

이 세 커플의 이야기는 전혀 다른 상황이지만 공통점이 있다. 그것은 바로 불안형과 회피형의 상호작용이라는 공통된 악순환을 보여주고 있다는 점이다. 한쪽은 다가갈수록 다른 한쪽은 물러나고, 한쪽이 물러날수록 다른 한쪽이 다시 다가가게 된다. 결국 두 사람 모두 사랑을 확인받지 못한 채 지쳐버린다. 이 악순환이 바로 불안형과 회피형 커플의 가장 깊은 그림자다.

회피형도 사랑을 확인받고 싶어 하나요?

결론부터 말하자면, 회피형도 사랑을 확인받고 싶어 한다. 다만, 확인
받는 방식과 확인을 요구하는 타이밍이 불안형과 완전히 다를 뿐이다.
애착 이론의 아주 기본 전제부터 다시 짚어보자면, 애착 욕구는 애착
유형의 문제가 아니라 인간의 보편적 특성이다. 회피형은 애착 욕구가
없는 사람이 아니라 애착 욕구를 억제하는 전략을 학습한 사람이다.
즉, 사랑을 원하지 않는 게 아니라 사랑을 필요로 한다는 사실을 의식
에서 밀어내는 것이다. 그렇다 보니 관계가 안정적일 때는 보통 사람
과 다를 바 없다. 애정 표현도 하고 은근히 인정받고 싶어 하며, 그래도
나는 이 사람에게 중요한 존재지? 하는 마음을 품기도 한다. 하지만 관
계 안에서 상대의 확인이나 요구가 압박으로 느껴지는 순간, 애착 체
계가 탈활성화되면서 애착을 밀어내는 것이다. 거리두기가 생존 전략
처럼 튀어나오게 된다. 회피형 본인이 느낄 때는 애정이 생겼다가 사
라지는 셈이다.

불안형의 확인 방식이 "나 사랑해?", "나한테 마음이 있는 거 맞아?",
"지금도 괜찮은 거 맞지?"처럼 자신에 대한 상대의 마음을 확인하고
싶은 감정이라면, 회피형의 확인 방식은 상대보다 자기 자신에게 좀
더 초점이 맞춰져 있다. 나를 있는 그대로 존중해 주는가? 나를 통제
하려 하지 않는가? 같이 상대가 자신을 재촉하지 않을 때, 굳이 마음
을 증명하라고 강요하지 않을 때, 그리고 감정을 요구하지 않을 때 오
히려 마음속에서 '이 사람은 나를 믿어준다'는 감각이 살아나는 경우가
많다.

불안형 × 회피형의 악순환

애착 연구에 따르면, 스트레스 상황에서 불안형은 접근을 강화하고, 회피형은 거리두기를 선택한다. 이 상반된 반응은 서로의 불안을 자극하며 관계 안에서 반복되는 정서적 악순환을 형성한다. 불안형의 접근은 '버려질까 봐' 두려운 마음에서 비롯되고, 회피형의 회피는 '통제당할까 봐' 두려운 마음에서 비롯된다. 두려움의 내용이 다르기 때문에 행동은 정반대로 나타난다. 그 결과 둘은 서로 각자의 정서적 안전감을 지키려다 오히려 불안을 강화시키는 구조에 갇히게 된다.

이 반복되는 패턴을 다음과 같은 네 단계의 심리적 흐름으로 설명할 수 있다. 이는 임상과 연구에서 관찰되는 흐름을 바탕으로, 이해를 돕기 위해 정리한 것이다.

> 악순환의 프로세스 : 위협 → 강화 → 왜곡 → 고착

1 ♥ 위협 Trigger

사소한 사건이 불안을 자극한다. 연락이 늦거나, 대화의 어조가 변하거나, 작은 실망이 애착 체계를 자극하는 계기가 된다. 불안형은 순간적으로 '관계에 위기가 생긴 것 같다'는 위

협을 느끼며, 애착 체계가 과활성화된다. 이때 불안형은 상대의 작은 무심함도 위협 신호로 인식하고, 관계를 회복하기 위해 감정적으로 다가가며 확인 행동을 강화한다. 이런 과활성화 반응은 상대의 반응을 통해 안전감을 얻고자 하는 생존적 전략이지만, 지나치게 반복되면 오히려 상대의 반감을 불러오는 결과를 낳는다.

반면에 회피형은 같은 자극을 '내 공간이 침범당했다'고 해석하며, 애착 체계가 탈활성화된다. 이때 회피형은 스스로를 진정시키기 위해 감정을 억누르고 거리를 확보하려 한다. 이러한 탈활성화 반응은 자율성과 통제감을 회복하기 위한 자기 보호 전략이다. 하지만 지나치게 반복되면 정서적 단절이 심화되어 관계의 안전감을 잃게 만든다. 불안형의 과활성화가 관계를 붙잡으려는 본능적 시도라면, 회피형의 탈활성화는 관계 속에서 자신을 잃지 않으려는 방어적 시도인 셈이다. 이렇게 서로 다른 반응이 같은 순간에 동시에 점화된다는 것이 핵심이다.

2 ♥ 강화Amplify

불안형은 불안을 해소하기 위해 학인과 항의 행동을 반복한다. 예를 들어, 상대의 짧은 답장이나 무표정한 얼굴만 봐도 무슨 일이 있나? 하는 생각이 들 만큼 불안이 커져서, 전화를 여러 번 걸거나 서운함을 감정적으로 표현한다. 불안이 극도로 높아지고 관계가 이미 많이 지쳐 있을 때에는 상대의 SNS나 메시지를 몰래 확인하거나, 연락이 닿지 않으면 예고 없이 찾아가고 이별을 운운하며 협박하는 등 불안을 통제하려는 행동으로까지 번지기도 한다.

반면 회피형은 그 접근을 피하기 위해 감정을 억제하고 대답을 회피하거나 개인 시간을 더 많이 보내는 것으로 대응한다. 이때 회피형은 **지금은 말해봤자 해결되지 않아.** 하고 스스로를 진정시키려 하지만, 그 침묵이 오히려 상대의 불안을 키운다. 관계의 압박이 누적되고 감정이 한계에 이르면 회피형의 반응은 더 극단적으로 나타난다. 말문을 완전히 닫아버리고 대화 자체를 거부하거나, 상대가 조금만 거슬리게 행동하면 감정적으로 폭발하고 격렬한 비난도 서슴지 않는다. 이러한 극단적 회피는 상대의 불안을 더욱 증폭시키고, 결국 둘 사이의 정서적 단절을 심화시켜 관계 회복을 훨씬 어렵게 만든다.

이렇게 각자의 전략이 상대의 두려움을 자극하면서 감정의 강도는 점점 확대된다. 처음에는 단순한 불안이었지만 이제는 오해와 서운함이 뒤섞이며 현실보다 해석이 더 크게 작용한다. 결국 상대의 의도보다 자신의 두려움이 더 크게 느껴지기 시작하고 감정은 관계의 본질을 왜곡시키며 통제를 벗어난다.

3 ♥ 왜곡 Distort

관계의 본질보다 해석이 앞서며, 인식이 비틀린다. 불안형은 '나는 사랑받지 못한다'는 해석에 사로잡혀 상대의 표정이나 말투 하나하나를 거절의 신호로 읽는다. 그 불안은 단순한 서운함이 아니라 과거의 상처가 되살아나는 정서적 재경험에 가깝다. 그래서 상대의 말이 아니라 과거 자신을 버리고 떠났던 누군가의 목소리를 듣는 듯한 착각 속에서 반응한다.

반면 회피형은 '나는 통제당하고 있다'는 두려움이 커지며, 마음의 문을 급히 닫는다. 상대가 단지 확인하려는 말이라도 '비난'으로 들리고 요구가 아닌 '책임의 짐'으로 느껴진다. 그 순간 실제 상대의 의도는 흐릿해지고, 각자는 자신의 머릿속 내적 작동 모델이 만든 상대와 싸우기 시작한다. 현실에서의 대화는 현재 눈앞의 상대와 소통하는 것이 아니라 과거의 애착 경험을 기반으로 기억과 감정을 재연하는 일이 된다. 이때 불안형은 버려질까 봐 과거의 그림자를 붙잡고, 회피형은 통제당할까 봐 그 그림자를 밀어낸다. 이렇게 두 사람은 '지금 눈앞의 상대'가 아니라 '기억 속 인물'과 싸우는 셈이 된다. 결국 대화는 서로의 마음을 이해하기 위한 시도가 아니라, 자신이 믿고 싶은 해석을 방어하기 위한 인지 왜곡의 전쟁으로 변한다. 이 단계에서 서로의 말은 더 이상 정보가 아닌 위협으로 해석되며, 대화는 방어와 반격의 연속으로 이어진다.

4 ♥ 고착 Fixate

왜곡된 해석은 다음 갈등의 연료가 된다. 작은 신호에도 즉각적인 반응이 나오고 감정이 자동화되기 때문이다. 이제 상대의 한숨, 눈빛, 말의 어조 하나가 또다시 불안을 자극한다. "또 시작이야.", "이 사람은 항상 이렇네." 같은 체념과 선입견이 관계의 기본 정서로 자리 잡는다. 이 시점에서의 반응은 더 이상 의식적인 판단이 아니다. 몸이 먼저 기억하고 마음이 자동으로 반응한다. 그래서 상대의 말이 끝나기도 전에 이미 방어하거나 공격하는 말이 튀어나온다.

불안형은 **이번엔 무슨 수를 써서라도 내 뜻대로 해야겠다.** 하는 생각으로 더 강하게 매달리고, 회피형은 **지금이라도 거리를 두지 않으면 숨 막혀 죽겠다.** 하는 두려움에 더 단단히 마음을 닫는다. 감정의 흐름이 꼬리를 물며 되풀이되고, 어느새 두 사람의 관계는 사건 중심이 아니라 패턴 중심의 관계로 변한다. 이제 문제는 '무엇이 잘못됐는가?'가 아니라, '어떻게 반복되는가?'가 되는 것이다. 서로의 애착 체계는 불안형의 과활성화 상태와 회피형의 탈활성화 상태를 끊임없이 오가며 균형을 잃게 되고, 이 과정에서 관계는 점점 정서적 탄력을 잃은 채 고착되고 만다. 그렇게 서로의 감정이 자동 반응처럼 굳어질수록, 갈등이 생기면 한 번의 말다툼으로 끝나는 게 아니라 습관처럼 반복하여 싸우는 관계로 남게 된다.

감정 조절의 실패가 만든 결과

악순환이 반복되면 관계 안에서 서로의 정서 에너지가 서서히 고갈된다. 그러니까 감정도 에너지다. 여기서 말하는 정서 에너지가 고갈된다는 것은 육체적인 피로보다는 심리적, 정서적 자원이 소진되는 상태를 의미한다. 즉, 상대에게 쏟을 감정이나 공감의 여력이 줄어든 것을 뜻한다. 불안형과 회피형 모두 감정 조절과 관계 유지에 필요한 정서적 자원을 과도하게 사용해 버려서 더 이상 정서적으로 반응하거나 돌볼 힘이 남지 않은 상태인 것이다.

불안형은 "너는 날 사랑하지 않아."라고 하면서도 더욱 다가가려 하고, 회피형은 "넌 왜 그렇게 감정적으로 몰아붙여?",

"그만 좀 해. 제발."이라며 더 멀어지려 한다. 두 사람은 여전히 관계를 유지하려고 애쓰고 있지만 이미 감정이 소진된 상태에서 같은 말을 되풀이할 뿐이다. 이때 관계의 본질은 공격과 방어가 아니다. 감정 조절의 실패다.

먼저 감정이 폭주할 때를 생각해 보자. 두 사람은 더 이상 스스로를 진정시키지 못한다. 불안형은 불안을 해소하려고 상대에게 감정을 끝까지 쏟아내고, 회피형은 상대의 공격적인 감정을 피하기 위해 스스로를 지키려고 물러선다. 하지만 불안형이 격양돼서 감정적으로 막 쏘아붙이는 상황에서는 감정을 억누르는 탈활성화 전략도 오래가지 못한다. 반복되는 압박과 오해 속에서 회피형 또한 감정을 오래 억누른 만큼 더 강하게 터져 나와 결국 감정이 폭발한다. 평소에는 말을 아끼던 이들이 갑자기 격한 말이나 더욱 냉소적으로 반응하는 이유가 여기에 있다. 결국 불안형이든 회피형이든, 감정의 과부하가 쌓이면 서로에게 더 이상 좋은 정서적 에너지를 쏟을 수 없게 되는 것이다.

그렇게 두 사람은 감정 조절을 하지 못한 채 지친 마음으로 관계의 거리를 두게 된다. 감정이 서로 맞지 않으니 서로의 말이 엇갈리고 관계는 점점 피로해지기 마련이다. 갈등이 격해질수록 두 사람은 좋은 기억보다 상처 난 장면을 더 쉽게 떠올리게 되고, 사랑했던 순간은 흐릿해지는 대신 서로를 지치게 했던 말과 표정이 더욱 선명해진다. 그렇게 관계는 과거의 따뜻했던 기억을 잃고 냉각된 정서만 남는 것이다. 이때 회피형은 헤어지기를 결심하고 결별을 통보하거나, 정서적 단절을 통해 한걸음 물러나 스스로를 더욱 지키려 한다. 이와 반대로, 불안형은 그럼에도 관계를 회복하려고 다시 다가가며 화해의 신호를 보낸다. 왜냐하면 불안형이 쏟아냈던 감정은 결국 상대를 붙잡기 위한 목적이었기 때문이다. 애석하게도 불안형은 관계를 붙잡으려 하지만, 회피형은 거리를 두며 스스로를 지키려 하기 때문에 서로의 움직이는 방향이 달라 끝내 엇갈리고 만다.

결국 여기서 중요한 점은, 감정 조절이 무너졌을 때 관계도 함께 무너질 수 있다는 것이다. 사랑이 식어서가 아니다. 누군가가 더 나빠서도 아니다. 감정을 다루는 방식이 다르기 때문에 관계는 쉽게 지치고 무너지는 것이다. 이 사실을 이해할 때 비로소 우리는 관계의 진짜 문제는 '상대의 성격'이 아니라 우리가 '감정을 주고받는 방식'이 어긋났을 때 생기는 것임을 깨달을 수 있다.

회피형의 마음이 멀어졌다는 것을 알게 되는 순간들

악순환이 장기화되어 정서적 단절이 깊어지면 회피형은 더이상 관계 안에서 안전함을 느끼지 못한다. 이 시점부터는 사랑이 아니라 생존의 문제로 전환된다. 감정의 연결이 끊기면서 회피형은 상대를 '나를 위협하는 존재'로 인식하기 시작하는 것이다.

이때 다음과 같은 7가지 경험이 반복된다면, 회피형은 애착 대상인 상대를 마음속에서 '적'에 가까운 존재로 느끼고 있을 가능성이 높다. 이 징후들은 미국의 정신과 의사 아미르 레빈과, 레이첼 헬러가 제시한 '상대를 적으로 느끼는 신호 9가지'를 참고하여 재구성하였다. 상대가 의도적으로 상처 주지 않아도, 마음은 점점 닫히고 방어적으로 굳어진다. 이는 반복된 실망과 통제에 대한 두려움이 누적되어 관계를 위협으로 인식하기 때문으로 정서적 거리두기가 강화되는 것이 핵심이다.

회피형에게 정서적 단절이 일어났을 때, 그 징후가 어떻게 드러나는지 상대방의 입장에서 기술해 보았다. 어떤 순간들이 반복되며 쌓여가는지 하나씩 살펴보자.

1 ♥ 상대가 나를 어떻게 대하는지 주변에 사실대로 말하기가 꺼려진다

괜히 내 이야기를 꺼냈다가 '예민하다'는 말을 들을까 두렵고, 내 감정이 너무 무겁게 느껴질까 걱정된다. 상대에게 상처받을까 봐, 또 다른 누군가에게 내 관계가 부족해 보일까 봐, 스스로 내 진심을 숨긴다. 그래서 말하지 않고 삼킨다. 말하지 않으면 덜 다칠 거라 믿으면서도 속으로는 더 외로워진다.

2 ♥ 주변 사람들에게는 다정하고 배려 깊은 사람인데 나에게만 유독 무심하다

같은 행동을 보아도 다른 사람에게는 웃지만, 나에게는 무표정하게 반응한다. 그래서 상대의 친절이 오히려 더 서운하게 느껴지고 사랑받는다는 확신이 조금씩 줄어든다. 상대의 표정 하나하나가 나를 밀어내는 듯이 느껴지고, 그 순간 나는 스스로 모욕감을 느낀다.

3 ♥ 상대가 내 고민보다 다른 사람들의 고민을 더 진심으로 들어줄 때가 많다

상대가 다른 사람들과 이야기할 때는 나에게 하는 모습과 다르게 마음을 쓰는 느낌이 든다. 심지어 미소도 지어준다. 그럴 때마다 나는 항상 박탈감을 느낀다. 상대의 시선이 나를 향하지 않고 다른 곳에 머무는 시간 동안, 나는 투명인간이 된 듯하고 상대의 마음에서 내가 배제되었다는 생각을 떨칠 수 없다. 나는 이 사람에게 중요한 사람일까? 대화를 나누고 싶어도 이미 멀어진 마음이 내 말을 삼켜버린다. 그렇게 나는 점점 사랑받지 못한다는 확신 속에서 고립되어 간다.

4 ♥ 힘들고 위급한 순간이지만 상대에게 알리기가 두렵다

마음속 어딘가에서 **혹시나 기대했다가 거절당하면 어떡하지?** 라는 두려움이 일어난다. 사실은 상대가 모든 일을 제쳐두고 달려와 주길 바라는 마음이 크고 그 안에서 안전감을 느끼고 싶은 것이다. 하지만 내가 기대한 만큼 달려와 주지 않으면 감당하기 어려운 상처가 될까 봐, 차라리 말하지 말고 혼자 해결하자고 마음을 다잡는다. 위로받고 싶은 순간에도 **지금은 바쁘겠지, 괜히 부담될 거야.** 하며 단념한다. 그러면서도 이런 생각을 하고 있는 나 자신이 불쌍하고 서글프다. 마음속에서는 이미 수십 번을 되뇌며 혼자 울고 있다.

5 ♥ 나에게 함부로 대하면서 내 주변 사람들에게는 좋은 사람이고 싶어 한다

편하니까 나를 더 함부로 대하나? 싶을 만큼 상대는 나보다 내 주변 사람들에게 더 공손하다. 상대가 이렇게까지 내 주변 사람들에게 잘 보이려고 애쓰는 이유는, 관계 안에서 자신의 결함이 드러나는 것을 두려워하기 때문이다. 밖에서는 인정받고 존중받으며 '괜찮은 사람'으로 남고 싶겠지만 가까운 관계에서는 그 가면을 유지하기 어려운 것이다. 그래서 나에게는 방심하고, 오히려 진짜 모습을 보이는 순간 불안이 올라와 더 차갑게 굴게 된다. 나는 이 사람에게 가장 편한 사람이면서도, 동시에 상대가 나를 가장 두려워하는 대상이라는 걸 문득 깨닫는다.

6 ♥ 상대의 인간관계 중에서 나에게만 더 날카롭고 깎아내리는 태도를 보인다

상대의 인간관계 속에서 유독 나만 예외인 것처럼 느껴진다. 다른 사람들에게는 따뜻하게 말하고 웃어주지만 나에게는 날카로운 말로 상처를 준다. 그렇게 함부로 대하는 대상이 나 하나뿐이라는 생각이 들면 마음속에서는 억울함과 분노가 뒤섞인다. 사실 이렇게 깎아내리거나 비난하는 모습 이면에 불안을 숨기려는 방어가 숨어 있다. 가까운 관계에서 느끼는 무력감이나 통제당할 것 같은 두려움을 인정하지 못해, 내 약점을 지적하거나 냉소적으로 반응해서라도 주도권을 되찾으려 하는 것이다. 내 존재가 그에게 위로이자 위협이 되는 것 같다.

7 ♥ 상대의 우선순위에 나는 언제나 최하위처럼 느껴진다

상대의 우선순위에서 나는 번번이 뒷전으로 밀린다. 일, 친구, 가족 다음이 나다. 처음엔 그럴 수도 있다고, 누구에게나 사정이 있다고 스스로를 다독였다. 하지만 함께 있어도 그의 마음은 다른 곳에 가 있는 듯하고 나를 위한 시간은 늘 미뤄진다. 일상의 자잘한 순간마다 **나는 늘 뒷전이구나.** 하는 체념이 스며든다. 그렇게 무력감이 쌓이면서 이 관계가 더 이상 나를 안전하게 하지 못한다는 사실을 인정하게 된다. 사랑받지 못한다는 결론이 아니라 내가 더는 그 사랑을 지탱할 힘이 없다는 깨달음이다.

이 경험들은 회피형의 반응을 가까이에서 겪는 사람의 입장에서 기술한 장면들이다. 반대로 회피형의 입장에서는 스스로를 지키기 위해 정서적으로 마음의 문을 닫아가는 과정을 보여주고 있다. 처음에는 이해하려고 노력하지만, 비슷한 실망이 반복되면 마음속에서 '이 관계는 나를 지치게 한다'는 생각이 자리 잡게 된다. 신뢰는 점점 약해지고 상대의 존재가 편안함보다는 부담으로 느껴진다. 어느 순간부터는 '가까워지면 다칠 거야'라는 경계심이 자동으로 켜지고, 회피형은 마음의 문을 닫아버린다. 회피형은 감정의 거리를 두며 스스로를 보호하려던 것뿐이지만 상대에게는 그 방어적 행동이 위의 사

례처럼 느껴질 확률이 높다. 결국 방어가 관계를 더 멀어지게
만든다.

이 정서적 단절 구체적 징후 일곱 가지는 특정 누군가를 비
난하기 위한 것이 아니다. 이 패턴을 알아차리고 그 패턴이 자
기감정의 균형을 무너뜨리지 않도록 우리 마음의 주도권을
되찾으라는 안내문과도 같다. 관계가 점점 우리를 고립시키는
공간이 되지 않도록, 언제부터 우리의 마음이 닫히기 시작했
는지 인식하는 것이 회복의 출발점이다.

이별의 시간 차: 누가 더 아픈가가 아니라, 언제 더 아픈가

이별은 두 사람 모두에게 아프다. 다만 타이밍이 다를 뿐이
다. 악순환이 고착된 관계에서 이별은 단순한 결심이 아니라
이미 오래전부터 쌓여온 정서적 단절의 결과물이다. 불안형
은 결심 직전이 가장 힘들다. 떠날 마음을 정하면서도 여전히
희망의 끈을 놓지 못하기 때문이다. 혼자가 되는 일을 강하게
두려워하도록 애착 체계가 진화했기 때문에, 이별은 불안형
에게 단순한 이별이 아니라 존재 자체가 흔들리는 사건이 된
다. 그래서 결심 이전의 시간은 이들에게 가장 길고 고통스러

운 터널이다.

반대로 회피형은 분리 직후에 평온함을 느낀다. 관계 속에서 억눌러 왔던 감정이 사라지면서 일시적인 해방감을 느끼기 때문이다. 하지만 시간이 지나 애착 체계의 탈활성화가 해제되면 그동안 밀어냈던 좋은 기억들이 서서히 떠오른다. 회피형은 혼자 있을 때의 안전감 속에서도 '그 사람이 그리워진다'는 감정을 마주하게 된다. 그러나 역설적으로, 억제된 애착체계가 재활성화되는 일은 상대가 여전히 곁에서 다가올 때는 좀처럼 생기지 않는다. 상대와 물리적, 정서적으로 완전히 분리된 이후가 돼야 비로소 감정의 잔향이 찾아오는 것이다.

진정한 이별이 찾아오는 시점은 다르지만, 그 전조는 이미 오래전부터 마음속에서 자라나고 있었다. 서로의 마음은 닿지 않은 채, 같은 자리에 있으면서도 이미 다른 방향을 향하고 있었다. 불안형은 끝까지 손을 놓지 않으려 하고, 회피형은 이미 마음속에서 관계를 정리한 뒤였다. 둘은 서로를 붙잡으려 하면서도 각자의 불안에 매달린 채 점점 더 다른 길로 멀어져 간다. 그렇게 사랑은 다른 타이밍에 식고, 다른 시간에 아파진다. 결국 중요한 건 누가 더 아픈가가 아니라, 언제 더 아픈가이다.

다투는 게 아니라, 다르게 두려워했을 뿐

반복되는 갈등은 누군가의 잘못 때문이 아니다. 관계 안에서 느껴지는 불안과 두려움이 서로 다른 방식으로 표현되었을 뿐이다. 우리는 서로 미워한 것이 아니라 다르게 두려워했다. 불안형은 상대가 멀어질까 봐 불안했고, 회피형은 그 가까움 속에서 자신이 사라질까 봐 두려워했다. 서로를 향한 표현의 방식만 달랐을 뿐, 그 바탕에는 같은 마음이 있었다. 상처를 주고받았던 시간조차도 어쩌면 서로를 잃지 않으려던 서툰 시도이자, 연결되고 싶었던 몸부림이었는지 모른다.

사랑이 식어서가 아니라, 애착이 지쳐서 마음이 조금씩 식어갔던 것이다. 이제 우리는 이 관계의 끝에서 무엇이 정말 아팠는지를 바라봐야 한다. 서로를 이해하려 하기보다 먼저 내 마음을 돌보고, 내 안의 불안과 거리두기를 온전히 바라볼 때 관계의 회복은 시작된다.

사랑이 식은 걸까,
마음이 지친 걸까

감정의 냉각과 단절의 심리

사례 ♥ "싫어진 건 아닌데, 더 이상 힘이 안 나."

소희와 준우는 몇 달 전까지만 해도 서로에게 누구보다 큰 위로가 되는 사이였다. 소희는 관계가 흔들릴 때마다 마음이 불안정해졌고, 작은 말투 변화에도 **혹시 나를 멀리하는 건 아닐까?** 하는 생각이 먼저 튀어나오곤 했다. 반대로 준우는 감정이 격해지는 상황을 특히 힘들어했고, 갈등이 깊어질수록 말수를 줄이며 스스로를 진정시키려 했다. 처음에는 이 차이가 서로를 보완하는 듯 보였지만 갈등이 반복되자 점점 엇갈리기 시작했다.

그러던 어느 날, 소희는 갑자기 찾아온 정적 앞에서 낯선 감정을 느꼈다. 분명 서운해야 했고, 속상해야 했고, 말이라도 쏟아내고 싶었는데… 마음이 움직이지 않았다. 준우의 억울하다는 표정과 길게 이어지는 설명도 더는 가슴에 닿지 않았다. 한참을 준우의 말을 듣고만 있던 소희가 힘없이 말했다. "잘 모르겠어…. 그냥 아무 생각이 안 들어."

준우에게는 이 말이 단호한 이별 선언처럼 들렸다. 하지만 소희에게는 '정리하겠다'는 의지도, '붙잡아야 한다'는 에너지도 남아 있지 않았다. 불안이 폭주하던 시기를 지나 감정은 이미 소진되어 버린 상태였다. 몇 달 동안 반복된 실망과 감정 소모 속에서 마음이 조용히 닫혀가고 있었다.

그날 밤, 소희는 혼자 앉아 스스로에게 물었다. **내가 덜 사랑해서 이렇게 된 걸까? 아니면… 너무 지쳐버린 걸까?** 그러다 문득 알아차렸다. 사랑이 사라진 게 아니었다. 사랑을 느낄 힘이 고갈된 것이었다. 더 이상 다치지 않기 위해 몸은 이미 전원을 내리고 있었고, 감정은 조용히 침묵 속으로 숨어버리고 있었다.

이처럼 화낼 기운도, 서운함을 말할 힘도 사라지고 감정이 서서히 줄어든다면, '마음이 떠났다'보다 '마음이 고갈됐다'에 더 가까운 신호일 수 있다. 겉으로는 무덤덤해 보여도 내면에서는 왜 이렇게 기대도 안 되고, 아무것도 하기 싫지? 더는 이 관계를 감당할 힘이 없어. 같은 두려움이 조용히 쌓이기도 한다. 그래서 대화를 이어가도 회복의 가능성이 보이지 않고 관계는 어느 순간 감정의 바람이 멎은 무풍지대에 머물게 되는 것이다.

이번에는 바로 이 지점에서 멈춰 선 마음을 들여다보려 한다. 갈등이 길어질수록 관계는 싸움보다 침묵이 더 무섭게 느껴진다. 말은 오가지만 마음은 더 이상 움직이지 않고, 상처는 쌓이는데도 화낼 힘조차 남지 않는다. 이 상태일 때 많은 사람이 "사랑이 식었나?"라고 자문한다. 하지만 이러한 경험은 사랑의 소멸이라기보다 오랜 긴장과 좌절 속에서 애착 체계가 지쳐 감정이 멈춰가는 과정에 더 가깝다.

애착 체계가 지칠 때 일어나는 변화

갈등이 한두 번으로 끝나지 않고 계속 반복되면 관계 안에서 긴장과 경계가 일상처럼 굳어지기 쉽다. 마음은 작은 신호에도 더 빨리 위협을 느끼고, 애착 체계는 '지금 안전한가?'를 확인하느라 쉴 틈이 없다. 이렇게 오랜 긴장을 유지하게 되면 애착 체계는 점점 과부하에 걸리고 기존의 방식으로는 더 이상 버티기 어렵다고 느끼게 된다. 회피형은 감정이 커질수록 거리를 두며 숨을 고르고, 불안형은 붙잡으려 애쓰다가도 받아들여지지 않는 시간이 길어지면 어느 순간 힘이 죽는다. 겉으로는 차분해 보이지만 속에서는 '이대로 계속 가면 못 버틸 것 같다'는 두려움이 마음을 조용히 지배한다. 이때 애착 체계는 스스로를 보호하려고 감정을 다루는 전략을 서서히 바꾸기 시작한다.

이러한 상태를 이 책에서는 정서적 냉각 상태*라 부른다. 감정이 '사라진' 것이 아니라 감정을 느끼고 반응할 여력이 떨어져서 한동안 반응이 둔해지는 상태를 뜻한다. 미쿨린서와 셰이버 박사의 말에 따르면, 애착 욕구가 반복적으로 좌절될 경우 기존의 전략조차 유지하지 못하고, 정서적 차단, 반응 둔화, 애착 신호의 억제 상태로 이어질 수 있다고 설명한다. 이때는 의도적으로 차갑게 행동하는 것이 아니라 감정이 자연스럽게 차단되는 흐름이 만들어지는 것이다. 이처럼 서로의 애착 체계가 각자 다른 방식으로 관계를 버텨왔지만, 결국 이

---

* 이 책에서는 독자의 이해를 돕기 위해 애착 연구에서 말하는 정서적 둔감화, 정서적 차단, 과부하 이후에 스스로를 보호하려고 정서적 접근을 제한하는 반응 등의 여러 개념을 포괄적으로 아울러 정서적 냉각 상태라고 표현한다.

런 흐름 속에서 두 사람은 모두 같은 지점에서 마음이 멈추게 된다. 이 흐름은 관계가 무너지기 직전, 감정의 작동 방식이 먼저 달라지는 중요한 변화다.

불안형도 탈활성화 전략을 쓰는 걸까?

불안형이 감정적으로 반응하지 않는 모습은 회피형이 처음부터 감정의 강도를 낮추며 거리를 확보하는 방식과는 다르다. 불안형이 갈등이 생기면 과활성화 전략을 통해 상대에게 가까이 다가가 정서적 친밀감을 회복하려고 한다. 이런 시도가 몇 차례 반복된다. 하지만 상대에게 계속해서 받아들여지지 않으면 애착 체계는 과부하에 걸리고, 더 밀어붙일 힘도, 말할 여력도 사라지고 만다. 이때 불안형은 과활성화를 유지할 에너지가 남지 않아, 말과 감정을 잠시 멈추고 한발 물러서며 스스로를 지키려 한다.

이 멈춤 안에는 무관심보다 무기력함과 좌절감이 채워져 있다. 더 애써도 달라지지 않을 것 같다는 체념, 기대했다가 또 상처받을까 봐 감정을 접어두려는 경계심, 그리고 더는 버틸 힘이 없는 피로감이 겹친 상태다. 겉으로 보면 회피형의 탈활성화 전략처럼 보이지만, 이는 마음이 지쳐 상처를 덜 받으려고 잠시 물러서 스스로를 보호하려는 과정이다. 시간이 지나 에너지가 조금 회복되거나 상대가 더 다가오려는 모습이 보인다면, 불안형의 애착 체계는 다시 과활성화되어 상대와 친밀감을 회복하기 위해 노력할지도 모른다.

이렇게 마음이 잠시 멈춘 듯 느껴지는 순간, 많은 사람이 이 순간을 사랑의 끝으로 오해한다. 하지만 감정이 사라진 것과 감정을 느낄 여력이 줄어든 것은 다르다. 이 차이를 알아차릴 수 있는 몇 가지 신호가 있다.

정서적 냉각을 구별하는 신호들

지금의 감정이 고갈되고 있다는 느낌이 든다면 잠시 멈춰 자신의 상태를 돌아볼 여유가 필요하다. 지금 감정이 잘 느껴지지 않고 둔해진 이유가 사랑이 식어서인지, 아니면 정서적 에너지가 오래 소진된 결과인지부터 살펴보는 것이 중요하다. 반복된 갈등은 애착 체계를 쉽게 지치게 만들고 이 피로가 쌓이면 감정을 느끼는 힘도 자연스럽게 줄어든다.

다음의 항목들은 애착 연구와 부부치료, 정서 조절 연구에서 공통적으로 관찰되어 온 반응의 흐름을 바탕으로 재구성한 것이다. 진단을 위한 기준이 아니라 지금 경험하는 변화가 사랑의 소멸인지, 아니면 감정을 느끼고 반응할 여력이 줄어든 상태인지를 가늠해보기 위한 참고 지표다. 몇 가지가 중복해서 해당된다면 현재의 상태를 정서적 냉각의 관점으로 한번 더 바라볼 만하다.

정서적 냉각을 구별하는 신호 6가지 · · · · · · · · · · · · · ·

□ 웃거나 우는 일이 줄고 말끝마다 "그냥 피곤하다."라는 표현이 맴돈다.

□ 대화를 시작하려 하면 몸이 먼저 긴장하고, 상대가 다가오기만 해도 반사적으로 경계한다.

□ 어떤 문제든 지금 말해도 달라질 것이 없다는 생각이 먼저 떠오른다.

□ 상대의 접근이 부담으로 느껴지고, 도움의 말조차 밀어내는 것처럼 들린다.

□ 함께 있을 때는 괴로운데 떨어져 있을 때는 도리어 좋았던 장면이 떠오른다.

□ 큰 갈등이 없어도 공허하고, 혼자 있어야만 마음이 가라앉는다.

이런 신호들이 이어진다면, 감정이 식은 듯한 느낌을 곧바로 관계의 끝이라 해석할 필요는 없다. 반복된 갈등 속에서 감

정이 무뎌지고 반응이 느려지는 것은 애착 체계가 오랜 피로를 견디지 못해 잠시 전원을 내리는 보호 반응에 가깝기 때문이다. 그래서 이 시기에는 무엇을 고쳐야 할지를 서둘러 찾기보다, 지금 자신의 애착 체계가 얼마나 지쳐 있는지를 차분히 바라보는 일이 먼저다.

감정이 잘 느껴지지 않는다면 그것이 무관심 때문인지 정서적 에너지가 고갈되었기 때문인지 구분해 보자. 상대의 말이 이해되기 전에 몸이 먼저 긴장하거나 위축된다면, 마음은 이미 오래 경계 상태에 머물러 있었다는 신호일 수 있다. 갈등이 없는 순간에도 편안함보다 허무함이 앞서고, 함께 있을 때보다 거리가 생겼을 때 오히려 좋았던 기억이 떠오른다면, 애착 체계가 피로 속에서 제 기능을 잃어가고 있다는 뜻이다.

이럴 때 감정을 억지로 움직이려 하면 오히려 벽이 더 높아질 수 있다. 지금 필요한 것은 '왜 이렇게 됐을까?'를 따지기보다 지금의 감정이 이렇게 닫혀 있구나. 하고 자신의 감정 상태를 알아차리는 태도다. 이 인식이 회복의 출발점이 될 것이다. 닫힌 감정 아래에는 여전히 이어지고 싶은 마음이 남아 있다. 우리는 싸우지 않으려다 결국 감정이 고갈되어 버린 지점까지 흘러왔을 뿐이다.

갈등 뒤에 숨은
진짜 욕구

안전하길 바라는 마음

앞에서 우리는 애착 불균형이 어떻게 악순환으로 이어지는지, 그 끝에서 감정이 고갈되는 정서적 냉각의 지점까지 어떻게 닿는지를 살펴보았다. 애착 체계가 위협을 감지하면 마음은 사랑의 문제가 아니라 안전의 문제로 상황을 받아들이기 시작한다. 이번 장에서는 그 구조를 다시 설명하기보다 그런 갈등이 우리 마음 깊은 곳에서 무엇을 말하려 하는지에 더 집중해 보려 한다. 갈등의 한가운데에서 애착 체계는 무엇을 두려워하고, 무엇을 지키려 할까?

우리가 갈등을 겪을 때 가장 먼저 벌어지는 일은 말다툼이 아니라 애착 체계의 빠른 활성화다. 성인 애착 연구에 따르면, 갈등은 '싫어서'가 아니라 '두려워서' 시작되는 경우가 많다.

상대를 싫어해서가 아닌, 관계가 위협받고 있다고 느끼는 두려움에서 비롯된다는 것이다. 상대가 멀어질까 봐 불안해지고 다칠까 봐 경계를 세우는 순간, 우리는 서로를 향하는 방식을 어긋나게 만든다. 그래서 갈등은 단순한 충돌이 아니라 정서적 연결이 흔들릴 때 켜지는 신호에 가깝다.

오해가 만드는 마음의 거리

갈등의 순간, 불안은 생각보다 빠르게 몸과 마음을 점령한다. 상대의 표정이 굳거나 답장이 늦어지거나 말투가 달라졌다고 느끼는 순간, 애착 체계는 즉각 위협을 감지한다. 이때 누군가는 다가가고, 누군가는 물러난다. 겉으로는 단순한 행동처럼 보이지만 마음속에서는 이미 각자의 안전을 지키기 위한 방어가 작동하고 있다.

특히 불안형과 회피형이 만날 때 이 차이는 더 크게 드러난다. 서로 반대 방향으로 반응하는 두 사람은 서로의 차이만큼 더 빠르게 오해를 만든다. 사실 알고 보면 두 사람 모두 상처 없이 관계를 지키려는 마음은 동일하지만, 서로 다른 반응의 숨은 의미를 해석해 내지 못하기 때문에 서로의 행동은 곧 오해가 되고, 마음의 거리는 순식간에 멀어지고 만다. 성인 애착 연구에서도 이 두 조합에서 갈등이 심화되는 이유가 바로 '정반대의 방어 전략이 충돌하기 때문'이라고 설명한다. 아이러니하게도 두 사람은 같은 두려움을 품고 있지만, 표현 방식이 달라 오해가 생기고 그 오해가 다시 상대의 두려움을 자극해서 갈등이 더 깊어진다.

이 관계는 안전한가

표현은 다르지만 두 사람의 마음 깊은 곳에서는 같은 바람이 존재한다. 이 관계가 완전히 끊어지지만 않길… 혹시 앞에서 등장했던 이야기들을 기억하는가? 야유회 참석을 두고 다투던 순간, 설거지가 쌓인 부엌 앞에서 느꼈던 서운함, SNS 사진 한 장을 올리는 문제로 마음이 멀어졌던 장면들 말이다. 그때 이들은 각기 다른 이유로 화를 냈고, 각기 다른 말로 상처를 주고받았지만, 갈등 이면의 '진짜 속마음'만은 같았다.

그런데 이 마음은 보통 싸움의 한가운데에서는 잘 보이지 않는다. 우리는 늘 겉으로 드러난 갈등을 붙잡고 다툰다. 야유회가 문제인 줄 알았고, 집안일을 제때 해주지 않는 상대가 원망스러웠고, 별것 아닐 수 있는 사진 한 장 때문에 울고불고 서운했다. 하지만 감정이 조금 가라앉고 내 마음을 들여다보고 나서야 비로소 알아차리게 된다. 그날의 싸움은 '무엇을 하느냐'의 문제가 아니라, '이 관계가 여전히 안전한가'를 확인하려는 몸부림이었다는 사실을 말이다.

결국 불안형과 회피형은 전혀 다른 방식으로 반응하는 것처럼 보이지만, 두 사람 모두 마음 깊은 곳에서는 같은 질문 앞에서 흔들리고 있다. 이 관계 안에서 나는 안전할 수 있을까? 성인 애착 연구에 따르면, 갈등 뒤에 남는 핵심 욕구는 결국 '정서적 안전'이다. 불안형은 사랑받고 있다는 확인을 통해 안전을 느끼려 하고, 회피형은 통제받지 않는 자유로움 속에서 안전을 지키려 한다. 방식은 서로 다르지만 두 가지 방식 모두 '관계 안에서 안전해지고 싶다'는 같은 마음에 뿌리를 두고 있다.

뒤집어 보면 결국 두려움의 근원도 동일하다. 불안형이 '거절', '버림받음'에 대해 느끼는 두려움과 회피형이 '자율성 상실'에 대해 느끼는 두려움은 서로 다른 문제 같지만, 실제로는 '안전하지 않다'는 위협을 받을 때 나타나는 반응이란 점에서 같다. 그래서 우리가 그토록 다투었던 순간들 역시, 어쩌면 같은 자리에서 같은 안전을 찾고 있었는지도 모른다.

애착은
고정된 성격이 아니다.

내가 왜 이렇게 사랑해 왔는지를
알아차리는 순간,

변화는 이미
시작된 것이다.

알아차림

사랑이 다르게 보이는 순간

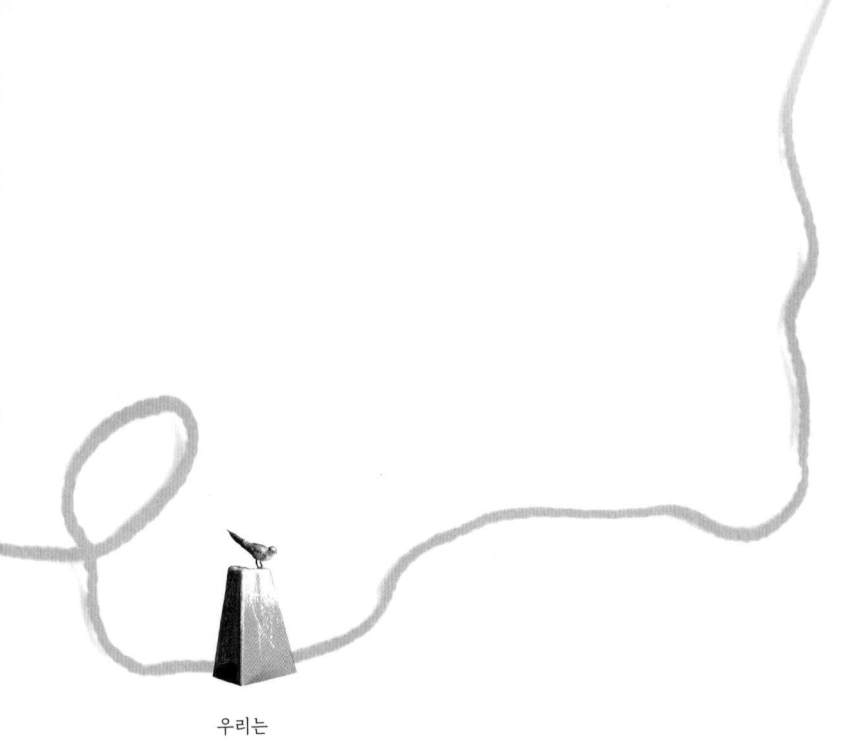

우리는
각자의 방식으로 불안했고
다르게 외로웠다

시선을 나에게로 돌릴 때,
사랑을 처음 이해하기 시작한다

사랑이 흔들릴 때 사람은 대개 두 가지 방향으로 움직인다. 불안해진 마음은 더 가까이 붙잡으려 하고, 지친 마음은 조용히 뒤로 물러나려 한다. 겉모습은 달라도 그 밑바닥에는 같은 바람이 있다. **다치지 않고 싶다.** 그리고 가능하다면, **사랑을 잃고 싶지 않다.**

〈Part 4〉에서는 그 바람을 '의지 부족'이나 '성격 문제'로 몰아붙이는 대신, 상처가 만들어 낸 반응을 이해하고, 무너질 때마다 나를 다시 붙잡는 법을 다룬다. 여기서 말하고자 하는 변화의 핵심은 분명하다. 어떤 사건이 일어났느냐보다, 그 일을 통해 마음의 시선이 처음으로 자기 자신을 향하게 되는 순간이 결정적 계기가 된다는 점이다. 불안형이든, 회피형이든, 공포회피형이든 변화는 늘 이렇게 시작된다.

회피형은 군중 속 외로움 앞에서 처음으로 마음을 돌리고, 불안형은 더 이상 일방적인 매달림이 아니라 불안을 안은 채 기대어도 괜찮다는 감각을 회복하며, 공포회피형은 두려움 한 가운데서도 관계 안에 조금 더 머무를 용기를 발견할 수 있다. 이러한 전환은 어떤 유형에게나 저절로 일어나지 않는다. 흔들리는 마음을 없애려 애쓰기보다, 그 흔들림이 나에게 무엇을 말하고 있는지 돌아보기 시작할 때 비로소 다시 진정한 나로 돌아오는 선택이 가능해진다. 이 장을 따라가 보자. 사랑은 끝내 나를 잃게 만드는 무대가 아니라, 다시 나에게로 돌아오는 길이 될 수 있다.

회피형이
깨닫는 순간

편안했던 관계에서 외로움이 느껴질 때

변화는 언제나 소리 없이 찾아온다. 회피형에게는 그 조용함이 특히 낯설다. 아무렇지 않게 덮어두던 감정이 어느 날 얇은 종잇장처럼 쉽게 흔들리고, 혼자여도 편안하다고 믿었던 관계의 거리가 문득 불안하게 느껴질 때 마음은 이유 없이 불편해진다. 성인 애착 연구는 회피형이 감정을 오래 억누르는 동안 스트레스가 누적되면, 그 억제가 항상 그대로 유지되기보다 흔들릴 수 있다고 말한다. 이유를 알 수 없는 피로감, 버티기 힘들다는 느낌, 설명되지 않는 거리감은 마음이 더 이상같은 방식으로는 자신을 보호할 수 없다는 신호를 주는 셈이다. 탈활성화 전략이 오래 이어지면서 감정을 억제하던 힘에미세한 균열이 생기고, 그 틈 사이로 자신도 몰랐던 감정과 욕구가 조금씩 모습을 드러낸다.

변화는 거창한 사건이 아니라, 바로 이런 작은 흔들림에서 시작된다. 아무렇지 않다고 믿어왔던 마음이 스스로를 알아차리는 순간이다. 회피형의 변화는 대개 이렇게 소리 없이 시작된다.

조용한 외로움: 마음의 금이 드러나는 순간

회피형이 '진짜 외로움'을 느끼는 순간은 언제일까? 관계가 멀어지거나, 오래 의지하던 사람이 사라지는 순간 뜻밖의 감정과 마주하기도 한다. 내 주변에 나를 진심으로 걱정해 줄 사람이 단 한 명도 없구나. 이 생각이 스며들어 오는 순간이 있다. 겉으로는 담담해 보여도 속에서는 서늘함이 번진다. 누군가는 이 감정을 '섬뜩하다'고 표현한다. 사람들 사이에 있어도 혼자 남겨진 듯하고, 말하고 싶은데 떠올릴 사람이 하나도 없다는 현실이 마음을 깊숙이 찌른다. 이 외로움은 무엇일까? 천천히 수면 위로 올라오는 오랜 눌러두었던 감정 같다.

가끔은 일상의 작은 일화가 이 감정을 더욱 선명하게 드러낸다. 오래 알고 지낸 어떤 사람을 떠올리는 순간이 그렇다. 같이 밥도 먹고 농담도 하면서 함께했던 순간들이 많았는데,

가까운 사이라고 믿었던 그 사람을 막상 떠올려 보면 머릿속이 텅 비어 버린다. 요즘 마음은 어떤지, 무슨 고민을 하는지, 어떤 사람인지 잘 모르겠다. 그러다 문득 이런 생각이 든다. **어? 이 사람 이야기를 한 번도 제대로 들어본 적이 없구나. 그러고 보니 내 이야기도 거의 한 적이 없구나.** 그 순간 마음에 작은 금이 간다. 오랜 시간 동안 서로의 마음이 한 번도 닿지 않았다는 사실이 뒤늦게 느껴진다.

그리고 그제야 하나의 사실이 또렷해진다. 그 관계가 편안했던 이유는 서로가 가까웠기 때문이 아니라, 서로에게 아무 요구도 하지 않았기 때문이라는 것을. 마음을 깊이 열지 않아도 유지되던 관계였기에 안전했지만, 그 안전함이 결국 자신을 더 고립시키고 있었다는 사실이 늦게 가슴에 닿는다. 그 안전함은 사실 가짜 안전함이었던 것이다. 불현듯 떠오르는 작은 생각 하나가 마음의 잔금을 내고 외로움의 실체를 조용히 드러낸다.

외로움의 이유가 나에게로 돌아오는 순간

사례 1 ♥ 누구에게도 말할 수 없는 그 날

현우는 자신이 혼자서도 잘 살아갈 수 있는 사람이라 믿었다. 스스로 문제를 해결하는 데 익숙했고 누군가에게 약한 모습을 보이는 일을 무엇보다 싫어했다. 그것을 '성숙함'이라고 여겼다. 그런데 어느 날 가족에게 큰일이 닥쳤고, 그날따라 처음으로 누군가에게 기대고 싶은 마음이 스쳤다.

가장 먼저 떠오른 사람은 연인이었다. 하지만 막상 연락을 하려니 손가락이 움직이지 않았다. 평소 무심하게 넘겼던 말투, 대화를 피했던 순간들, 상대가 고민을 털어놓을 때마다 적당히 얼버무렸던 장면들이 스치며 마음이 움츠러들었다. 내가 이런 얘기를 해도 될까? 아니, 그 전에, 내가 말할 사람이 필요한 건가? 이런 일로 연락할 용기가 안 났다.

그리고 생각을 옮겨 친구들을 한 명씩 떠올려 보았다. 하지만 가장 친하다고 생각해 왔던 친구에게도 막상 말하려니 망설여졌다. 평소에 이런 대화를 해본 적이 없었다. 휴대폰에 연락처를 훑어보면서 얘기할 사람을 찾았다. 하지만 함께 운동하는 친구, 일 얘기만 나누는 동료, 가끔 밥 먹는 지인들이 전부였다. 난생처음 누군가에게 자신의 속마음을 이야기해 보고 싶다는 생각이 들었는데, 말할 사람이 없다니 기분이 섬뜩했다. 연인도 있고, 친구도 있고, 아는 사람은 많은데 손을 뻗어 닿을 곳은 없는 듯한 기분이었다. 왜 사람은 많은데 말

할 곳이 없을까? 이야기한다고 해서 누가 내 마음을 이해할 수야 있을까?

　주변에 아무도 없는 것만 같은 텅 빈 공허함과 털어놓아도 시원하지 않을 것 같은 외로움이 마음을 조용히 짓눌렀다. 그제야 깨달았다. 정작 마음을 털어놓을 만한 사람이 한 명도 없다는 것을. 그리고 더 아프게는, 연인에게도, 친구에게도, 마음 깊은 곳을 열어 보인 적이 없었다는 사실을 말이다. 어느 관계에서도 서로의 본심까지 닿아본 적이 없었다는 사실이 가슴에 서늘하게 내려앉았다. 그날 밤 현우는 생각했다. **문제는 다른 사람이 아니었구나. 내가 누구한테도 마음을 내어준 적이 없었던가 보다.**

　그토록 지키려 했던 나의 시간과 자유, 독립은 무엇을 위한 것이었을까? 스스로 마음을 열지 않았던 시간이 자신을 고립시키고 있었음을 알아차린 바로 그 순간, 마음의 방향이 아주 조금씩 바뀌기 시작했다.

　이처럼 회피형의 변화는 누군가가 강제로 마음을 흔들어 깨워서 일어나는 일이 아니다. 자신을 향한 시선이 바뀌어야 비로소 가능하다. 현우의 깨달음은 가족에게 닥친 일이 직접적인 계기가 되었지만, 사실 그 사건 자체보다 '외로움의 한가운데 서 있는 자신'을 알아차린 데서 시작되었다. 마음을 열지 못한 채 유지해 온 관계들이 갑자기 위태롭게 느껴지고, 그 틈으로 진짜 내가 원하는 게 무엇이었을까? 하는 질문이 머릿속에 맴돈다.

외로움이 깊어지면 질문의 방향도 달라진다. 그동안은 **나는 괜찮아. 문제는 너야.** 하는 쪽으로 관계를 정리해 온 적이 많았다. 상대와 가까워지려 하면 그 불편함을 타인의 문제로 돌리기도 했다. 하지만 고립이 선명해진 순간, 질문은 자신을 향한다. 내가 누군가에게 마음을 열어본 적이 있었나? 누군가의 진짜 친구였던 적이 있었나? 누군가에게 과연 내가 소중한 사람인 걸까?

이 질문이 가슴 깊은 곳에서 울리는 순간, 외로움은 더 이상 타인이 만든 상처가 아니라 '내가 반복해 온 패턴'에서 비롯되었을 수 있다는 사실이 드러난다. 세상이 나를 밀어낸 것이 아니라 내가 먼저 거리를 두며 마음의 문을 닫아왔다는 사실이 조용히 다가오는 것이다. 원래 이런 사람이라서가 아니라 어쩌면 내가 뭘 원하는지 제대로 몰랐던 건 아닐까?

이런 변화는 갑작스러운 각성이 아니다. 마음이 스스로에게 조금 더 정직해지는 과정이다. 관계가 바뀌기 전에 내가 먼저 달라지고, 그 변화가 결국 다시 관계를 움직인다. 회복의 여정은 바로 이러한 내면의 전환에서부터 시작된다.

이렇게 시선이 자신에게로 향하기 시작하면 예전에는 아무 문제 없다고 여겼던 관계들 속에서도 새로운 장면이 보이기 시작한다. '별문제 없던 편안함'이 사실은 나를 잃고 싶지 않아서 조용히 맞춰주었던 상대의 노력 위에 서 있었던 것은 아닐까 하는 의문이 스며든다. 이제 눈을 조금만 더 돌려보면, 우리가 '편안함'이라 부르던 관계의 밑바탕에 어떤 진실이 숨어 있었는지 자연스럽게 보이기 시작한다. 그 흐름을 따라, 또 한 사람의 이야기를 만나보자.

사례 2 ♥ 편안했던 관계 뒤에 숨은 진실

승희와 세호는 오래 만나고 있는 연인 사이였다. 다투는 일도 드물었고 세호는 언제나 승희의 기분에 맞춰 움직였다. 승희가 혼자 쉬고 싶어 하면 굳이 묻지 않고 기다려 주었고, 고민을 털어놓지 않아도 재촉하지 않았다. 승희는 그런 세호가 편했다. 서로 적당한 거리를 유지하며 부딪치지 않는 이 관계가 '건강하다'고 믿었다.

하지만 어느 날, 그 믿음이 흔들리는 순간이 찾아왔다. 그날은 세호의 생일이었다. 승희는 소박한 축하 메시지를 보내고 늦은 저녁쯤 연락을 하려 했다. 그런데 세호에게서 갑자기 짧은 문장이 도착했다. "오늘은 그냥 조용히 있고 싶어." 늘 밝고 다정했던 세호였는데, 세호답지 않은 말이었다. 걱정된 승희가 조심스레 전화를 걸었지만 받지 않았다. 몇 시간 뒤, 메시지가 다시 왔다. "미안. 오늘은 조금 힘들었어. 근데 괜찮아." 승희의 마음속에서 작은 불안이 스쳤다. 이게 무슨 일이지? 세호가 왜 나한테 말을 안 하지? 하지만 곧 스스로를 안심시켰다. 그래, 세호는 원래 티를 잘 안 내는 사람이니까.

그렇게 넘기려던 순간, 세호의 지인이 승희에게 전화를 걸어왔다. "오늘 세호, 많이 힘들어했어. 지금은 좀 괜찮아?" 승희는 영문을 몰랐고 아무 말도 할 수 없었다. 회사에서 세호의 실수로 사고가 있었고, 그 일로 세호도 다쳤다는 사실을 자신은 전혀 모르고 있었기 때문이었다.

병원을 오가던 시간 동안 세호는 회사에 끼친 피해 때문에 마음을 제대로 가누지 못했고, 몸은 계속 아팠지만 미안함과 복잡한 마음에 혼자 버티고 있었다는 것을, 승희는 그제야 알게 되었다.

그제야 세호가 왜 그런 말을 했는지 이해되기 시작했다. 그런데 머릿속에는 한 가지 생각만 맴돌았다. **세호는 왜 나한테 얘기해 주지 않았을까? 그 정도로 심각한 일이면 당연히 나한테 먼저 얘기해야 하는 거 아니야?** 그러다 문득 지난날의 장면들이 머릿속을 스치듯 지나갔다. 그러면서 작지 않은 충격이 마음에 찾아왔다. **세호가 나한테 얘기를 안 한 건 혹시 나 때문인 걸까? 내가 그런 얘기를 듣기 싫어한다고 생각한 걸까?**

생각이 꼬리에 꼬리를 물고 이어지던 순간, 세호가 지금까지 한 번도 자기 얘기를 승희한테 하지 않았다는 사실을 알아차렸다. **아니, 그러고 보니 세호는 여태껏 나한테 힘든 소리 한번 한 적이 없구나. 나는 세호한테 세호 얘기를 들어본 기억이 없네…. 내가 세호를 혼자 있게 만들었네.**

생각해 보니 세호는 평소에도 그렇게 해왔었다. 승희가 불편해할까 봐, 부담스러워할까 봐, 자신의 감정을 거의 드러내지 않았었다. 승희가 편하도록 늘 승희의 기분을 맞춰주고 때로는 자기 마음을 꾹 눌러가며 관계를 유지해 왔던 것이다. 그 사실을 깨닫는 순간, 승희의 마음에 서늘한 충격이 퍼졌다. 관계가 편안했던 이유는 '원래 편한 사이'라서가 아니라, 세호가

승희를 잃고 싶지 않아서 모든 걸 조용히 맞춰준 덕분이었다
는 진실이 가슴 깊숙이 내려앉았다.

그날 밤, 승희는 스스로에게 물었다. 나는 정말 세호를 이해
하며 사랑했나? 아니면 세호가 모든 걸 맞춰줘서 편했던가?
스스로에게 던진 질문이 자신을 처음으로 마주하게 했다. 세
호는 나에게 어떤 존재인가? 나는 얼마나 세호에게 나 자신을
보여줬나? 나는 사람을 어떻게 대하고 있는 걸까? 나는 사람
에게 얼마나 나 자신을 드러낼 수 있을까? 그날 이후 승희의
마음은 조용히 방향을 틀어가기 시작했다.

두 사례에서처럼, 회피형은 이러한 지점에서 중요한 전환
이 일어난다. "사례 1"에서 현우가 '누구에게도 마음을 내어준
적 없었다'는 사실을 마주한 것처럼, "사례 2"의 승희 역시 자
신이 취해온 행동이 세호에게 어떤 영향을 주었는지를 깨닫
게 된 것처럼, 자기 자신을 처음으로 돌아보게 된다. 회피형들
은 흔히 이렇게 말한다. "그냥 상대가 너무 심하다고만 생각
했는데, 반대로 상대한테는 제 행동이 밀어내는 것으로 보인
다는 건 처음 알았어요." 승희도 마찬가지였다. 자신을 지키기
위해 선택해 온 거리두기가 세호의 속마음까지 이야기할 수
없게 만들었다는 사실을 깨닫는다. 그리고 그 순간은 변화의

계기가 된다. 다시 말해 처음으로 자기 마음을 직면한 순간, 그제야 자신이 만들어 온 거리의 의미를 이해하게 되고, 변화는 시작된다.

마음의 방향을 이어가는 작은 선택들

그렇다면 이제부터 무엇을 어떻게 시작하면 좋을까? 마음의 방향이 바뀌었다면 이제 그 흐름을 일상의 작은 선택들 속에서 이어 갈 차례다. 변화가 거창한 결심에서 시작되는 것이 아니라는 점을 기억하자. 마음이 살짝 흔들리고 감정이 움직이기 시작할 때, 작은 행동 하나가 실제 관계에서 변화를 만든다.

회피형에게 변화는 '완전히 다른 사람이 되는 일'이 아니다. 마음속에서 무언가가 아주 작게 움직이기 시작하는 순간, 올라오는 감정의 파동을 조금 더 솔직하게 바라보려는 시도이면 족하다. 이 지점에서 중요한 것은 마음을 더 설득하거나 분석하는 일이 아니라, 이후에 이어질 작은 실천들을 어떤 태도로 받아들이느냐다. 아래의 시도들은 회피형이 스스로 몰아붙이기보다, 관계 안에서 한 걸음 숨 고르며 관계 속에 머물 수 있도록 돕기 위한 최소한의 방향 제시다. 완벽하게 해내려 애쓰기보다 지금의 나에게 가능한 것부터 하나씩 시도해 보자.

1 ♥ 감정이 올라올 때 '없애려 하지 말고' 그대로 마주해 본다

불편함이나 답답함이 올라오면 곧바로 그 감정을 눌러 없애야 한다고 느끼기 쉽다. 하지만 감정을 억누를수록 마음은 더 굳어지고, 이유를 알 수 없는 피로와 거리감만 남는 경우가 많다. 처음에는 아주 작은 시도면 충분하다. **아, 지금 내 속에 불편한 마음이 있구나.** 같이 감정이 스쳐 지나가는 순간을 잠시 느껴보는 것이다. 감정을 없애려 들면 오히려 감정이 나를 삼킬지 모른다. 있는 그대로 둬도 아무 일도 일어나지 않음을 경험할수록, 마음의 긴장이 느슨해지는 것을 느낄 수 있다.

2 ♥ 마음이 닫히려 할 때 관계를 끊지 말고, '안부 한 문장'을 남겨 본다

부담 없는 방식으로 일상의 연결을 조금만 이어가 보자. 관계 안에서 자율성을 잃어버릴 것 같은 위협을 느낄 때, 혹은 상대와의 갈등으로 마음이 닫히려 할 때, 당장 거리를 두려 하지 말고 안부 한마디를 건네보는 것이다. 이 행동은 상대와 가까워지라는 의미가 아니라, 마음이 완전히 닫히지 않도록 작은 숨구멍을 남겨두는 데 의미가 있다. 가벼운 안부 한마디는 친밀감을 요구하지 않으면서도 마음이 완전히 식지 않게 지켜주는 비교적 안전한 연결 방식이 될 수 있다.

3 ♥ 힘들 때 혼자 해결하기보다,
'이걸 말해도 될 사람은 없을까?'를 한번 떠올려 본다

어려움이 생기면 본능처럼 '이건 내가 혼자 해결해야 한다'는 압박이 올라올 수 있다. 하지만 이러한 신념에서 잠시 벗어나, **누군가에게 기대어도 괜찮다.** 하고 스스로에게 허락해 주는 것만으로도 마음의 긴장이 조금씩 풀리기 시작한다. 꼭 도움을 요청하지 않아도 된다. 다만 혼자가 아니라는 사실을 마음속에 잠시 새겨두는 것, 그 정도로도 긴장은 내려가고 회복의 방향이 열린다.

이 작은 실천들은 회피형을 단번에 다른 사람으로 바꿔놓지 않는다. 다만 마음의 벽을 아주 조금씩 낮추고, 자신을 향한 시선을 바꾸는 데 필요한 힘을 마련해 준다. 이렇게 마음이 변화하기 시작하면, 그동안 '당연한 줄 알았던 거리'가 사실은 내가 쌓아 올린 방어였다는 점도 더 자연스럽게 보이기 시작한다.

결국 변화의 핵심은 완전히 다른 삶이 되는 것이 아니라, 도망치던 마음을 잠시 멈추고 다시 관계를 바라볼 수 있는 여유를 회복하는 것이다. 그 여유가 생기면 비로소 욕구를 말로 표현하고, 상대와 조율하고, 관계를 다시 이어볼 용기도 만들어질 것이다. 이 작은 움직임들을 지나고 나면 마음의 장벽은 조금씩 낮아진다. 변화는 거창한 도약이 아니라 지금 자리에서 할 수 있는 작은 선택들 속에 존재한다.

불안형이
변하는 순간

붙잡을수록 나를 잃고 있다 느껴질 때

불안형이 변화하기 시작하는 순간은 겉으로는 잘 드러나지 않지만, 마음 안에서는 아주 낯선 정적이 잠깐 생긴다. 종일 눌어붙어 있던 불안의 소음이 잠시 멈추는 때인 것이다. 그 짧은 고요가 익숙하지 않아서 오히려 더 또렷하게 느껴진다.

이때 올라오는 마음은 단순히 '기대고 싶다'로 끝나지 않는다. 두려움이 몰아붙여 만든 매달림이 아니라, '나는 이 관계에서 진짜로 어떻게 기대고 싶은 걸까?' 하고 자신에게 처음으로 묻는 듯한 감각에 가깝다. 지금까지는 불안을 가라앉히려고 상대를 붙잡았다면, 이 순간의 마음은 관계를 조금 더 편안하게 만들고 싶은 자연스러운 바람에 가깝다.

성인 애착 연구에서는 이런 전환을 중요한 출발점으로 본다. 반사적으로 튀어나오던 반응이 잠깐 멈추고 의식적으로 연결을 선택하려는 마음이 올라오는 지점에서 불안형의 회복이 시작되기 때문이다.

사랑을 붙잡으려다 나를 놓쳤던 순간

사례 1 ♥ "헤어지고 싶은 게 아니라, 붙잡아 달라는 거잖아."

민아는 사랑 앞에서 늘 불안했다. 연락이 조금만 늦어져도 가슴이 철렁 내려앉았고, 현서가 피곤하다며 대화를 미루기만 해도 **버림받는 건 아닐까?** 하는 생각이 번개처럼 스쳤다. 불안이 밀려올 때 민아의 반응은 언제나 비슷했다. 붙잡고, 울고, 화내고, 때로는 자신을 해치는 행동으로까지 자신의 감정을 터뜨렸다. 그 순간 민아를 움직인 것은 사랑이라기보다 두려움이었다.

그러던 어느 날, 민아는 치밀어 오르는 감정을 감당하지 못하고 또다시 자신을 해치려는 행동을 보였다. 현서가 집에 찾아왔을 때 민아는 바닥에 주저앉아 울부짖었다. 떠나지 말라고, 관심 가져 달라고, 지금 너무 아프다고. 이러한 행동들이 현서에게 어떤 충격을 주는지 돌아볼 겨를도 없었다. 오직 하나, **나를 떠나지 마.** 그 절규만이 민아를 끌고 갔다. 자신이 어떤 모습인지조차 돌아볼 수 없었고, 단지 현서가 떠나지 않기만을 바랐다.

하지만 그날은 이전과 달랐다. 현서는 당황하거나 흔들리지 않고 아주 차분하고 단호한 목소리로 말했다. "민아야, 이만하면 됐으니까 이제 그만 좀 해라. 네가 이렇게까지 하는 건 이제 더 이상 못 봐주겠어." 그 말은 민아에게 충격으로 다가왔다. 하지만 민아의 더 깊은 곳을 건드린 문장은 바로 다음이었다.

"네가 맨날 '이럴 거면 헤어지자.' 이렇게 말하는데 진짜 헤어지고 싶은 게 아니잖아! 근데 왜 자꾸 헤어지자고 말하는 건데? 그렇게 해야만 내가 네 마음대로 해줄 거라 생각하는 거야? 솔직히 진짜 헤어지고 싶어서 그런 거 아니잖아. 그냥… 나 좀 붙잡아 달라는 거잖아. 신경 써달라는 거잖아."라고 하면서 현서는 다음 말을 이어갔다. "그럼 그렇게 말해! 제발 좀! 내가 연락 잘 안 받고 바쁜 것 때문에 네가 방치되는 것 같다고. 내가 어떤 행동할 때 너한테 무슨 마음이 들게 하는지 똑바로 알려주면 되잖아. 마음이랑 반대로 말하지 좀 말고, 제발!"

그 말을 듣는 순간 민아는 아무 대답도 할 수 없었다. 그동안 자신도 모른 채 반복해 온 패턴이 정확하게 들킨 것처럼 느껴졌다. 한순간 숨이 멎을 듯 조용해졌고, 자신이 반복해 왔던 모든 행동이 한꺼번에 떠올랐다. 문제는 상대의 무심함만이 아니었다. 의도가 어쨌든, 결과적으로 민아의 방식이 관계를 위태롭게 만들고 있었다. 그동안 현서에게 했던 모든 행동에서 현서를 향한 배려는 없었다. '사랑받고 싶어서' 했던 행동이 오히려 사랑을 멀어지게 만들었다는 사실이 서늘하게 다가왔다.

그날 밤 민아는 오랜 시간 혼자 있었다. 불안 때문에 울부짖은 적은 많았지만 불안의 정체를 들여다본 것은 처음이었다. 나는 왜 이렇게까지 하는 걸까? 왜 사랑만 하면 무너지고, 왜 이렇게 두려워할까…. 왜 나도, 상대의 마음도 다치게 하는 방식으로 사랑을 지키려고 했던 걸까?

그 질문들은 누군가를 향하지 않았다. 오롯이 자신을 향했다. 그리고 바로 그 순간 민아의 마음에서 아주 작은 변화가 일어났다. '상대를 붙잡고 싶다'가 아니라 '내 감정을 붙잡고 싶다'는 마음이 처음으로 깨어난 것이다.

그날 이후 민아는 다시는 자신을 해치려는 행동을 하지 않았다. 울부짖으며 현서를 흔드는 일도 점점 줄어들었다. 그것이 사랑을 지키는 방식이 아니라 사랑을 잃는 방식이라는 사실을 너무 선명하게 봤기 때문이었다.

불안형의 변화는 누군가가 떠나서 일어나는 일이 아니다. 내가 반복해 온 방식이 나를 어디까지 데려왔는지, 그 끝을 처음으로 마주하는 순간 시작된다. 민아에게 그 계기는 상대의 단호하고 정직한 말이었다. 더는 숨을 곳이 없다고 느낀 그 순간, 마음에 작은 균열이 생겼고 그 틈으로 변화가 들어오기 시작했던 것이다. 그리고 이러한 내면의 깨달음은 불안형에게 관계 안에서 새로운 길을 열어갈 수 있는 첫걸음이 되어줄 수 있다.

사례 2 ♥ "네가 괜찮은 척하는 게 나한테는 더 괴로워."
미주와 태호의 연애는 겉보기에는 조용하고 무난했다. 큰 싸움도 드물었고 서로에게 상처 주는 말도 잘 하지 않았다. 겉으로 보기엔 안정적인 관계였지만 미주의 마음속에서는 설명하기 어려운 공허감이 점점 커져가고 있었다. 태호는 감정 표현에 서툴렀고, 미주는 말투와 표정 하나하나를 통해 사랑을 확인하려 했다.

어떤 날은 태호의 답장이 조금 늦었을 뿐이었는데 갑자기 불안해졌고, 또 어떤 날은 태호가 무심히 던진 말 때문에 마음이 어려워졌다. 그럴 때마다 미주는 더 다정하게 굴었고, 더 자주 연락했으며, 더 먼저 다가갔다. 하지만 그럴수록 태호의 마음은 더 멀어지는 느낌을 받았다. 상대가 조용해질수록 미주는 자기 혼자만 애쓴다는 생각에 점점 고립되어 갔다.

결정적인 순간은 정반대의 방향에서 찾아왔다. 미주는 갈등이 생길 때마다 말을 삼켰다. 마음에 걸리는 것이 있어도 괜찮다고 했고, 서운해도 웃으며 넘겼다. 태호가 바쁠 때면 이해한다고 했고, 혼자 외로울 때도 티를 내지 않았다. 관계가 깨질까 봐, 자신이 불편해 보일까 봐, 미주는 늘 한발 물러섰다.

그렇게 지내다 보니 몸이 먼저 무너졌다. 이유 없이 열이 오르고 속이 자주 뒤집혔으며, 결국 며칠을 앓아누웠다. 태호가 병문안을 왔을 때 미주는 습관처럼 말했다. "괜찮아. 별거 아니야." 그때 태호는 잠시 말을 멈췄다가 조심스럽지만 단호한 목소리로 말했다. "미주야, 사실 너 언젠가 이럴 줄 알았어." 미주는 놀라서 태호를 바라봤다. 태호는 말을 이었다.

"왜 이렇게까지 다 맞춰줘? 나한테 다 맞출 필요 없어. 안 괜찮으면 안 괜찮다고 말해도 돼. 힘들면 힘들다고 해도 되고." 태호는 숨을 고르며 솔직한 마음을 꺼냈다. "네가 항상 괜찮은 척하고 아무 불만 없는 사람처럼 있는 게, 솔직히 나한테는 그게 더 괴로웠어."

그 말은 미주의 가슴을 조용히 파고들었다. 태호는 이어서 말했다. "겉으로만 괜찮아 보이면 그걸로 관계가 충분한 걸까? 안 싸우고 잘 지내는 게 진짜 좋은 관계야? 나는 오히려 우리가 부딪히고, 싸우고, 서로 마음이 달라도 맞춰가는 게 그게 만나는 사이라고 생각해." 태호는 더욱 또박또박 분명하게 말을 이어갔다. "네가 계속 괜찮은 척하면, 나는 네가 진짜 어떤 사람인지 어떻게 알아? 네 마음이 어디까지 버티고 있는지도 모르겠고. 네 속마음이 뭔지 내가 어떻게 아냔 말이야. 얼굴에는 마음 안 좋은 거 다 쓰여 있는데 자꾸 괜찮다고 하니까. 내가 이제까지 안 답답했겠어?"

미주는 그제야 처음으로 깨달았다. 태호의 말이 옳고 그름을 떠나서 자신이 관계 안에서 어떻게 자신이 아닌 모습으로 살아왔는지를 정면으로 보게 만들었기 때문이다. 관계를 지키기 위해 마음을 숨긴 일이 단순한 배려가 아니라, 자신의 욕구였고 성향이었고 자신의 진짜 모습이었다는 사실이 또렷해졌다. 자신을 버리고 상대에게만 맞추는 방식은 관계를 안전하게 만드는 선택이 아니라 관계에서 스스로를 밀어내는 일이었다.

그제야 미주는 이해했다. 사람이 사랑하는 것은 '겉모습'이 아니라 '진짜 모습'이라는 사실을. 그런데 자신은 관계가 깨질까 봐, 자신의 진짜 모습을 보면 상대한테 버림받을까 봐, 그 알맹이를 먼저 감추고 있었다. 자기 자신을 숨길수록 관계가 좋아지는 것이 아니라, 오히려 껍데기 같아졌고 불안만 더 커져갔다는 사실을 미주는 알아차렸다. 이러한 자각이 이어지자 마음 깊은 곳에서 눌려 있던 감정이 천천히 올라왔다. 미주는 이유를 정확히 설명할 수 없이 눈물이 차오르는 것을 느꼈다.

그날 밤, 미주는 처음으로 스스로에게 질문을 돌렸다. 왜 나는 이렇게까지 괜찮은 척해야만 했을까? 왜 내 불편한 마음을 드러내는 일을 두려워했을까? 왜 항상 나를 상대에게 맞추려고만 했을까?

자신이 관계 속에서 어떻게 불안을 만들어 왔는지를 처음으로 바라보는 순간이었다. 미주는 그동안 태호의 말투와 표정, 반응을 통해서만 마음의 안전을 확인하려 애써왔다는 사실을 서서히 인정하게 되었다. 자신이 상대의 감정, 상대의 반응을 통해서만 안전감을 얻으려 했기 때문에 불안이 반복되었다는 진실이 아주 느리지만 분명하게 마음에 새겨졌다.

그 이후부터 미주는 더 이상 상대의 반응 하나로 자신의 감정을 단정 짓지 않으려 했다. 혼자 느끼는 감정을 숨기려고 하지 않았고, 불편한 마음이 생겨도 상대에게 말할 용기를 내었다. 애써 매달리거나, 과하게 해석하거나, 상대를 통해 안전을 확인하려는 행동도 조금씩 줄어들었다. 불안이 완전히 사라진 것은 아니었지만 그래도 조금씩 변화가 시작되고 있었다.

이처럼 불안형의 변화는 떠나지 말라고 매달리는 순간이 아니라, 관계 속에서 내 불안이 어떤 방식으로 만들어져 왔는지를 바라보는 순간부터 시작된다. 불안형은 마음이 흔들릴 때 흔히 원인을 바깥에서 찾을 때가 많다. 하지만 변화는 반대로 시선이 밖에서 안으로 이동할 때 일어난다. 그래서 불안이 더 이상 상대의 행동이 아니라, 자신이 반복해 온 방식에서 비롯되었음을 알아차리는 것이 무엇보다 중요하다. 그렇지만 이렇게 알아차리더라도 불안이 당장 없어지지는 않는다. 대신 불안에 끌려가지 않는 힘을 만든 것이다. 감정은 여전히 올라오겠으나, 자신의 바라보는 마음의 자세는 달라질 수 있다. 상대가 달라져서가 아니라, 내가 나를 바라보는 관점이 바뀌면서 관계의 무게중심이 이동하고 회복의 길이 열리기 시작한다.

변화는 어떻게 시작되는가

불안형의 변화는 어느 날 갑자기 찾아오는 각성이 아니라, 마음의 과활성화 패턴이 더 이상 숨을 곳을 잃고 스스로를 비추기 시작할 때 일어난다. 성인 애착 연구에 따르면, 불안형은 관계 안에서 반복되는 감정 경험을 통해 자신의 패턴을 처음으로 '바라보게' 될 때 변화가 촉발된다. 아래 다섯 단계는 불안형이 실제로 변화하는 과정에서 공통적으로 나타나는 흐름이다.

1 ♥ 끝까지 애써도 마음이 편해지지 않을 때: 불안 완화의 실패

불안형은 사랑을 지키기 위해 더 많이 연락하고, 더 많이 표현하고, 더 많이 확인한다. 하지만 어느 순간, 그 노력들이 관계를 안정시키지 못한다는 사실을 절감한다. 상대가 아무리 확신을 줘도 금세 불안이 되돌아오고 사랑을 지키려는 행동이 오히려 관계를 흔들어 왔다는 현실이 와닿는다. 이때 처음으로 **이건 상대만의 문제가 아니구나.** 하는 작은 틈이 마음에 생긴다.

2 ♥ 상대가 바뀌어도 내 감정이 그대로 반복될 때:
익숙한 비극의 자각

연인이 바뀌어도 감정의 결은 비슷하고 갈등의 구조도 비슷하며, 이별 순간의 감정까지도 낯설지 않다는 사실을 깨닫게 된다. **사람이 바뀌었는데도 내 불안은 그대로네.** 하고 느끼는 이 순간은 불안형에게 회피형의 고립된 외로움의 자각만큼이나 강한 충격이 된다. 이 자각은 대개 변화의 에너지를 만든다.

3 ♥ 상대의 행동보다 반복되는 내 반응을 먼저 보게 될 때:
패턴의 주체 발견

불안형의 변화는 갈등 그 자체보다 상대와의 다툼 그 안에서 반복되는 자신의 반응을 차분히 들여다볼 때 일어난다. **또 내가 매달리고 있네. 이런 감정은 예전에도 느꼈던 건데. 내 불안이 또 나를 이렇게 하도록 만들었구나.** 이러한 인식은 '상대가 떠나는 두려움'보다 '내 패턴이 나를 흔드는 공포'를 더 크게 느끼게 한다. 이때 많은 경우, 마음의 방향이 밖에서 안으로 향하기 시작한다.

4 ♥ 사랑을 지키려는 방식이 오히려 상처를 만들고 있었음을

　깨달을 때: 관계적 영향의 자각

　불안형은 지금까지 '나는 사랑하려고 했을 뿐'이라 믿어왔지만, 어느 순간 과도한 확인, 감정 폭발, 극단적인 감정 표현, 지나친 의존, 절박한 반응 들이 상대를 지치게 해왔다는 사실을 마주한다. 내 의도는 사랑해서였는데, 서로 상처밖에 안 남는구나. 이러한 자각이 죄책감을 만들기보다 진짜 변화로 이어지는 내적 움직임이 될 수 있다.

5 ♥ 사랑받기보다 먼저 '안정된 나'를 만들고 싶다는 마음이

　깨어날 때: 내면의 방향 전환

　불안형은 보통 예상치 못한 상대의 말 한마디, 어떤 장면 하나를 계기로 조용하지만 강력한 마음을 마주하게 된다. 상대의 반응에 따라 흔들리는 내가 아니라, 온전한 나로 살고 싶다. 이러한 욕구는 상대를 붙잡기 위한 변화가 아니라 진정한 자신의 모습을 찾기 위한 변화의 시작이다.

　불안형의 본질은 비교적 분명하다. 불안을 줄이기 위해 관계를 조절하려는 시도다. 민아처럼 감정을 터뜨리고 매달리는 방식이든, 미주처럼 참고 맞추며 자신을 숨기는 방식이든 표현 방식은 다르다. 하지만 그 안에 있는 목적은 같다. 관계를 잃지 않기 위해 불안을 어떻게든 붙잡아 두려는 마음이다. 그래서 불안형의 변화는 관계가 흔들리는 사건에서 바로 시작되지 않는다. 자신이 반복해 온 행동들이 진정 나를 안전하게 해주었는지를 알아차리는 순간, 변화가 시작된다.

이 지점에서 중요한 것은 빨리 바뀌어야 한다는 생각에 성급하게 행동할 필요가 없다는 점이다. 오히려 자기 자신을 옭아매는 통제가 될 수 있다. 불안을 없애려 애쓰기보다 불안을 만들어 온 나의 방식을 바라보는 시선이 먼저 필요하다. 행동보다 관점이 먼저 이동해야 하는 것이다.

그때 불안형은 처음으로 상대를 붙잡으려는 몸부림이 아니라, 나를 지키고 싶은 마음을 알아차린다. 상대의 반응을 조절하려 하던 시선이 내 감정과 욕구로 돌아온다. 바로 이 시선의 전환이 불안형의 회복에 가장 중요한 출발점이다.

공포회피형이
멈추는 순간

마음과 언어의 모순을 깨달았을 때

공포회피형의 변화는 대부분 눈에 띄지 않는 순간에서 시작된다. 요란한 감정의 폭발 뒤에 오는 것이 아니라, 불안과 회피가 엉킨 채 자동으로 반복되던 회피 반응이 잠깐 멈추는 순간에 모습을 드러낸다. 겉으로는 아무 일 없는 듯 보이지만, 마음 안에서는 가까워지고 싶은 욕구와 도망치고 싶은 두려움이 동시에 올라와 균형을 잃는다. 대부분은 두려움이 더 앞서 마음이 다시 흔들리지만, 아주 드물게 두 마음이 맞서다 잠깐 멈춰 서는 틈이 생긴다. 바로 그 틈에서 평소에는 잘 보이지 않던 본심이 고개를 든다. 이 관계를 잃고 싶지 않다. 사실이 관계를 지키고 싶다.

이 마음은 두려움이 사라져서 생기는 것이 아니다. 두려움은 그대로 있지만, 자동적으로 작동하던 반응이 잠시 멈추며 그 아래에 있던 욕구가 드러난 것이다. 겉으로는 미세하지만 이 멈춤은 내면에서 분명한 전환점이 된다. 가까워질 때마다 관계를 밀어내던 오래된 패턴이 처음으로 아주 조금 흔들리는 순간이기 때문이다.

성인 애착 연구에 따르면, 공포회피형은 불안과 회피가 함께 작동하기 때문에 친밀감을 원하면서도 동시에 두려워한다고 설명한다. 그래서 변화는 두려움이 사라질 때가 아니라, 두려움이 있어도 이 관계 안에 조금 더 머물고 싶다는 마음을 가질 때 시작된다. 이 장에서는 이러한 결이 바뀌는 순간들을 따라가 보려고 한다.

하지만 한 가지 분명히 하고 싶은 것은, 공포회피형은 네 가지 애착 유형 중 변화 저항이 가장 강한 유형이라는 점이다. 연구에 따르면 자기 부정, 타인 부정의 신념이 동시에 존재하고, 과활성화 반응과 탈활성화 반응이 번갈아 나타나기 때문에 변화의 계기가 생기더라도 다시 기존의 패턴으로 빠르게 되돌아갈 가능성이 가장 높다. 따라서 이 장은 변화를 약속하는 순간을 설명하는 것이 아니다. 드물지만 실제로 변화의 가능성이 열린 순간들은 어떻게 나타나는지를 살펴보고, 그 작은 틈이 어떻게 더 큰 회복의 방향으로 이어질 수 있는지를 조심스럽게 따라가 보려고 한다.

가장 원하면서, 가장 믿지 못하는 마음

사례 ♥ 내가 제일 원하는 관계를 내가 먼저 깨뜨릴 때

혜주는 늘 말로는 이렇게 이야기했다. "나도 언젠가 안정적인 연애를 해보고 싶어." 마음속에서도 그 바람은 진심이었다. 퇴근길에 손을 잡고 걷고, 주말에 장을 함께 보고, 서로의 가족 이야기를 나누는 관계를 은근히 부러워했다. 하지만 그런 바람과는 다르게, 마음 한쪽에서는 오래전부터 머물러 있던 느낌이 있었다. **나는 끝까지 사랑받기 어려운 사람인 것 같다.** 이 감정은 선명한 문장으로 떠오르진 않았지만 조용히 마음 깊은 곳에 자리하고 있었다.

민수를 만난 건 그런 바람을 품고 있던 시기였다. 민수는 관계에 성실했고 연락이 갑자기 끊기는 일도 없었으며, 힘든 일이 생기면 혜주의 이야기를 끝까지 들어주는 사람이었다. 의견이 달라도 목소리를 높이지 않았고 혜주를 함부로 대하는 법도 없었다. 혜주는 이런 안정적인 사람을 처음 경험했다. 그래서 처음 몇 달 동안 정말 편안함을 느꼈다. **이제야 안정적인 연애를 하고 있구나.** 이렇게 느낄 만큼 마음의 긴장이 잠시 풀렸다.

하지만 그 편안함이 길어질수록 마음속에서는 작은 불안이 조금씩 자리를 잡기 시작했다. 처음에는 잠깐 스쳐가는 정도였다. 민수가 잠시 답이 늦거나 약속 날짜나 시간, 그 여부를 다시 확인하기만 해도 왜지? 하는 가벼운 의문이 떠올랐다. 혜주는 스스로 이렇게 넘기려 했다. **이런 감정은 누구에게나 올 수 있어.** 그렇게 생각하는 편이 이 관계를 계속 유지하는 데 더 안전하다고 느꼈기 때문이다. 하지만 그렇게 흘려보낸 마음은 조금씩 쌓이며 부담으로 남아 있었다.

그러던 어느 날, 민수가 웃으며 던진 말 하나가 마음에 걸렸다. "근데 너, 가끔 너무 혼자 있으려고만 하는 거 같아." 사실 비난도 공격도 아니었지만, 그 말은 혜주의 마음을 날카롭게 건드렸다. 아…. **벌써 나를 부담스러워하나?** 이 생각은 갑자기 생긴 것이 아니라, 그동안 쌓여 있던 불안이 하나로 엮이면서 떠오르는 해석에 가까웠다. 그날 이후 혜주는 사소한 변화에도 예민해졌다. 답장이 늦어지면 혹시 마음이 멀어진 건 아닐까? 하는 생각이 먼저 올라왔고, 대화 중 민수의 시선이 잠시 흐트러지기만 해도 이제 끝이 가까워진 걸까? 하는 예감이 스쳤다. 그러면서도 겉으로는 아무렇지 않은 척, 오히려 더 담담하게 행동했다. 티 내지 말자. 기대하지 말자.

그러다 문득 새벽에, 혜주의 불안은 민수의 마음을 확인하고 싶은 충동으로 옮겨갔다. 혜주는 망설이다가 민수에게 전화를 걸었고, 민수는 갑작스레 깬 듯한 낮고 느린 목소리로 무슨 일이냐고 물었다. 혜주는 그날따라 몸이 아팠지만 민수에게는 실제보다 더 힘들게 아픈 것처럼 설명했다. 마치 지금 당장 민수가 와줘야 할 것처럼 다급하게. 이러한 마음은 위로받기 위해서라기보다, 혹시 모를 상처에 대비해 상대의 마음을 가늠해 보려는 쪽에 더 가까웠다. 정말 나를 생각한다면 지금이라도 와주지 않을까? 민수는 침착하게 걱정하며 상황을 물었다. "얼마나 아픈데? 약은 챙겨 먹었어?" 민수의 반응에도 혜주는 마음이 쉽게 가라앉지 않았다.

잠시 숨을 고른 뒤 혜주는 조심스럽게 말을 꺼냈다. "지금이라도 잠깐만 와줄 수는 없어?" 그 말에는 부탁과 기대, 그리고 들키고 싶지 않은 두려움이 함께 섞여 있었다. 민수는 바로 대답하지 못했다. 상황을 이해하려 애쓰는 목소리로 몇 가지를 더 물었고 잠시 침묵이 흘렀다. 이미 이 순간부터 혜주의 불안감은 온몸을 가득 채울 만큼 커져버렸다.

그 짧은 침묵 속에, 민수의 마음도 복잡해지고 있었다. 새벽 시간이라 대중교통은 끊긴 상태였고 민수에게는 자가용도 없었다. 혜주가 있는 곳까지 가려면 택시를 타야 했는데, 아무리 빨라도 한 시간은 걸리는 거리였다. 다음 날은 평소처럼 출근해야 하는 날이기도 했다. 그렇다고 민수가 혜주를 걱정하지 않는 것은 아니었다. 오히려 그래서 더 쉽게 결정을 내리지 못했다. 지금 당장 달려가고 싶은 마음과 현실적으로 감당해야 할 조건들이 동시에 머릿속에서 충돌하고 있었다.

망설임 끝에 결국 민수는 미안하다는 말을 먼저 꺼냈다. 지금 당장은 여러 사정 때문에 바로 가기 어렵지만, 전화는 끊지 말고 같이 버텨보자고 말했다. 가능한 한 걱정을 덜어주려 애쓰는 말투였다. 혜주에 대한 마음이 없어서가 아니라 상황을 조금 더 신중하게 판단하려는 태도였다. 하지만 그 신중함 자체가 혜주의 귀에는 변경처럼 느껴졌다. 혜주는 결국 참지 못하고 감정을 쏟아내야 했다. "뭐라고? 내가 아프다고 했는데도 못 오겠다는 거야, 지금? 내가 뭐 어려운 걸 해달라고 한 것도 아니잖아. 그냥 와달라고 한 건데. 그것도 못 하겠다는 거야? 택시를 타고서라도, 한 시간이든 두 시간이든 와야 하는 거 아니야?" 말을 이어갈수록 혜주의 불안은 순식간에 분노와 억울함으로 뒤바꼈다. "이 정도도 못 해주면 그게 사랑이야? 이럴 거면 나 왜 만나는 건데?" 이러한 감정 표현은 민수를 공격하기 위한 계산된 말이 아니었다. 이미 마음속에서 커질 대로 커진 불안을 어떻게든 밖으로 밀어내려는 폭발에 가까운 반응이었다. 민수가 했던 걱정 어린 표현도 혜주에게는 '망설였다는 느낌'으로만 남았다.

그 순간 혜주의 마음은 빠르게 다른 결론으로 기울었다. 그럼 그렇지. 결국 이 정도까진 아니구나. 역시 나한테 진심인 사람은 없어. 이 생각은 이번 관계만의 문제가 아니라 이전에도 반복되어 왔던 감정의 연장선이었다. 그러다 보니, 그동안 혜주를 불안하게 만들었던 민수의 말과 행동들이 전부다 '곧 떠날 신호'로 느껴지기 시작했다. 다정했던 순간조차 사라지기 직전의 조짐처럼 보였다.

결국 혜주는 이별을 먼저 꺼냈다. 민수는 갑작스러운 통보에 잠시 말을 잇지 못했고, 그게 무슨 뜻이냐며 조심스럽게 되물었다. "혜주야. 무슨 말이야? 지금 감정이 너무 격해진 것 같은데, 지금 전화 끊지 말고 얼굴 보고 얘기하자." 민수는 어떻게든 설득하려 했지만 혜주는 이미 마음을 닫은 상태였다.

"아니. 우린 여기까지인 것 같아. 더 얘기해도 달라질 건 없어." 혜주는 감정을 누른 채 더는 여지를 주지 않겠다는 듯 차갑고 단호하게 말했다. 하지만 민수도 물러설 생각이 없었다. 한편 이날도 한밤중이었고, 민수는 통화 중에 이미 택시를 타고 혜주의 집 쪽으로 이동하고 있었다.

"그런데 혜주야, 너 정말 나랑 헤어지고 싶은 게 맞아?" 민수의 목소리는 어느 때보다 분명했다. 그리고 혜주의 마음에 오래 남았던 것은 그다음 민수의 말부터였다. "정말 나 때문에 헤어지고 싶은 거야? 아니면 내가 아니라 누구라도, 이렇게 가까워지면 계속 불안해지고 무서우니까 도망치고 싶은 거야? 스스로 한 번 생각해 봐. 진짜 나 때문인지. 또 버림받는다고 느껴지는 게 싫어서 그런 건지."

혜주는 민수의 말이 하나도 틀린 것이 없어 충격을 받았다. 사실 그랬다. 문득 지난날 동안 민수가 어떻게 자신에게 해왔는지 생각이 났다. 그러는 동시에 혜주는 이전에 연애했던 기억들도 함께 떠올랐다. 모든 사람이 처음에는 다정하다가 혜주의 불안정한 모습에 표정이 굳고, "제발 좀 그만하라고.", "정말 지친다.", "너랑은 도저히 못 만나겠으니까, 헤어지자."라는 말로 관계를 끝냈던 사람들. 하나같이 혜주의 불안을 감당하지 못했고, 마지막에는 날 선 말로 등을 돌렸다. 상대가 누구든 그 과정은 비슷했다. 불안해질수록 매달리고, 확인하려다 밀어내고, 결국 상대가 먼저 폭발하거나 떠나는 악순환이었다.

그런데 민수는 달랐다. 이미 관계가 끝날 수도 있는 순간이었고, 굳이 더 애쓰지 않아도 되는 상황이었음에도 민수는 쉽게 도망치지 않았다. 붙잡으려 애쓰지도 않았지만 무너진 감정 앞에 책임을 내려놓지도 않았다. 떠나지 않겠다고 말하지는 않았지만, 이 감정의 무게를 혜주 혼자 감당하게 두지 않으려는 태도는 분명했다.

"나 이제 너희 집 앞이야. 괜찮다면 잠깐만 얼굴 보고 얘기할까?" 민수의 목소리는 어느 때보다도 분명하게 느껴졌다. 잠시 뒤, 혜주는 집 앞에 서 있는 민수를 만났다. 많은 말을 주고받지는 않았지만 서로를 피하지 않고 서 있다는 것만으로도 이전과는 분위기가 달랐다. 그 순간, 혜주는 자신이 진짜로 원했던 것이 이별이 아니었음을 깨달았다. 민수를 떠나고 싶어서가 아니라, 또다시 버림받기 전에 스스로 관계를 끊어내고 싶었던 마음이 자신을 움직여 왔다는 사실을 처음으로 알아차린 것이었다. 그 사실을 부정하고 싶었지만 더 이상 외면

할 수는 없었다. 관계가 무너지는 장면을 기다리느니 차라리 스스로 끊어내는 편이 덜 아플 것이라 믿어왔기 때문이다.

그제야 혜주의 마음속에서 하나의 인식이 분명해졌다. 관계가 위태롭다고 느낄 때마다 늘 내가 먼저 끊어내고 있었구나. 상대를 믿지 못했고, 동시에 나 스스로도 믿지 못하고 있었구나. 이 깨달음은 자책이 아니었다. 처음으로 불안이 끝까지 폭주하지 않고, 스스로 가라앉는 경험에 가까웠다. 누군가가 관계를 포기하지 않은 채 곁에 머물러 있을 때, 공포회피형의 마음도 잠시 긴장을 풀 수 있다는 사실을 몸으로 느낀 순간이었다.

이 깨달음이 곧바로 행동을 바꾸지는 않는다. 다만 늘 같은 방향으로 흘러가던 마음이 이 순간에는 분명한 이유 앞에서 잠시 멈추었다. 그동안 혜주는 두려움이 올라올 때마다 관계에서 먼저 끊어내는 쪽을 선택해 왔다. 상처받기 전에 끝내는 편이 더 안전하다고 믿었기 때문이었다. 그런데 이번에는 달랐다. 지금 느끼는 혼란은 이 관계가 잘못돼서가 아니라, 가까워질수록 되살아나는 오래된 두려움에서 비롯된다는 사실을 알아차린 것이다. 바로 이 자각이 공포회피형이 관계 앞에서 반복적으로 먼저 등을 돌려왔던 이유를 또렷하게 보여주고 있다.

안전이 가까워질수록 더 무서워지는 마음

아이러니하게도 공포회피형은 관계가 불안정할 때보다 오히려 안전해 보일 때 더 크게 흔들린다. 상대가 일관되게 다정하고 관계가 이어질수록 마음은 편안해지기보다 긴장하게 된다. 이 관계가 진짜일지도 모른다는 기대가 커질수록 동시에 그 기대가 무너질 가능성도 함께 떠오르기 때문이다.

성인 애착 연구에 따르면, 공포회피형은 위협 신호를 느끼는 순간 마음의 방향이 빠르게 바뀌는 경향을 보인다. 가까이 다가가고 싶은 마음이 먼저 움직였다가도, 곧 상처받을 가능성이 떠오르며 거리를 두는 쪽으로 기울기 쉽다. 그래서 관계는 깊어지는데 마음은 오히려 안정되지 않고 혼란스러워지는 것이다. 이때 공포회피형은 대체로 비슷한 선택을 반복한다.

- 상처받기 전에 먼저 상대를 밀어낸다.
- 버림받기 전에 내가 먼저 떠난다.
- 진짜 마음을 드러내기 전에 관계를 시험한다.

이 반응들은 겉으로 보면 '나를 지키는 선택'처럼 보이지만, 실제로는 가장 원하는 관계를 스스로 무너뜨리는 방향으로 이어지기 쉽다. 이런 패턴이 반복될수록 마음속에서는 하나의 신념이 점점 더 단단해진다. **나는 어차피 버려질 사람이다.**

이 신념은 어느 날 갑자기 만들어진 생각이 아니다. 관계가 흔들릴 때마다, 가까워질수록 불안해질 때마다 조용히 단단해져 온 마음의 결론에 가깝다. 그래서 공포회피형은 관계에서 문제가 생기기 전에 먼저 거리를 두고, 상처받기 전에 스스로 끊어내는 쪽을 선택해 왔다. 그 선택이 반복될수록 이 신념은 '의심'이 아니라 '사실처럼 느껴지는 전제'가 된다.

그런데 공포회피형이 마음의 방향을 상대나 상황에 두지 않고 자기 자신을 향하게 될 때 중요한 전환이 일어난다. 관계 안에서 '나는 어차피 버려질 사람이다'라는 자신의 신념과 마주하는 순간, 마음은 처음으로 사실처럼 받아들이지 않고 한 걸음 물러서게 된다. 그래서 이것이 지금 관계를 정확히 설명하는 말이 맞는지, 아니면 오래된 상처가 반복해 온 익숙한 해석인지 스스로에게 묻는다. 이렇게 질문이 생기기 시작하면 그 신념을 곧바로 따르지 않게 되고 잠시 멈춰 설 여지가 생길 수 있다.

다만 이 질문 하나가 곧바로 신념을 바꾸지는 못한다. 하지만 이러한 알아차림과 성찰을 거치면서 신념은 더 이상 자동으로 행동을 결정하고 명령하지 못한다. 대신 다시 살펴볼 수 있는 하나의 가설로 남게 된다. 바로 그 지점에서 공포회피형의 변화는 시작된다. 두려움이 사라져서가 아니라, 두려움이 있어도 관계 안에 조금 더 머물러 보려는 용기가 생기기 때문이다.

여전히 두렵지만, 관계 안에 머물게 되는 순간

공포회피형의 변화는 한 번에 크게 결심해서 이루어지지 않는다. 연구와 임상 현장에서는 공포회피형이 불안과 회피의 특성이 함께 높게 나타나는 경우가 많아, 위협 신호 앞에서 마음의 방향이 상황에 따라 빠르게 흔들릴 수 있다고 본다. 이처럼 변화도 한 번의 결심으로 되기보다, 자각의 순간과 선택이 반복되면서 조금씩 변화가 쌓여가는 경우가 많다. 그래서 우리는 변화를 단계로 나누기보다, 마음이 자동으로 반응하던 것에서 잠시 벗어나 다른 선택을 하게 되는 세 가지 계기를 정리해 보았다. 이 계기들은 임상에서 자주 관찰되는 전환 지점과 이어지며, 각 지점마다 그 미세한 변화를 놓치지 않도록 돕는 작은 실천을 덧붙였다.

1 ♥ 이별 후 더 아프고, '관계를 끊어내야 할 만큼 위험했던 걸까?'
하는 마음이 들 때: 스스로 자신을 버렸음을 알아차린 순간

상대에게서 버려질까 봐 먼저 헤어지자고 말했는데, 시간이 지날수록 가장 아픈 사람이 상대가 아니라 자기 자신일 때가 있다. 내가 먼저 끝내자고 했는데 왜 내가 더 힘들지? 이 질문이 마음속에서 올라오는 순간이 있을지 모른다. 그렇다고 곧바로 마음의 변화가 일어나거나, 이런 질문이 마음에 오래 머무는 경우 또한 많지 않다. 대부분의 공포회피형은 다시 익숙한 회피로 돌아가고 만다. 하지만 드물게, 이런 질문이 완전히 마음속에서 사라지지 않은 채 마음 한편에 남아 이후의 경험들과 겹쳐질 때가 있다. 관계를 끊고 난 뒤의 허탈함, 혼자 남았을 때의 공허함, 다시 돌아가고 싶다는 충동이 맞물리면서 하나의 방향을 만들기도 한다. 이때 비로소 공포회피형은 한 가지 사실을 또렷하게 마주하게 된다. 상대가 나를 버린 것이 아니라, 내가 나를 먼저 버려왔구나.

> **이 순간 바로 해볼 수 있는 작은 실천** · · · · · · · · · · · · · ·
>
> 도망치고 싶을 때, 바로 행동으로 옮기지 말고 잠깐 멈춰본다. 굳이 오래 버티려 애쓰지 말고 그저 10초만 숨을 고르듯 시간을 둔다. 지금 내가 너무 불안해서 도망치고 싶구나. 지금 바로 뭔가를 하려고 하지 말고 잠깐만 이 상태로 있어보자!

이 짧은 멈춤은 불안을 없애기 위한 기술이 아니다. 자동으로 튀어나오던 회피 반응을 억지로 누르려는 시도도 아니다. 행동으로 옮기기 전 이 짧은 여유가 생기면, 자동으로 반응하려는 마음과 스스로 선택하려는 마음 사이에 구분이 생기게 된다. 이렇게 짧게 멈춰보는 것만으로도 두려움이 나를 끌고 가는 것을 잠시 멈추게 하고, 조금 더 우리가 원하는 방향으로 움직일 수 있는 여지가 만들어질 수 있다.

2 ♥ '나는 어차피 버려질 사람이다'라는 오래된 신념과 마주할 때: 자신의 잘못된 신념이 드러나는 순간

갈등이 생기거나 이별을 떠올리게 되는 순간, 늘 마음에서는 같은 말로 반응해 왔다. **어차피 나는 끝까지 사랑받지 못한다. 결국 다 떠나고 말 거다.**

이런 말들은 순간의 기분이 아니다. 관계 속에서 반복되며 마음 깊이 자리 잡은 오랜 신념이고, 그 신념과 함께 자동으로 떠오르는 생각들이다. 이 신념은 오랜 시간, 아무도 모르게 우리 자신을 움직여 왔다. 이렇게 자동으로 떠오르는 생각들을 밀어내려 애쓰기보다, 지금 이 순간을 그대로 바라볼 때 변화의 가능성이 열린다. 그러면 이전과는 다른 감각이 아주 조심스럽게 따라올지 모른다. 아직 무엇을 선택하겠다는 마음은 아니다. 다만, 이 생각을 곧바로 밀어내지 않고 잠시 더 바라보고 있다는 느낌에 가깝다. 그 상태가 조금 이어지면 마음은 자동으로 결론을 내리려 하지 않고 잠시 머문다. 떠나야 한다거나, 지금 당장 정리해야 한다는 생각이 곧바로 앞서지 않는다는 것이다. 대신 이 관계 안에 그대로 남아 있어도 되는지, 스스로에게 조심스럽게 묻게 된다.

무언가가 해결된 것은 아니다. 다만 늘 가장 먼저 움직이던 반응이 늦춰지면서 이전과는 다른 선택을 떠올릴 수 있는 여지가 생긴다. 공포회피형의 회복은 이렇게 결론을 서두르지 않는 순간에 아주 천천히 시작된다.

이 순간 바로 해볼 수 있는 작은 실천

이때는 오래된 신념과 함께 올라오는 생각들을 사실이라고 단정 짓지 말고 스스로 조심스럽게 되묻는 태도가 도움이 된다. 정말 사실일까? 아니면 과거의 경험과 상처가 만든 해석일까? 이렇게 스스로에게 질문해 보는 것이다.

또 상대를 시험하고 싶은 마음이 올라올 때는 그 아래 숨은 진짜 바람을 솔직한 한 문장으로 바꿔보자. 예를 들어, 상대에게 "나 지금 많이 무서워. 여기 조금만 같이 있어줄래?"처럼 자신의 마음을 직접 표현해 보는 것이다.

연구에 따르면 이런 직접적인 정서 표현은 상대의 반응을 떠보기 위한 말이나 관계를 시험하는 방식이기보다, 불안을 좀 더 안정시키는 데 도움이 된다. 중요한 점은 이 표현이 상대를 움직이기 위한 요구가 아니라, 지금 느끼는 상태를 숨기지 않고 관계 안에 그대로 드러내려는 선택이라는 점이다. 그래서 불안을 곧바로 없애지 못하더라도, 불안이 관계를 무너뜨리는 방향으로 흘러가지 않도록 붙잡아 주는 역할을 한다.

이 두 가지 순간은 공포회피형이 변화의 문 앞에서 반복적으로 마주하는 핵심 흐름이 된다. 하지만 이 경험들이 곧바로 변화를 보장하지는 않는다. 다만 몸과 마음이 늘 하던 방향으로 급하게 움직이기 전에, 선택할 수 있는 아주 작은 틈을 만드는 것이다. 그 틈이 생기면 '떠나야만 안전하다'는 오래된 결론 말고도 다른 가능성이 보일 수 있다. 공포회피형의 변화는 바로 이런 사소한 것에서 출발하는 경우가 많다.

두려움이 사라져야만 사랑할 수 있는 건 아니다

공포회피형의 회복은 두려움을 없애는 일이 아니다. 두려움은 여전히 옆에 머물러 있을 것이다. 다만 그 두려움이 나를 끌고 다니는 것이 아니라, 내가 의식하며 함께 안고 가는 방향으로 뒤바꿀 수 있다.

애착 이론에 따르면, 우리는 새로운 안전기지를 경험할 때마다 과거의 상처를 조금씩 다시 써 내려갈 수 있다. 공포회피형에게 안전기지는 특별한 누군가일 수도 있고, 스스로를 조금 더 정직하게 바라보는 지금 이 순간일 수도 있다. 중요한 것은 '두려움이 다 사라진 뒤에야 사랑할 수 있다'고 믿지 않는 것이다. 오히려 이렇게 말해볼 수 있다.

"나는 여전히 무섭다. 그래도 이번에는 도망치지 않고 내 마음이 조금 더 이 관계에 머물도록 해보자.", "언젠가 떠날지도 모른다는 두려움이 여전히 내 안에 있지만, 그 두려움 때문에 지금의 관계마저 놓치고 싶지는 않아." 그리고 스스로에게 질문을 던져보자. **나는 그동안 사랑을 지키려고 도망쳐 왔던 건 아닐까? 버려지지 않으려고 미리 내가 관계를 깨뜨리진 않았을까?**

이 질문 앞에 정직해지는 순간 두려움은 더 이상 나를 공격하는 괴물이 아니라, 내가 오래 품어온 상처의 언어가 된다. 그리고 비로소 관계도 두 사람이 서로를 시험하는 자리가 아니라, 함께 만들어 가는 공간으로 조금씩 바뀌기 시작할 것이다.

변화는
서둘러 완성되지 않는다.

사랑을 배우는 과정에서
나를 회복해 가는 것이다.

내가 나의
안전기지가 되어줄 때,

애착의 회복은 비로소
삶 속에서 지속될 수 있다.

PART 5

회복
더는 무너지지 않기로 했다

우리는
각자의 방식으로 불안했고
다르게 외로웠다

내가 나의 안전기지가 될 때,
사랑은 더 이상 나를 무너뜨리지 못한다

사랑이 반복해서 나를 흔들어 왔다면 이제 질문을 조금 바꿔야 할 때다. 왜 이런 사람을 만났을까가 아니라, 왜 나는 이 방식으로 반응해 왔을까를 묻는 일이다. 애착은 관계 속에서 만들어졌지만 그 애착을 다루는 힘은 결국 내 안에서 자란다. 이 파트는 더 이상 관계의 바깥을 서성이지 않고 마음의 중심을 안쪽으로 옮기는 과정에 관한 이야기다.

여기서 말하는 변화는 감정을 없애는 일이 아니다. 불안을 느끼지 않는 사람이 되는 것도, 두려움을 극복해 완전히 단단해지는 것도 목표가 아니다. 흔들리더라도 무너지지 않고 다시 돌아올 수 있는 자리를 마음 안에 마련하는 일, 다시 말해 내가 나의 안전기지가 되는 과정이 이 장의 핵심이다. 이제부터 우리는 사랑이 나를 지켜주기를 기다리는 대신, 내가 나를 지켜낼 수 있는 사람으로 살아가는 길을 천천히 살펴보려 한다.

나는 나에게
안전한 사람인가

애착 회복의 기준점, 내면의 안전기지

사랑 앞에서 흔들리는 마음은 이상한 것이 아니다. 누군가에게 마음을 내어줄 때 애착 체계는 자연스럽게 활성화되고 관계의 미세한 변화에도 민감하게 반응한다. 이 장은 그 흔들림을 '없애는 법'을 말하려는 것이 아니다. 대신, 흔들리더라도 다시 중심을 찾을 수 있는 '마음의 바탕'을 어떻게 단단하게 만들어 갈 수 있는지 함께 살펴보려 한다.

애착 체계는 원래 애착 대상에게서 얻는 정서적 안전감에 반응하도록 형성되어 있다. 그래서 마음이 흔들린다는 사실은 내 안에 뭔가 잘못됐다는 뜻이라기보다 지금 나에게 더 많은 안전감이 필요하다는 신호에 가깝다. 그렇다면 평소 우리는 정서적 안전감을 어디서 얻고 있을까?

많은 경우 우리는 익숙하게 그 답을 상대에게서만 찾으려 한다. 상대의 반응, 태도, 말 한 마디에 따라 마음이 오르내린다. 하지만 이런 방식은 관계가 위태로울 때마다 우리 자신 역시 함께 흔들리게 만든다. 상대가 잠시 멀어지면 마음이 계속 가라앉고, 상대가 흔들리면 우리의 중심도 같이 무너진다. 여기서 중요한 점은, 안전을 전부 상대에게 맡긴 채로는 끝내 안전해질 수 없다는 사실이다. 그래서 우리는 방향을 완전히 바꿔야 한다. 정서적 안전감을 타인에게서만 얻으려는 익숙한 생각을 잠시 멈춰야 가능하다. 더 이상 누군가가 나를 지켜주기를 기다리기보다 내가 나에게 안전한 사람인지를 먼저 물어봐야 하는 것이다.

내면의 안전기지란, 감정을 통제하는 기술이나 마음이 단단해지기 위한 훈련을 뜻하지 않는다. 그것은 관계가 흔들릴 때마다 다시 나로 되돌아올 수 있는 마음의 자리, 다시 말해 아무리 불안해도 스스로를 버리지 않고 관계 안에 머물 수 있는 기준점에 가깝다. 타인이 곁에 있지 않아도, 사랑이 불안정해져도, 마음이 무너져 내리기보다 다시 중심을 찾을 수 있는 마음의 자리와 같다. 결국 변화가 지속되기 위해 필요한 것은 새로운 관계가 아니라, 내가 나에게 안전기지가 되어주는 힘이라는 사실이 이 지점에서 또렷해진다.

변화의 완성은 왜 '타인'이 아니라 '나'인가

많은 사람은 관계가 흔들릴 때마다 안전을 바깥에서 찾으려 한다. 상대가 어떻게 반응하는지, 어떤 말을 해주는지에 따라 마음의 안정이 좌우된다. 하지만 애착 연구에 따르면, 타인을 유일한 안전기지로 둘수록 관계의 작은 변화에도 애착 체계가 더 예민하게 반응한다. 상대가 흔들리는 순간, 나 역시 함께 무너질 수밖에 없기 때문이다. 그래서 회복의 핵심은 새로운 사람을 찾는 데 있지 않고, 안전의 중심을 서서히 나 자신에게로 옮기는 데 있다. 이것은 타인을 밀어내는 일이 아니라 관계가 흔들려도 내가 나를 잃지 않도록 지탱하는 축을 세우는 일이다.

♥ 문제가 아닌 변화의 신호로

마음이 흔들릴 때 우리는 종종 자신을 문제 삼는다. **왜 이렇게 예민할까? 왜 자꾸 불안한 걸까?** 하지만 마음이 흔들리는 것은 상대의 잘못이나 나의 성격 문제가 아니라, 애착 체계가 위협을 감지했을 때 보내는 신호다. 지금 이 순간 더 많은 안전이 필요하다는 알림에 가까운 것이다. 이 신호를 없애려 할수록 감정은 오히려 더 커지고 마음은 더 많이 흔들린다. 아이러니하게도, 마음이 불안해한다는 것을 알아차리고 잠시 마음에 머무르도록 허락할 때 감정은 자연스럽게 가라앉을 여지를 얻는다. 이 관점의 전환이 이후의 장에서 다룰 모든 실천의 출발점이 된다. 이를 위해 필요한 마음가짐과 실천 방향은 네 가지로 정리할 수 있다. 감정을 밀어내지 않고 받아들이는 태도, 감정과 생각을 구분해서 바라보는 인식, 감정과 나를 동일시하지 않는 거리두기, 그리고 일상 속에서 마음을 다시 안정시키는 작은 루틴이다.

이 네 가지는 여기서 모두 완성하려는 목표가 아니다. 다만 우리가 어떤 방향으로 나아갈지를 보여주는 기준점이 될 것이다.

번외 •

관계에서 방향을 잃지 않기 위한 세 가지 기준

이 장에서 말하는 '내면의 안전기지'는 관계를 떠나 혼자 버티라는 뜻이 아니다. 관계 안에서 반복되던 반응을 조금 다른 자리에서 바라보게 하는 기준점에 가깝다. 아래 내용은 〈Part 5〉를 조금 더 넓게 이해하도록 돕는 참고 기준이다. 하나하나 실천해야 할 규칙이라기보다, 이런 태도가 관계 안에서 왜 중요한지를 짚어주는 방향표에 가깝다. 마음이 흔들릴 때 떠올릴 수 있다면, 관계 안에서도 쉽게 방향을 잃지 않을 수 있다. 나는 얼마나 이러한 태도를 갖고 있는지 생각해 보자.

1 · 감정을 숨기지 않고 드러내는 태도

솔직함은 감정을 그대로 쏟아내는 일이 아니다. 지금 내 안에서 무엇이 올라오는지 알아차린 뒤, 관계 안에 조심스럽게 놓아두는 일에 가깝다. 불안하거나 서운할 때 상대를 몰아붙이기보다 "지금 내가 조금 불안한 것 같아.", "네가 그렇게 말하니까 내가 서운하게 느끼는가 봐." 라고 말할 수 있으면, 관계를 깨뜨리지 않으면서도 나를 숨기지 않게 된다. 그것은 "넌 왜 그런 식으로 말하는 거야?"라고 상대를 평가하는 말과는 다르다. 상대의 어떤 말이나 행동에 내가 어떻게 반응하고 있는지를 중심으로 이야기하는 것이다.

2 · 갈등을 실패가 아니라 신호로 바라보는 태도

애착 이론에 따르면 갈등은 관계가 잘못되었다는 증거라기보다 안전해지고 싶은 서로의 욕구가 어긋났다는 신호에 가깝다. 이 관점은 갈등을 피해야 할 사건으로 만들기보다 관계를 다시 조정할 수 있는 기회로 바꿔준다.

3 · 안정형을 흉내 내기보다 기준으로 삼는 태도

안정형을 따라 한다는 것은 말투나 행동을 복사하는 일이 아니다. 감정이 올라와도 곧바로 관계 자체가 위험하다고 단정 짓지 않는 기준을 마음에 두는 일이다. 이 기준은 지금의 감정이 관계의 전부를 말해주지는 않는다는 전제에 가깝다. 순간의 불안이나 서운함을 곧바로 위협 신호로 해석하지 않고, 잠시 멈춰 서서 확인해 볼 수 있는 여유를 스스로에게 허락하는 태도다. 여유와 기준이 생기면 서두르거나 확인하고 단절하는 대신 대화를 먼저 하려는 마음이 조금씩 커진다.

이 세 가지는 이후 장에서 다룰 감정 수용, 자기 인식, 관찰자의 시선을 실천하는 데 있어 중요한 전제가 된다. 변화의 핵심은 여전히 내가 나에게 안전한 사람이 되는 데 있고, 관계는 그 변화를 적용하고 연습하는 자리가 된다.

마음이 흔들려도
무너지지 않으려면

감정과 생각에서 빠져나오는 법

관계가 흔들릴 때 마음은 가장 먼저 반응한다. 아직 아무 일도 일어나지 않았는데 가슴이 조여오고 생각이 앞서 달린다. 이때 우리는 흔히 마음을 진정시키려 애쓰거나 반대로 아무 일 없다는 듯 덮어두려 한다. 하지만 회복은 감정을 없애는 데서 시작되지 않는다. 흔들리는 마음을 다루는 방법을 다시 배우는 데서 시작된다.

마음이 요동칠 때 애착 체계는 '지금 안전한가?'를 가장 먼저 묻는다. 이 질문에 확신을 얻지 못하면 마음은 불안과 긴장을 키우며 과활성화되거나, 감정을 눌러 버티는 쪽으로 탈활성화된다. 그래서 마음이 흔들릴 때마다 우리는 자연스럽게 바깥을 먼저 바라보게 된다. 상대의 반응을 바꾸려 애쓰고, 갈등을 하나씩 바로잡다 보면 이 불편함도 함께 사라질 것이라 기대한다. 하지만 마음이 반복해서 같은 지점에서 흔들린다면 이제 시선을 조금 안쪽으로 옮겨볼 필요가 있다. 타인이나 상황을 바꾸려 하기보다 내 감정과 생각을 구분하고 다루는 능력이 회복의 핵심이 된다.

이 장에서는 마음이 흔들리는 것을 문제나 결함으로 보지 않고 도움을 요청하는 신호로 바라보는 방법을 다룰 것이다. 감정을 억누르지도, 휩쓸리지도 않고 다룰 수 있을 때 마음은 조금씩 다시 제자리를 찾는다. 이 과정은 단번에 완성되지 않지만, 반복될수록 애착 체계는 '지금은 견딜 수 있다'는 감각을 배우기 시작한다.

이 변화는 관계 안에서도 서서히 모습을 드러낼 것이다. 예전처럼 감정이 올라오는 순간 곧바로 상대의 반응에 매달리기보다, 잠시 멈춰 지금 내 안에서 어떤 일이 일어나고 있는지를 먼저 살필 수 있게 된다. 확인하거나 밀어내야만 마음이 놓이던 순간에도 바로 행동으로 옮기지 않아도 되는 짧은 여백이 생긴다. 그 여백 덕분에 말은 이전보다 조금 늦게 나오고, 선택은 한 박자 더 신중해질 수 있다. 관계는 여전히 흔들릴 수 있지만, 그 흔들림 속에서도 스스로를 놓치지 않고 다시 돌아올 수 있는 마음의 자리를 조금씩 만들어 보자.

💜 ① 감정 수용: 불안을 없애려 하지 않는 연습

감정을 수용하는 일은 변화의 첫걸음이다. 감정을 밀어내려 할수록 마음은 더 흔들리기 때문에 여기서는 감정이 올라올 때 버틸 수 있는 기반을 하나씩 마련해 보려 한다.

사랑이 어렵다는 것은 감정이 많다는 뜻이다. 중요한 관계 안에서는 기쁨, 설렘, 기대만 있는 것이 아니라 두려움, 분노, 질투, 수치심 같은 감정도 함께 피어나기 마련이다. 그런데 우리는 이런 불편한 감정들을 '없애야 할 문제'라고 여기기 쉽다. 그래서 머릿속으로 수십 번씩 이런 질문을 되뇌곤 한다. **어떻게 하면 덜 불안할까? 이 감정, 안 느끼고 싶다. 자꾸 생각나지 않게 할 수는 없을까?**

하지만 심리학 연구는 다른 이야기를 들려준다. 생각과 감정을 억누르려 할수록 그 생각과 감정은 더 자주, 더 강하게 떠오르는 경향이 있다. 마음속에서 어떤 일이 일어나는지 잠시 멈추어 살펴보자.

우리가 불편한 감정을 밀어내려고 애쓸 때, 마음속에서는 그 감정을 '떠올리지 않기 위해 애쓰는 또 다른 생각'이 동시에 자라난다. 그러면 감정은 사라지기는커녕 오히려 더 선명하게 자리게 되는데, 이를 이해하는 데 도움이 되는 대표적인 예시가 미국 하버드대학교 교수였던 사회심리학자 다니엘 웨그너Daniel Wegner의 '흰곰 실험'이다.

웨그너는 인간이 생각을 통제하려 할 때 마음속에서 어떤 일이 벌어지는지를 살펴보는 실험을 진행했다. 실험 참가자들을 두 그룹으로 나눈 뒤, 한 그룹에는 자유롭게 흰곰을 떠올리라고 했고, 다른 그룹에는 흰곰을 떠올리지 말라고 지시했다. 그리고 참가자들은 실험 동안 흰곰이 머릿속에 떠오를 때마다 앞에 놓여 있는 종을 치라고 요청받았다. 결과는 어땠을까? 실험 결과는 매우 역설적이었다. 흰곰을 떠올리지 말라고 지시받은 그룹이 오히려 종을 더 많이 쳤다. 참가자들은 흰곰을 떠올리지 않으려 할수록 오히려 더 자주, 더 생생하게 흰곰을 떠올렸던 것이다. 마음이 '생각하지 말라'는 명령을 따르기 위해 그 대상을 끊임없이 감시하게 되고, 그 과정에서 역설적으로 그 생각을 더 자주 불러오게 된다.

웨그너는 논문을 통해 이런 현상을 '사고 억제의 역설적 효

과Paradoxical Effects Of Thought Suppression'라고 이름 붙였다. 없애
려는 시도가 오히려 더 붙잡는 결과를 만든다는 뜻이다. 이와
마찬가지로, 우리가 감정을 밀어내려 할 때 왜 더 힘들어지는
지를 자연스럽게 보여주는 하나의 상징적인 예다.

애착 이론의 관점에서 보면, 불안형은 불안을 없애고 싶은
조급함 속에서 관계가 여전히 안전하다는 신호를 찾기 위해
계속 확인 행동을 반복한다. 메시지를 여러 번 다시 읽고, 상
대의 말투나 표정을 계속 곱씹고, 답장이 늦는 이유를 혼자서
되짚어 보면서 마음은 점점 더 흔들린다. 스스로 진정되기를
바라지만 확인과 반복은 오히려 감정의 불씨에 바람을 불어
넣는 셈이 된다.

반대로 회피형은 '이 감정을 느끼면 안 된다'는 생각으로,
감정을 의식에서 잘라내듯 밀어내고 아무렇지 않은 척하며
버티려 한다. 눈앞에서는 조용히 넘어가는 것처럼 보이지만,
감정을 밀어낼수록 몸속 깊은 곳에서는 말없이 긴장이 쌓인
다. 이 긴장은 시간이 지날수록 단단하게 굳어, 스스로도 알아
채기 어려운 피로감이나 무력감으로 느껴질 때도 있다.

이 두 가지 방식은 서로 다르게 보이지만 사실은 같은 질문

에서 출발한다. 지금 나는 안전한가? 불안형도 회피형도 이 질문에 스스로 답을 찾지 못할 때 감정을 더 자극하거나 잘라내는 방식으로 반응할 뿐이다.

그렇기 때문에 여기서 중요한 전환이 필요하다. 감정은 물처럼 들어왔다가, 머물렀다가, 조건이 맞으면 흘러나간다. 감정은 없애야 하는 대상이 아니다. 흐르게 도와줘야 하는 에너지와 같다. 우리가 너무 오랫동안 이 흐름을 막아 세우려고 애쓰다 보니, 감정은 더 크게 몰아치고 우리는 그 물길 앞에서 지쳐버린 것뿐이다. 감정은 원래 그렇게 흘러가려는 성질이 있다. 그 시간이 지나면 잔물결처럼 잦아들기도 하고 마음 깊은 곳으로 잠시 스며들기도 한다. 우리가 해야 하는 일은 물길을 틀어막는 것이 아니라 그 흐름이 지나갈 수 있도록 자리를 조금 비켜주는 일이다. 그렇게 마음의 물결이 스스로 잦아드는 경험이 쌓일 때, 우리는 비로소 감정과 싸우지 않고도 다시 숨을 고를 수 있게 된다.

불안을 통제하려 할수록 불안이 커지는 이유

불안을 문제해결식으로 대할 때, 마음속에서는 대략 이런 대화가 오간다.

지금 불안하면 안 돼. 불안해하지 말자.
또 불안한 것 같아. 왜 자꾸 이렇지? 나만 이상한가?
이러다 날 싫어하면 어떡하지? 더 잘해야 해.

이때 애착 체계는 **아, 아직 위협이 끝나지 않았구나.** 하고 판단하고 불안을 더 끌어올린다. 감정을 없애려는 시도 자체가 곧 '지금은 위험한 상태'라는 메시지가 되기 때문이다. 그래서 불안을 밀어낼수록 몸은 더 긴장하고, 마음은 더 예민해진다. 이 지점에서 중요한 것은, 우리가 불안을 없애려는 방식 자체가 마음에 어떤 신호를 보내고 있는지를 알아차리는 일이다. 감정을 느끼지 않으려 애쓰는 순간, 마음은 오히려 그 감정이 얼마나 위험한지 계속 점검하기 시작한다. 그러다 보니 불안은 줄어들기보다 더 자주 떠오르고 더 오래 머무는 것이다.

불안, 슬픔, 수치심 같은 내적 경험을 피하려 할수록 마음은 그 감정을 더 예민하게 감시하게 되고, 그 결과 감정은 오히려 더 자주 찾아오고 더 깊게 자리 잡는다. 처음에는 불안을 잠시 밀어내려던 작은 시도였더라도, 이 회피가 반복되면 애착 체계는 계속해서 '아직 안전하지 않다'는 신호로 받아들이게 된다. 그러면 감정은 사라지지 않고 점점 삶 전체를 더 강하게 흔들게 된다.

감정은 사라지는 것이 아니라 흐르는 것이다

앞서 말했듯이 감정은 완전히 지워지는 것이라기보다는, 몸과 마음을 천천히 통과해 흘러가는 강물에 가깝다. 강물이 굽이치며 흘러가듯 감정도 어느 순간 다가왔다가, 시간이 지나면 조금씩 옅어지며 흘러간다. 우리가 할 일은 그 흐름을 억지로 막아 세우는 것이 아니라, 강물이 지나갈 때까지 흔들리더라도 버틸 수 있는 공간을 마음 안에 만드는 일이다. 하지만 이 자리는 한순간에 만들어지지 않는다. 감정의 물결이 밀려올 때마다 조금씩 숨을 고르고, 마음의 공간을 다시 찾아보려는 시도가 쌓이면서 천천히 넓어진다. 여기서 중요한 문장이 하나 있다.

지금 이 감정, 있어도 괜찮다.

이것은 '이 감정을 느낀다고 해서 내가 잘못된 사람이 아니다', '이 감정이 있어도 나는 숨 쉴 수 있고 내 삶을 계속 살아갈 수 있다'는 태도에 가깝다. 감정을 밀어내지 않고 이렇게 말해줄 때, 마음은 비로소 지금의 나를 그대로 두어도 된다는 여유를 배우게 된다.

성인 애착 연구에 따르면, 안정형은 불안이나 슬픔을 느껴도 그 감정을 적대하거나 두려워하지 않는다. 감정이 올라오면 이를 '나를 공격하는 신호'로 여기기보다, 지금 내 안에서 어떤 필요가 드러나고 있는지를 조용히 살펴보려 한다. 이 태도가 감정의 강도를 자연스럽게 낮추고 더 빠르게 회복하도록 만든다. 안정형의 핵심은 감정이 없는 사람이 아니라 감정이 찾아와도 무너지지 않는 기반을 가진 사람이라는 점이다. 이 기반은 타고난 것이 아니라 감정이 올라올 때마다 자신을 다독이고 다시 숨을 고르는 경험을 반복하면서 만들어진다. 우리가 목표로 삼아야 할 것도 결국 아무렇지 않은 사람이 아니다. '감정을 느끼면서도 스스로를 잃지 않는 사람'이다.

감정을 수용하는 세 가지 연습

감정을 수용하는 과정은 하나의 방식으로 단번에 완성되지 않는다. 흔들리는 마음은 여러 갈래로 반응하기 때문에 이에 대응하는 방식 또한 하나로는 부족하다. 그래서 여기서는 세 가지 접근을 함께 살펴보려 한다. 마음의 언어를 다루는 연습, 몸의 감각을 알아차리는 연습, 그리고 감정 속에서 잠시 머물러 보는 경험이다. 이 세 가지는 서로 다른 방식처럼 보이지만 결국 같은 방향으로 이어지게 된다. 감정을 밀어내지 않고 감정에 휩쓸리지도 않으면서, 그 사이에서 나를 지탱하는 힘을 기르는 일이다.

그래서 세 가지 중 어느 방식으로든 접근할 수 있다면 마음은 이전보다 조금 더 숨 고를 공간을 얻게 될 것이다. 이 작은 노력들이 쌓이면, 감정은 예전처럼 나를 몰아치는 대상이 아니라 내가 한 걸음 떨어져 지켜볼 수 있는 흐름처럼 느껴지기 시작한다.

감정 수용은 단순히 '그냥 느껴라' 하는 추상적 조언이 아니다. 왜 이 연습이 필요한지 먼저 조금 더 깊게 이해해 보자. 감정을 억누르려는 순간 마음은 더 예민해지고, 애착 체계는 '아직 위험하다'는 신호로 받아들인다. 그래서 불안은 더 커지고 감정은 더 복잡해진다. 감정 수용이 중요한 이유는 감정이 흘러갈 수 있는 길을 열어주면 마음의 기반이 다시 제자리로 돌아오는 속도가 훨씬 빨라질 수 있기 때문이다. 이러한 흐름은 애착 연구에서 말하는 정서적 안전감과 정서 조절 연구에서 다루는 수용의 태도가 서로 닿아 있음을 보여준다.

그래서 감정 수용은 느낌이 아니라 몸과 언어를 통해 길러지는 기술이다. 아래의 연습들은 관계에서 불안이 올라올 때, 특히 지금의 나를 다시 지탱해 주는 데 도움이 될 수 있다. 지금부터 소개하는 방법들을 하나씩 천천히 따라가 보자. 오늘 다 해내지 않아도 괜찮다. 중요한 것은 시도해 보고자 하는 마음, 그리고 그 마음을 잠시라도 스스로에게 건네 보려는 노력이다.

1 ♥ 나에게 위로하기: 흔들릴 때 나를 다시 붙잡는 말

먼저, 스스로에게 건네고 싶은 문장을 두세 개 정해두자. 이 문장들은 혼자 있을 때만 떠올리는 말이 아니라 관계 안에서 감정이 치솟는 바로 그 순간, 행동으로 옮기기 전에 나를 잠시 붙잡아 주는 말이 될 수 있다. 마음이 흔들릴 때 우리는 보통 불안을 없애려 서두르거나, 괜찮은 척하며 감정을 밀어내곤 한다. 하지만 여기서 필요한 것은 감정을 억누르게 하는 말이 아니라, 흔들리는 나를 다시 바라보고 잠시 머물 수 있게 해주는 말이다. 이를 통해 우리는 불편한 감정을 느껴도 괜찮다는 사실을 몸으로 확인해 가게 된다. 다시 말해 그 감정 안에 머물러 있어도 예상했던 최악의 일은 일어나지 않으며, 내가 감당할 수 없는 상태로 무너지지 않는다는 것이다.

성인 애착 연구에 따르면, 안정형의 핵심은 감정을 통제하는 능력이 아니라 감정이 올라올 때 스스로에게 말을 건네며 마음을 가라앉히는 자기 위안 능력에 가깝다. 여러 심리학 연구에서도 이러한 자기 위로의 문장이 감정의 강도를 완만하게 낮추고, 감정을 있는 그대로 받아들이는 데 도움을 준다는 점이 반복해서 보고되어 왔다. 다시 말해 이 연습은 단순히 자신을 달래는 말이 아니라, 마음이 흔들릴 때 다시 중심으로 돌아오는 힘을 기르는 과정이다. 짧은 문장 하나가 '지금의 나도 괜찮다'는 감각을 되살리고, 마음이 숨을 고를 수 있는 틈을 만들어 준다. 예를 들어 이런 문장들이다.

- "지금 불안해도 괜찮아. 이 순간도 결국 지나갈 거야."
- "이런 감정이면 뭐 어때? 나는 여전히 사랑받을 수 있는 사람이야."
- "내 마음이 이렇게 힘든 건, 그만큼 이 관계가 나한테 소중하다는 증거야."

이와 같은 문장들을 마음속으로 천천히 말해보자. 꼭 저 문장들이 아니어도 괜찮다. 말을 건네는 대상이 나 자신이 아니라 가장 소중한 사람이라면 어떤 말을 해줄 것인지를 생각해 보면 쉽다. 불안이 올라올 때마다 조급하게 감정을 설득하려 하거나 당장 달라져야 한다는 압박을 느낄 필요는 없다. 중요한 것은 이 문장을 통해 감정을 없애려는 것이 아니라, 감정을 느끼는 나를 혼자 두지 않고 함께 있어주는 일이다. 마음이 흔들릴 때 이러한 말들은 마치 조용히 누군가 내 어깨를 토닥여주는 것처럼, "괜찮아, 지금 여기 있어도 돼."라고 말해준다.

특별히 불안형에게 이 연습은 상대에게 확인받아야만 안심할 수 있는 나에서 벗어나, 스스로를 진정시킬 수 있다는 감각을 처음으로 경험하게 하는 출발점이 된다. 불안이 올라올 때마다 상대의 반응에 매달리던 흐름에서 잠시 멈춰, 내 안에 숨을 고를 수 있는 여지가 생긴다. 회피형에게도 이 연습은 전환점이 될 수 있다. 감정을 없애야만 버틸 수 있다고 믿었던 나에게서 벗어나, 감정을 느끼면서도 견딜 수 있다는 감각을 새롭게 경험하게 된다. 이렇게 감정이 올라오는 순간은 더 이상 무너질 것 같은 신호가 아니라, 변화가 시작되는 지점으로 다시 읽히기 시작한다.

이 문장들은 겉보기에는 단순해 보이지만 반복될수록 마음속에 천천히 쌓이게 된다. 어느 순간 불안이 올라와도 예전처럼 급격히 무너지기보다, 감정을 느끼면서도 다시 숨을 고르려는 움직임이 자연스럽게 일어난다. 몸은 긴장에 먼저 반응하고, 마음은 그 변화를 조금 뒤에 알아차리면서 서서히 균형을 되찾는다. 이 과정이 반복되면 마음이 가라앉는 만큼 몸이 보내는 신호도 이전보다 더 또렷하게 느껴지기 쉽다. 몸의 미세한 긴장, 압박감, 숨이 막히거나 배가 살짝 뒤틀리는 감각들은 단순한 불편함이 아니라, 지금 감정이 어디에 머물러 있는지를 알려주는 또 하나의 언어가 된다. 감정이 언어를 통해 조금 가벼워지기 시작하면, 그다음에는 마음보다 먼저 반응하는 몸의 감각을 살펴볼 차례. 감정이 어디에서 시작되고 어디에 머무는지 몸은 늘 작은 신호로 알려주기 때문이다.

2 ♥ 몸의 감각 알아차리기: 감정이 머무는 자리

감정을 수용한다는 일은 단지 마음의 움직임을 살피는 데서 끝나지 않는다. 마음과 함께 몸이 보내는 미세한 감각을 조용히 들어주는 과정까지 포함될 때 비로소 감정은 조금 더 자연스럽고 부드럽게 흘러갈 자리를 얻게 된다.

이렇게 몸에서 올라오는 감각을 천천히 따라가다 보면, 우리는 몸을 감정이 잠시 머무는 자리, 마음을 한 걸음 물러서 감정을 바라보는 자리로 경험할 수 있다. 이렇게 몸과 마음의 자리가 분리될 때 감정은 이전처럼 벅차게 밀려오기보다 잠시 머물렀다가 흘러간다고 느껴지고, 우리는 감정 속에 휩쓸리지 않고 그 옆에 설 수 있게 된다. 이처럼 작고 꾸준한 반복이 쌓이면서 우리는 조금씩 더 안정형에 가까운 모습으로 살아가게 된다.

이제 아래의 순서를 차분히 따라가 보자. 우리는 보통 감정을 머릿속에서만 다루려 하지만, 감정은 생각보다 몸에 먼저 흔적을 남긴다. 가슴이 조이거나, 숨이 얕아지거나, 배가 살짝 뒤틀리는 감각은 감정이 이미 그 자리에 와 있다는 신호다. 그 움직임을 마음은 한 박자 뒤에 알아차리는 것이다. 그래서 몸의 감각을 들여다보는 일은 감정을 억누르지 않고 받아들이도록 돕는 가장 기초적인 방법이 될 수 있다.

1. 조용한 곳에서 잠시 눈을 감고 숨을 고른다.
2. 지금 느끼는 감정을 한 단어로 이름 붙여본다.
3. 그 감정이 몸의 어디에 가장 크게 느껴지는지 찾아본다.
4. 가능하다면, 그 부위에 살짝 손을 올려놓고 호흡을 조금 더 길게 내쉬어 본다.
5. '여기에 불안이 있구나', '여기가 많이 긴장해 있네' 하고 속으로 말해 준다.

이 연습은 단순한 이완 기법이 아니다. 감정을 생각으로만 다루지 않고 몸에 남은 감각까지 함께 살펴볼 때, 마음은 과열된 상태에서 벗어나 현재의 자리로 다시 돌아오기 쉬워진다. 감정이 어디에 머물러 있는지를 몸으로 알아차리는 과정은, 감정을 서둘러 없애지 않아도 괜찮다는 안전한 공간을 마음 안에 만들어 주는 셈이다. 다시 강조하지만 이 연습의 목적은 감정을 분석하거나 통제하는 데 있지 않다. 감정이 머무는 자리에 잠시 함께 있어 주는 것, 바로 그 경험 자체가 핵심이다. 몸의 감각에 주의를 둘수록, 머릿속에서 끝없이 이어지던 생각의 잡음은 자연스럽게 한 발짝 물러난다.

불안형에게 이 연습은 감정이 올라오는 순간을 다르게 경험하게 한다. 이들은 불안이 올라오면 생각이 먼저 앞서 달리고, 관계의 장면들이 연쇄적으로 떠오르기 쉽다. **혹시 버려지는 건 아닐까? 왜 이렇게 더 불안하지?** 같은 생각이 감정보다 먼저 앞선다. 하지만 감정을 한 단어로 이름 붙이는 순간, 불안은 끝없이 번져가는 막연한 위협이 아니라 지금 여기서 분명히 느껴지는 하나의 상태로 자리 잡기 시작한다. 몸의 어디에 불안이 있는지 찾고, 그 부위에 손을 올린 채 숨을 길게 내쉬는 경험은, 불안형에게 처음으로 상대를 붙잡지 않고도 감정을 견딜 수 있다는 감각을 남긴다. **여기에 불안이 있구나.**

같은 말은 불안을 밀어내는 것이 아니라, 불안이 있어도 관계가 망쳐지지 않는다는 신호가 될 수 있다.

그리고 회피형에게 이 연습은 정반대의 전환점이 된다. 회피형은 감정을 느끼기 전에 차단하는 데 익숙하다. 불안이나 긴장이 올라오면 **별거 아니야. 생각하지 말자.** 하며 몸에서 올라오는 감각을 느끼지 않으려 한다. 그래서 감정을 한 단어로 이름 붙이는 연습의 첫 단계부터 막막함을 느끼기도 한다. 이는 감정이 없는 것이 아니라 느끼지 않도록 오래 훈련되어 왔기 때문에 그렇다. 이때 몸의 감각을 찾는 과정은 회피형에게 특히 중요하다. 생각이 아니라 몸에서 먼저 신호를 읽기 시작하면서, 감정은 문제가 아니라 안전하게 접촉할 수 있는 신체 반응으로 바뀐다. **여기가 많이 긴장해 있네. 불안이 여기에 있었네.** 하는 말은 감정에 빠지라는 요구가 아니라, 도망치지 않고 머물러도 괜찮다는 허락이 된다.

핵심의 차이는 분명히 있지만 도착지는 같다. 불안형에게 이 연습은 상대 없이도 감정을 조절할 수 있다는 경험을 만들고, 회피형에게 이 연습은 감정을 느껴도 안전하다는 경험을 만든다. 둘 다 결국 감정을 없애는 사람이 아니라, 감정을 안은 채 관계를 선택할 수 있는 사람으로 조금씩 변하게 된다.

3 💜 감정과 함께 머무르기: 1분 실험

심리학 연구에서는 불편한 감정이 올라올 때, 그 감정에서 급히 도망치기보다 잠시 그 자리에 머물러 보는 경험이 마음의 균형을 회복하는 데 도움이 된다고 말한다. 감정이 커질 것 같아 두려워도 잠깐 멈춰 그 감정을 지켜보는 순간이 오히려 나를 단단하게 해준다. 아래의 연습은 그 경험을 가장 짧고 안전하게 느껴볼 수 있는 1분 실험이다. 잠시 용기 내어, 이 짧은 시간을 스스로에게 선물하듯 시도해 보자.

1. 요즘 자주 올라오는 감정을 하나 떠올린다.
   (예: 또 버림받을 것 같은 불안)
2. 그 감정을 느끼게 만드는 장면을 살짝 떠올려 본다.
3. 그 상태에서 1분 동안 일부러 아무 행동도 하지 않는다.
   휴대폰을 잡지도 않고, 다른 생각으로 도망치지도 않는다.
4. 그저 호흡을 느끼면서, 몸에서 일어나는 변화를 지켜본다.

많은 사람이 놀라는 지점은 바로 여기다. 이 감정을 그대로 느끼면 무너질 것 같다고 생각했지만, 막상 1분 동안 감정과 함께 있어 보면 예상과 달리 몸은 버틴다는 사실이다. 여기서 버틴다는 말은 감정을 억누르거나 힘으로 견딘다는 뜻이 아니다. 감정이 올라와도 숨이 이어지고, 몸속 긴장이 높아져도 금세 무너지지 않는다는 기본적인 안정이 우리 안에 남아 있다는 의미에 가깝다. 우리는 감정이 커지면 몸도 함께 무너질 것처럼 느끼는 것도 맞다. 하지만 실제로 몸은 감정을 담아낼 작은 여백과 공간을 이미 가지고 있다.

이 경험이 반복될수록 불안이 올라와도 조금은 견딜 수 있겠다는 확신이 점점 더 마음속에 자리 잡게 된다. 아주 작은 변화처럼 보이지만, 바로 이런 직접적인 체감이 애착 체계에 '지금은 완전히 위험한 상황이 아니다'라는 신호를 보내며 마음을 천천히 안정시키는 기반이 될 수 있다.

이런 경험은 애착 유형에 따라서도 다르게 남는다. 불안형에게 이 1분은, 감정이 올라와도 곧바로 확인하지 않아도 된다는 첫 번째 증거가 된다. 불안을 없애지 않아도 관계가 바로 무너지지 않는다는 사실을 몸으로 확인하는 순간이기 때문이다. 반대로 회피형에게 이 1분은, 감정을 느끼는 순간에도 스스로가 무너지지 않는다는 경험으로 남는다. 감정을 차단하지 않아도 버틸 수 있다는 이 짧은 체감은, 관계에서 감정을 끊어내지 않고 머무를 수 있는 여지를 조금씩 만들어 준다.

감정을 수용할 때 애착 체계가 진정된다

감정을 없애려는 시도는 애착 체계에 '지금은 위험하다'는 신호를 보내고, 그 결과 불안과 경계는 더 커진다. 반대로 감정을 잠시 머물게 두고 자연스러운 흐름대로 지나가도록 수용할 때, 애착 체계는 '지금은 견딜 수 있는 정도의 위험'이라고 상황을 다시 해석하기 시작한다.

성인 애착 연구에 따르면, 안정형들은 관계에서 불안이 올라와도 감정을 억누르기보다 그 감정을 인식하고 표현하며, 때로는 신뢰할 수 있는 사람에게 도움을 요청한다. 이런 경험이 반복될수록 마음속에는 '불안해도 괜찮다. 결국 다시 괜찮아질 것이다.'라는 믿음이 자리 잡게 된다.

우리도 이러한 안정형의 방식을 새롭게 배워갈 수 있다. 감정을 수용하는 연습은 불편한 감정을 사랑하게 만드는 과정이 아니라, 감정을 느끼는 순간에도 '나를 지킬 수 있다'는 메시지를 몸과 마음에 천천히 새겨 넣는 작업이다.

불안해도, 나는 괜찮다. 지금 이 감정을 느껴도, 나는 사랑받을 수 있다.

감정을 없애려 하지 않고 부드럽게 받아들일 때 애착 체계는 서서히 진정된다. 그 위에서야 비로소 우리는 다음 단계로 나아갈 수 있다. 내 감정과 생각을 더 정확하게 구분하고 감정과 적당한 거리를 두고 바라보며, 결국 관계 밖에서도 나를 돌볼 수 있는 내면의 루틴을 만들어 갈 수 있다.

❷ 자기 인식: 내 감정과 생각 구분하기

감정을 받아들이기 시작하면 그다음에는 자연스럽게 이런 질문으로 시선이 옮겨간다. **이 감정은 어디서 왔을까? 이 감정은 어떻게 시작되었을까?** 우리는 흔히 이 모든 것을 한 덩어리로 묶어 '감정'이라고 하지만, 실제로는 그 안에 생각과 해석이 겹쳐 있는 경우가 훨씬 많다. 그래서 여기서는 뒤엉켜 있는 여러 갈래를 하나씩 풀어보려고 한다.

이 단계에서는 감정과 생각을 분리해 보면서, 마음이 어떤 구조로 반응하고 있는지를 조금 더 선명하게 바라보는 연습을 해보려 한다. 감정의 덩어리가 풀리기 시작할 때, 우리는 **비로소 아, 내가 왜 이렇게 느꼈는지 알 것 같다.** 같은 이해의 감각을 처음 경험하게 된다.

사람들은 감정을 잘 안다고 생각하지만, 실제로는 생각을 감정으로 착각하는 일이 훨씬 많다. 화났다, 서운하다, 불안하다 같은 표현을 말할 때도, 자세히 들여다보면 감정 자체보다 그 상황을 어떻게 해석했는지가 먼저 반영된 경우가 적지 않다. 예를 들면 이런 식이다.

"나 화났어."
→ 사실은 "내가 '버림받았다고 해석해서' 화났어."

이 차이는 작아 보이지만, 회복 과정에서는 아주 중요하다. 감정과 생각이 한 덩어리처럼 묶여 있으면 감정은 더 커지고, 감정이 커지면 생각은 더 왜곡되기 마련이다. 이 악순환은 특히 불안형과 회피형의 관계에서 두드러지는데, 그 이유를 조금 더 천천히 들여다보면 이해하기가 쉬워질 것이다.

성인 애착 연구에 따르면 불안형은 감정이 올라오는 순간, 이를 빠르게 위협 신호로 해석하는 경향이 있다. 작은 변화에도 혹시 나 버림받는 걸까? 왜 이렇게 달라졌지? 내가 뭘 잘못한 건 아닐까? 같은 해석이 먼저 튀어나오고, 그 해석된 생각이 감정을 더 크게 키우는 것이다. 따라서 감정이 아니라 해석이 먼저 과열되고, 그 과열된 해석이 다시 감정을 증폭시키는 악순환이 만들어진다.

반대로 회피형은 감정을 감지하는 순간, 감정을 그대로 느끼기보다 생각을 먼저 앞세워 감정을 잘라내는 방식으로 반응한다. **이 정도로 흔들릴 일은 아니야. 이런 감정은 중요하지 않아.** 같은 판단이 불쑥 떠오르고, 그 판단이 감정을 더 깊숙이 눌러 담아버린다. 겉으로는 덤덤해 보이지만, 그 아래에서는 감정이 인정받지 못한 채 뒤엉키는 것이다.

다시 말해 불안형은 감정보다 해석이 과열되어 원래 감정을 왜곡하고, 회피형은 감정에 앞서 판단하고 억제하여 원래 감정을 차단한다. 겉보기엔 방향이 다르지만, 두 유형 모두 결국 감정과 생각이 서로 뒤엉켜 원래 감정이 무엇이었는지 분별하기 어려운 상태가 된다.

그래서 변화의 두 번째 단계는 감정과 생각을 분리해 내는 자기 인식이다. 심리학에서 말하는 자기 인식은 좀 더 넓은 의미를 가지지만, 이 장에서는 감정과 생각을 구분해 알아차리는 데 초점을 둔다. 이처럼 감정은 감정대로, 생각은 생각대로 제자리에 놓아줄 수 있을 때 마음은 비로소 조금 가벼워지고, 감정의 흐름을 더 정확하게 바라볼 수 있게 된다.

감정과 생각이 뒤엉키는 이유

우리는 감정을 그대로 느끼는 것보다 그 감정에 대해 떠오른 생각과 해석을 함께 느끼는 경우가 훨씬 많다. 그래서 같은 감정이라도 어떤 생각이 붙느냐에 따라 전혀 다른 무게와 의미로 경험된다.

우리가 처음 어떤 경험을 할 때, 그 경험은 '그 자체'로 다가온다. 아직 말로 설명되지 않은 채로 몸과 감정이 먼저 그 순간을 받아들이는 것이다. 하지만 시간이 흐르면 우리가 기억 속에 간직하는 것은 종종 그 경험 자체가 아니라, 그때 내가 어떤 의미를 붙였는지, 어떻게 해석했는지에 더 가까워진다. 다시 말해, 마음은 과거의 사건을 사진처럼 저장하지 않는다. 그 장면을 겪으며 느꼈던 두려움, 수치심, 기대, 실망 같은 감정과 그 감정에 붙였던 나만의 해석을 함께 저장한다.

놀랍게도 이 과정은 너무 자연스럽다. 사람이 어떤 경험을 반복해서 떠올리면, 그 경험이 남긴 감각보다 그 경험을 바라보는 자신의 해석이 더 빠르고 강하게 반응하기 때문이다. 그래서 시간이 지날수록 실제 사건보다 그 사건에 덧붙여진 생각과 해석이 훨씬 선명하게 남는다.

이렇게 경험과 해석이 반복되면 마음속에는 하나의 기준이 만들어진다. 이런 상황에선 늘 불안해진다. 가까워지면 결국 상처받는다. 같은 생각이 점점 더 자동적으로 떠오르게 된다. 이런 기준은 어느 순간부터 상황에 따라 달라지는 생각이 아니라 나와 타인, 그리고 세상을 바라보는 나만의 기본값이자 신념들로 굳어진다. 우리가 앞에서 살펴본 내적 작동 모델이 바로 이런 과정을 거쳐 마음 안에 자리 잡게 되는 것이다.

만약 우리가 입사 면접을 보러 가는 날이었다고 상상해 보자. 아침부터 마음은 분주했고 준비한 말을 제대로 해야 한다는 부담이 온종일 가슴을 조여왔다. 대기실에 앉아 있을 때 이미 손끝이 차가워지고, 순서가 가까워질수록 심장은 더 세게 뛰었다. 그리고 막상 면접실 문을 열고 들어가는 순간, 면접관의 표정과 낯선 분위기, 자신을 향한 시선들이 한꺼번에 밀려오면서 머릿속이 순식간에 새하얘졌다. 준비했던 문장들은 어디론가 흩어지고, 손은 떨리고, 목은 바짝 마르며 몇 마디 말도 제대로 이어가지 못한 채 면접이 끝났다.

그 순간의 경험은 처음에는 그저 너무 긴장했다는 사실로만 남아 있었을지 모른다. 하지만 시간이 지나면서 마음은 그 경험에 조금씩 의미를 붙이기 시작한다. 단순한 긴장이 아니라, 나는 사람들 앞에서 쉽게 위축되는 사람인가? 나는 중요한 순간에 늘 실수하는 건 아닐까? 같은 해석들이 조용히 자리 잡는 것이다.

이 지점에서 중요한 것은, 경험과 해석이 한 덩어리처럼 묶이기 시작하면 현재의 감정이 과거의 해석과 자연스럽게 이어진다는 점이다. 이제 이 흐름이 실제로 어떻게 작동하는지, 아래의 예시를 통해 더 분명하게 살펴보자.

- 면접에서 너무 긴장해서 준비했던 말들을 제대로 하지 못했다.
  → 경험
- 나는 사람들 앞에 서면 망신당할 것이다. → 해석된 생각

이 두 가지가 반복해 결합되면, 실제로 비슷한 상황에 놓이지 않았는데도 생각 하나가 스치면서 그때의 불안이 조용히 깨어나게 된다. 몸은 마치 과거의 경험이 지금 다시 펼쳐지는 것처럼 긴장되고, 심장은 좀 더 빨리 뛴다. 아무 일도 일어나지 않았는데도 몸과 마음이 그날의 흔적을 되살리듯 반응하는 것이다.

그런데 이 과정은 전혀 특별한 일이 아니다. 사람의 감정은

원래 현재보다 과거의 경험과 연결된 생각에 더 민감하게 반응하기 때문이다. 그래서 지금 느끼는 감정이 반드시 실제 상황 때문이 아니라, 과거 경험에 붙어 있던 해석이 다시 반응한 결과일 때가 훨씬 많다. 감정이 올라오기 훨씬 이전부터 마음은 이미 어떤 해석을 떠올리고 있고, 그 해석이 감정을 불러오는 통로가 된다. 그렇기 때문에 경험과 해석이 반복되면서 만들어진 신념들 또한, 애착의 유형이 나뉠 만큼 관계에 중요한 영향을 미칠 수 있는 것이다.

감정보다 생각이 먼저였던 경험

불안형과 회피형 모두 감정보다 생각이 먼저 움직일 때가 많다. 다만 불안형과 회피형의 차이는 얼마나 빨리 반응하느냐의 문제가 아니다. 관계 안에서 마음을 지키기 위해 어떤 방식으로 움직이느냐, 그 선택의 방향이 다를 뿐이다.

불안형은 작은 변화 하나에도 애착 체계가 즉시 반응한다. 위협 신호가 감지되는 순간, 마음은 좀 더 안전해지고 싶어 예민해지기 때문이다. 그래서 관계가 소중할수록 사소한 신호라도 놓치지 않으려는 마음이 앞서고, 감정이 또렷해지기도 전에 혹시…? 하는 생각이 먼저 스쳐 지나간다. 이 생각은 애착 체계가 스스로를 보호하려는 방식이지만, 때로는 감정의 흐름을 더 크게 흔들어 놓기도 한다.

회피형은 같은 위협 신호를 감지하더라도 정반대의 방향으로 움직인다. 감정이 깊어질수록 마음의 문을 열어야 한다는 부담이 커지기 때문에, 애착 체계는 스스로를 지키기 위해 감정이 다가오는 그 첫 순간부터 긴장한다. 그래서 감정을 충분히 느끼기도 전에 이건 별거 아니야. 지금은 멀어지는 게 나아. 같이 판단이 빠르게 되면서, 이 판단이 감정을 눌러버리고 마음을 굳게 만든다. 이는 감정을 피하려는 것이 아니라, 애착 체계가 '지금은 감정을 열어두기에는 안전하지 않다'고 해석하면서 선택하는 자동적인 반어 반응인 셈이다. 지금 나, 안전한가?

이 질문에 스스로 확신을 갖지 못할 때, 불안형은 감정을 더 키우는 방향으로, 회피형은 감정을 덮는 방향으로 움직인다. 겉으로 보기에는 방식은 다르지만 뿌리는 같다. 두 유형 모두 생각이 감정보다 먼저 움직여 마음을 지키려는 자동적 반응이 일어나는 것이다.

이 공통된 구조를 가장 뚜렷하게 보여주는 예가 바로 불안형이다. 그래서 이제 불안형의 마음속에서 실제로 어떤 일이 일어나는지, 일상의 작은 순간을 통해 조금 더 가까이 들여다보자.

상대와 연락이 잘 안되고 답장이 늦다. (사건)
→ '혹시 마음이 식은 건 아닐까?' (생각)
→ 가슴이 조이고 금세 불안해진다. (감정)
→ 메시지를 반복해서 확인하거나, 받을 때까지 계속 전화한다. (반응)

상대의 가족 일로 약속이 미뤄졌다. (사건)
→ '나를 우선순위로 생각하지 않는 거 아니야?' (생각)
→ 서운하고, 분노가 올라온다. (감정)
→ "어떻게 나한테 이럴 수 있어?"라며 상대를 비난하거나,
  상대의 사랑을 확인하기 위해 일부러 항의 행동을 한다. (반응)

불안형에게 중요한 것은 사건 그 자체가 아니다. 그 사건을 바라보는 해석이 감정보다 먼저 떠오른다는 점이다. 그래서 실제로는 단순히 연락이 조금 늦었을 뿐인데도 마음속에서는 **혹시 버려지는 건 아닐까?** 같은 생각이 먼저 스쳐 지나가고, 그 뒤에 감정이 밀려오게 된다. 감정이 갑자기 폭발한 것처럼 느껴질 때조차 그 바로 앞에는 이런 생각들이 더 빨리 스쳐 지나간다.

회피형 또한 마음속 구조는 크게 다르지 않다. 다만 감정이 닿는 순간을 대하는 방식이 정반대일 뿐이다. 감정이 막 올라오려는 찰나, 그 감정이 너무 생생하게 느껴지는 순간, 마음이 불안해지고 그 불안을 줄이기 위해 감정을 즉시 잘라낸다.

상대에게서 약속을 미루자는 연락을 받았다. (사건)
→ '별일 아니네. 나도 내 할 일 하면 되지. 감정적으로 굴 필요 없어.' (생각, 감정이 올라오기 전 차단)
→ (느껴져야 할 서운함이 억눌러) 무덤덤함, 미세한 답답함. (감정)
→ "알았어."라고 짧게 답하며 감정을 분리한다. (반응)

상대의 가족 일로 약속이 미뤄졌다. (사건)
→ '이 관계는 역시 피곤해. 혼자 있는 게 제일 편해.'
  (생각, 상처받지 않으려는 판단)
→ (잠깐 스친 서운함을 덮어버린) 냉담함, 거리감. (감정)
→ 연락을 줄이거나 혼자만의 시간을 가지며 거리를 둔다. (반응)

겉으로 보기에는 이런 반응이 차분해 보이거나 합리적으로 판단하는 것처럼 느껴질 수도 있다. 하지만 실은 서운함이나 불안처럼 관계를 다시 가깝게 하는 감정을 온전히 느끼기에는 마음의 기반이 아직 충분히 안전하지 않다는 신호이기도 하다. 그래서 생각이 먼저 반응하며 원래의 감정은 뒤로 물러나고 그 자리에 귀찮음이나 무관심 같은 감정들이 남게 된다.

이렇게 두 유형의 마음을 나란히 놓고 보면 서로 완전히 다른 사람처럼 보이지만 공통된 흐름이 분명히 있다. 바로 위협이 느껴지는 순간, 생각과 해석이 아주 빠르게 개입하는 패턴이다. 불안형은 감정보다 해석이 앞서 감정을 더 키우고, 회피형은 감정보다 판단이 빨리 떠올라 감정을 눌러버린다. 방향은 다르지만 마음속 구조는 닮아 있는 셈이다.

그래서 자기 인식에서 가장 필요한 일은 감정의 크기를 줄이려 애쓰는 것이 아니다. 감정이 아니라 생각이 앞서 반응하는 바로 그 짧은 순간을 포착하는 일이다. 이 작은 순간을 알아차리기 시작하면 마음속에서 일어나는 흐름이 훨씬 더 선명하게 보이고, 감정은 이전보다 덜 요동치고, 마음은 조금씩 숨을 고를 수 있는 지점을 다시 만나게 된다.

'사건-생각-감정'으로 분리하기

감정과 생각을 구분할 때 가장 효과적인 방식은 현재 겪고 있는 일을 사건, 생각, 감정, 이렇게 세 단계로 분리해 보는 것이다.

- 사건: 지금 실제로 무슨 일이 있었나? (사실)
- 생각: 그 사건을 나는 어떻게 바라봤나? (해석)
- 감정: 그 해석이 내 마음에 어떤 감정을 불러왔나? (감정)

이 방법은 단순한 이론이 아니라, 마음속에서 일어나는 복잡한 흐름을 하나씩 풀어주는 일종의 해설 지도와도 같다. 감정이 무엇인지, 생각이 무엇인지 뒤엉켜 헷갈릴 때 이 지도를 펼치면 마음의 흐름이 훨씬 더 천천히, 또렷하게 드러날 것이다. 조금 더 여유를 두고 이해해 보자.

겉으로는 단순한 세 단계 같지만 이 구조를 이해하는 순간 마음의 흐름이 완전히 다르게 보인다. 우리는 흔히 감정을 그냥 갑자기 올라오는 것이라고 느끼지만, 사실 많은 감정은 사건이 아니라 그 사건을 바라보는 나만의 생각이 만들어 낸 결과인 경우가 많다.

예를 들어, "나는 버림받을 것 같아."라는 말은 감정이 아니다. 관계를 해석하며 떠오른 하나의 생각이다. 그 아래에서 조용히 올라오는 감정은 불안함, 두려움, 초조함 같은 정서들이다. 우리는 이 둘을 구분하지 못한 채 하나로 묶어 느끼곤 해서 감정이 더 무겁고 복잡하게 다가오는 것이다.

하지만 이 차이를 천천히 알아차리기 시작하면 마음이 달라지게 된다. 감정은 내가 무조건 받아들여야 하는 진실이 아니라, 어떤 생각이 만들어 낸 결과일 수 있다는 여유가 생기기 때문이다. 그리고 생각은 감정만큼 절대적이지 않다. 언제든 다시 들여다보고 조정할 수 있는 영역이라는 사실도 함께 배운다.

이해가 깊어질수록 마음은 서서히 가벼워질 것이다. 감정은 한결 덜 무겁게 다가오고, 생각은 예전처럼 나를 압도하는 힘을 잃게 된다. 그리고 이런 변화를 조금씩 느끼기 시작한다면, 오늘 하루에 단 한 번이라도 관계 안에서 마음이 흔들리는 순간에 이 연습을 떠올려 보자. 아주 작은 시도라도 마음은 그 경험을 기억하고, 관계 속에서도 다시 돌아올 수 있는 길을 조금씩 넓혀 갈 것이다.

관찰자의 시선으로 바라보기

1 ♥ 감정과 나를 동일시하던 자리에서 벗어나기

겉으로 보면 문장 하나 바꾼 것처럼 느껴지지만, 이 변화는 감정과 나 사이의 거리를 천천히 벌려주는 중요한 시작점이 된다. 우리는 감정이 올라올 때 그 감정과 자신을 하나로 묶어버리기 쉽다. 그래서 '나는 불안하다'라고 말하는 순간, 불안이라는 감정이 마치 나의 성질이나 성격처럼 느껴지는 것이다. 감정이 커질수록 나 역시 작아지고, 감정에 잠식된 듯한 느낌이 찾아온다. 하지만 이렇게 문장을 바꾸면 마음속에서 아주 작은 공간이 생긴다.

> - "나는 불안하다." → 감정과 내가 겹쳐 보인다. (감정 = 나)
> - "나는 불안을 느끼고 있다." → 감정이 '나에게 일어나는 경험'으로 분리된다. (감정 ≠ 나)

이 방식은 감정에만 적용되는 것이 아니다. 생각과 기억, 신체 감각에도 같은 언어를 사용할 수 있다. 예를 들면 다음과 같다.

> - "나는 실패자야." → 한 번의 평가가 곧 정체성이 될 수 있음. (생각 = 나)
> - 나는 지금 '실패했다'는 생각을 하고 있다. → 평가와 나를 분리, 지금 떠올린 하나의 생각으로 되돌려 놓음. (생각 ≠ 나)
>
> - "그때 일이 아직도 괴로워." → 과거의 경험이 현재의 나와 겹쳐 보임. (사건 = 나)

- 나는 '그 일이 괴로웠다'는 것을 기억하고 있다. → 현재의 나와 분리, 과거의 사건을 지금 떠오른 기억으로 되돌려 놓음. (사건 ≠ 나)

- "몸이 피곤해." → 몸 상태가 곧바로 해결해야 할 문제로 받아들여짐, 신체 감각과 나를 하나로 겹쳐서 인식. (신체 감각 = 나)
- 나는 '몸이 피곤하다'는 감각을 느끼고 있다. → 신체 감각을 경험으로 분리. (신체 감각 ≠ 나)

각각의 두 번째 문장들은 감정이 나라는 사람으로 규정되는 것이 아니라, 지금 잠시 내 곁을 지나가고 있는 현상임을 부드럽게 일깨워 준다. 감정은 나의 일부가 아니라, 나에게 찾아왔다가 때가 되면 흘러가는 경험이라는 점이 자연스럽게 드러난다.

이 문장을 반복할수록 우리는 감정의 중심에서 한 발짝 떨어져 설 수 있고, 그 작은 거리가 마음을 훨씬 더 넓고 편안하게 만들어 준다. 애착이 불안정할수록 감정은 곧 '나 자신'처럼 느껴지기 쉽지만, 이 연습은 감정을 경험으로 되돌려 놓으며 애착 반응의 속도를 늦춰준다. 감정이 내 안을 지나가는 강물처럼 스쳐 갈 수 있도록, 나를 감정 바깥으로 이동시키는 첫 연습이 바로 이 문장 전환이다.

이 변화는 애착 유형을 바꾸기 위해 애쓰는 과정이 아니다. 불안형이 불안을 느끼지 않게 되는 것도, 회피형이 감정을 완전히 열어버리는 것도 목표가 아니다. 다만 애착 체계가 작동하여 감정과 생각이 반응하는 순간에도 우리는 예전보다 덜 자동적으로 반응하고, 관계 안에 머무를 수 있는 선택지가 하나 더 생기는 것이다.

2 ♥ 감정을 '경험'의 자리로 되돌려 놓기

여기서 말하는 감정을 경험의 자리로 되돌려 놓는다는 의미는 감정이 올라올 때 무엇을 없애거나 고쳐야 할 대상으로 대하지 않고, 지금 내 안에서 일어나고 있는 하나의 경험으로 바라보려는 마음의 자세를 풀어낸 말이다. 다시 말해 감정을 통제하거나 제거하려 하기보다, 잠시 머물다 가는 경험으로 인식하는 것을 가리킨다.

이렇게 감정을 경험으로 다시 돌려놓으려 할 때, 감정을 관찰하는 것만으로도 감정과 나 사이에는 아주 작은 공간이 생기게 된다. 이 공간은 크지 않아 보여도 마음이 감정에 휘둘리지 않도록 도와주는 중요한 공간이다. 영화관에서 스크린을 바라보듯, 우리는 감정을 화면 밖에서 바라볼 수 있다.

- 화면 속 장면은 격렬할 수 있다.
- 나는 그 장면을 보고 있는 사람이지, 화면 속 인물이 아니다.

이렇게 감정의 바깥에서 바라보는 자리를 회복하는 순간, 감정이 나를 흔들던 힘은 조금씩 약해진다. 방금까지만 해도 나를 집어삼킬 듯이 밀려오던 감정이, 이제는 내가 바라볼 수 있는 '하나의 장면'으로 느껴지기 시작한다. 그 자리에서 숨을 한번 고르면, 감정의 중심에서 천천히 빠져나올 수 있게 된다.

애착이 불안정할수록 마음은 감정과 생각을 '나 자체'와 동일한 것으로 받아들이기 쉽다. 불안이 올라오면 '나는 불안한 사람'이라고 느끼고, 분노가 올라오면 '나는 문제가 있는 사람'이라고 단정 지으며, 슬픔이 올라오면 '나는 약한 사람'이라고 스스로를 규정하기도 한다. 하지만 감정은 '나'가 아니다. 감정이 선명하게 느껴지는 순간에 그 감정이 곧 '나 자체'는 아니라는 사실을 잠시 떠올려 보자. 감정은 나에게 찾아오는 손님이고, 나는 그 감정을 맞이하는 집과 같다. 손님이 잠시 머물다 가듯 감정도 스쳐 지나가는 것이 이치다.

중요한 것은 감정을 억누르거나 밀어내려는 것이 아니라,

감정을 한 걸음 떨어져 바라보는 시선을 회복하는 일이다. 이 시선이 자리 잡기 시작하면 우리는 감정이 나를 잠시 흔들 수는 있어도 결코 나를 정의하지는 못한다는 사실을 더욱 분명하게 이해할 수 있다.

이 과정은 감정을 없애거나 무디게 만드는 연습이 아니다. 오히려 감정을 그 본래의 크기와 속도대로 느끼되, 그 감정에 완전히 휩쓸리지 않고 머무를 수 있게 돕는 방식에 가깝다. 그 시선이 인정될수록 감정은 더 이상 나를 괴롭히는 파도가 아니라, 내가 바라보고 이해할 수 있는 경험의 강물로 다가온다.

3 ♥ 라벨링, 생각과 감정에 이름 붙여 부르기

생각이나 감정에 이름을 붙이는 일은 단순한 표현의 문제가 아니다. 감정이 올라올 때 우리는 보통 그 감정에 곧바로 휩쓸리기 쉽다. 하지만 이름을 붙이는 순간, 마음의 위치가 바뀐다. 감정 한가운데에서 벗어나, 그 감정을 바라보는 쪽으로 한 걸음 옮겨 서게 되는 것이다. 이 짧은 움직임이 만들어 내는 간격 덕분에 마음은 비로소 숨을 고를 여유를 되찾는다. 예를 들어 불안이 올라올 때 마음속에서는 종종 이런 문장들이 자동으로 튀어나온다.

- 자꾸 불안해진다.
- 왜 나는 늘 이런 걸까? 너무 힘들다.

이때 중요한 것은 생각을 고치거나 감정을 설득하려는 것이 아니라, 지금 어떤 일이 일어나고 있는지를 먼저 조용히 관찰해 보고 그 느낌 그대로 이름을 지어보는 것이다. 그리고는 감정이나 생각을 판단 없이 이름으로 불러보자. 마음은 그 안으로 더 깊이 빨려 들어가지 않고, 잠시 멈춰 설 수 있다.

이름을 부르는 방식은 하나로 정해져 있지 않다. 마음의 상태와 순간의 여유에 따라 조금 다른 톤으로 반응해도 괜찮다. 아래는 실제로 자주 쓰이는 몇 가지 방식이다.

1 · 이야기로 불러보기
생각을 하나의 이야기처럼 바라본다. 그 생각이 곧 현실인 것처럼 느껴질 때, 마음속에서 이런 말이 조용히 떠오를 수 있다.
- "아, 또 '나는 쓸모없어' 이야기가 시작됐네."
- "지금 '인생 망함' 이야기 한 편이 상영 중이구나."
이렇게 말해주면 생각은 더 이상 당장 해결해야 할 문제가 아니라, 잠시 지나가는 이야기로 자리가 옮겨진다.

2 · 캐릭터로 불러보기

반복해서 나타나는 생각이나 감정에 별명을 붙여 부른다. 생각을 '나'가 아니라, 내 안에 자주 등장하는 하나의 캐릭터로 바라보는 방식이다.

- "아, '비판 대장' 또 나타나셨네."
- "오늘은 '잔소리꾼'이 꽤 열심히 일하고 있구나."

이렇게 부르면 그 생각이나 감정은 나를 지배하는 목소리가 아니라, 잠시 등장했다가 물러날 수 있는 존재가 된다.

3 · 그대로 이름 불러주기

가장 단순한 방식으로, 감정이 있다는 사실만 인정한다. 어떠한 설명도 평가도 덧붙이지 않는다.

- "아, 불안이구나."
- "지금 슬픔이가 찾아왔네."

이렇게 이름을 불러 주는 순간, 마음은 그 감정을 없애야 할 적으로 대하지 않고 잠시 머물 수 있는 경험으로 받아들이기 시작한다.

이처럼 조용히 이름을 불러주면 생각과 감정은 더 이상 설득하거나 반박해야 할 대상이 아니게 된다. 마음은 그 안에서 싸우기보다 그것들이 지나가는 과정을 지켜보는 자리로 자연스럽게 바뀌는 것이다.

애착의 관점에서 보면, 이 작은 전환은 아주 중요하다. 불안형은 감정과 생각이 올라오는 순간마다 곧바로 행동으로 이어지기 쉽다. 확인하고 붙잡아야 안심할 수 있는 흐름이 자동으로 작동하기 때문이다. 이때 **지금 불안이 올라오고 있네. 버림받을까 봐 두려워하는 '겁 많은 생각'이 지나가고 있네.** 하고 이름을 붙여 말해보면, 행동으로 옮기기 전의 짧은 여백이 생긴다. 그 여백이 행동으로 옮기는 속도를 늦춰준다.

회피형에게도 이 연습은 중요한 전환이 될 수 있다. 감정이 올라오는 찰나 이를 느끼지 않기 위해 판단하고 거리를 두는 반응에서 벗어나, **아, 긴장이 올라오고 있네. '프로 불편러'가 여기 있네.** 하고 이름을 불러 주는 순간, 감정은 위협이 아니라 지금 느껴도 괜찮은 신호로 다시 바뀌게 된다.

이 연습의 목적은 마음을 억지로 차분하게 만들거나 감정을 빨리 가라앉히는 데 있지 않다. 핵심은 생각과 감정을 나와 동일시하지 않은 채 제자리에 놓아두는 경험이 되게 하는 것이다. 이 경험이 반복될수록 애착 체계는 '감정이 올라와도 바로 행동하지 않아도 된다', '감정을 느끼면서도 관계를 망치지 않을 수 있다'는 새로운 학습을 하기 시작한다.

4 ♥ 감정을 '나그네'처럼 대하기

감정은 밀어내려 할수록 더 강해진다. 하지만 감정을 좇아내지 않고 '잠시 머물다 가는 손님'처럼 대하면, 감정은 우리가 힘을 주어 떼어내려 할 때보다 훨씬 자연스러운 속도로 약해지기 시작한다. 감정도 관계처럼 다가오고, 머물렀다가, 때가 되면 흘러가는 법이기 때문이다. 예를 들어 이런 식이다.

- "어서 와. 오랜만이구나."
- "왔구나. 잠깐 머물다 가겠지."
- "지금 내가 긴장해서 네가 찾아왔구나."
- "조금 지난 거 같은데 이제 가는구나. 잘 가."

이 태도는 감정을 방치하거나 무시하자는 말이 아니다. 감정을 억누르지도, 억지로 붙들지도 않고 이 감정이 지금 여기 있을 수 있도록 자리를 내어주자는 것이다. 이렇게 감정이 머물 공간을 마련해 주면 마음은 더 이상 감정을 위협으로 인식하지 않고 조금씩 안정된 호흡을 되찾는다. 감정이 스스로 흐를 수 있는 여지가 생길 때, 우리는 비로소 감정의 파도에 휩쓸리지 않고 그 옆에서 숨을 고를 수 있게 된다.

불안형에게 이 경험은 '감정이 전부가 아니다'라는 사실을 천천히 깨닫는 계기가 된다. 감정이 크게 요동쳐도 그 감정이 나를 규정하는 것이 아니라는 여유가 생기게 되는 것이다. 회피형에게는 감정을 느끼는 순간이 곧 무너지거나 위협받는 상태로 이어지는 것이 아니라, 감정을 느끼면서도 버틸 수 있는 기반이 이미 내 안에 있다는 사실을 새롭게 경험하게 된다. 서로 다른 흐름처럼 보이지만 두 유형 모두에게 이 과정은 마음을 다시 안정된 자리로 데려다 주는 중요한 회복의 경험이 될 것이다.

자기 인식을 높이는 연습하기

감정과 생각을 분리하는 연습이 왜 필요한지 이해했다면, 이제 그 배움을 실제 삶 속에서 조금씩 체화해 가는 단계가 필요하다. 아래의 연습들은 마음을 바로바로 바꾸기 위한 해결 전략이 아니라, 감정이 올라올 때 나를 더 정확히 이해하고 마음이 흔들리더라도 중심을 찾기 위한 작은 발판들이다. 하나하나가 어렵지 않지만, 꾸준히 반복할 때 마음의 흐름이 달라지고 애착의 기반이 단단해지는 변화를 경험할 수 있다.

1 ♥ 감정 일기: 하루 5분만 투자해 보기

감정 일기는 오래된 상담기법이지만 애착 변화 과정에서는 특히 큰 힘을 발휘한다. 하지만 많은 사람이 감정 일기를 쓸 때 예쁘게 문장을 정리하거나, 그날의 사건을 일기처럼 기록

해야 한다고 생각한다. 하지만 이 연습의 핵심은 문장을 잘 쓰는 데 있지 않다. 사건, 생각, 감정의 흐름을 천천히 분리해 보는 것, 바로 여기에 있다.

감정이 올라올 때 우리는 보통 '불안하다', '섭섭하다'처럼 단어만 떠올리고 지나가기 쉽다. 하지만 그 감정이 어디에서 비롯되었는지, 그사이에 어떤 생각이 스쳐 갔는지는 자세히 들여다보지 않는다. 감정 일기는 바로 그 지점을 밝혀주는 작은 등불 같은 역할을 할 것이다. 예시를 통해 살펴보자.

0000년 0월 0일 감정 일기
- 사건: ○○이가 4시간 동안 연락을 안 받음
- 생각: '날 별로 안 좋아하나? 관심 없는 건가?'
- 감정: 불안, 찜찜함, 초조함

이렇게 흐름을 정리해 놓으면, 평소에는 한 덩어리처럼 느껴지던 감정이 내가 느낀 만큼 실제 상황이 심각했던 건 아니었구나. 하는 깨달음으로 변한다. 감정은 사건이 아니라, 그 사건을 바라보는 나만의 생각에서 비롯되었을 때가 얼마나 많은지도 더 잘 보이게 된다.

즉, 감정 일기는 감정을 조용히 해체해 보는 연습과 같다. 복잡하게 얽힌 감정의 실타래를 한 올씩 풀어내듯 사건, 생각, 감정의 순서를 적어 내려가다 보면 마음이 차분해지고 감정의 무게도 가볍게 느껴질 것이다. 이 작은 기록들이 쌓일수록, 우리는 감정에 압도되기보다 **아, 내가 이렇게 느끼는 데에는 이런 흐름이 있었구나.** 하고 스스로를 이해하게 될 수 있다.

2 ♥ 내면 관찰 노트: 생각을 삼인칭으로 바라보기

내면 관찰 노트는 감정을 억누르지 않으면서 생각과 나 사이에 거리를 만들어 주는 연습이다. 대부분의 사람들은 생각이 떠오르는 순간 그 생각을 '사실'처럼 받아들이곤 한다. 하지만 생각은 사실이 아니라 머릿속을 스쳐 지나가는 하나의 해석일 뿐이다. 이번 연습에서는 생각을 삼인칭 형태로 적어 보려 한다. 앞서 살펴봤던 관찰자의 시점으로 바라보는 것이다. 예를 들면 다음과 같다.

> - "나는 지금 '나를 밀어낼까 봐 겁난다.'라는 생각을 하고 있어."
> - "나는 지금 '상대가 나를 싫어할지도 모른다.'라고 생각하고 있어."

이 문장 구조가 중요한 이유는 단순하다. 생각과 나 사이에 심리적 거리가 생기기 때문이다. 거리는 감정의 무게를 덜어

준다. 또한 감정을 표현할 때 "나는 불안하다."라고 말하면 감정이 나를 덮치지만, "나는 지금 불안을 느끼고 있어."라고 말하면 감정은 나와 분리된 하나의 현상으로 보이게 된다.

이 연습을 자주 하다 보면 마음이 한층 더 여유로워질 수 있다. 생각이 감정을 몰아붙일 때도 바로 빨려 들어가지 않고, **지금 내 머릿속에서 이런 생각이 지나가고 있구나.** 하고 바라볼 수 있게 된다. 그 순간 감정의 파도는 훨씬 덜 거세게 느껴질 것이다.

3 ♥ 감정과 생각을 색으로 구분하기

조금 더 시각적인 방식을 선호한다면 색으로 감정과 생각을 구분해 보는 방법이 도움이 된다. 공책을 펼쳐두고 생각은 파란색, 감정은 빨간색으로 적어보자. 예를 들면 이런 식이다.

- "연락이 없네?" (파란색)
- "불안해." (빨간색)
- "또 버려질 것 같아." (파란색)
- "아, 속 답답해." (빨간색)

이렇게 색을 나누어 적어보면, 마음이 하나로 뭉쳐 있던 순간이 조금씩 풀리기 시작한다. 우리는 종종 "불안해서 죽을 거 같아."라고 말하면서 머릿속의 예측과 판단, 몸의 긴장, 불안한 마음을 한꺼번에 경험한다. 생각과 감정이 붙은 채로 올라오면, 무엇이 실제 느낌이고 무엇이 머릿속 이야기인지 구분하기가 어려워진다.

색을 다르게 적는 일은 이 엉킴을 느슨하게 푸는 데 도움을 준다. 이렇게 적고 나면 같은 사건 안에서도 생각은 생각대로, 감정은 감정대로 제자리를 찾기 시작한다. 여기서 중요한 것은 어느 쪽이 옳은지를 가리는 일이 아니다. 파란색으로 적힌 문장들은 대개 경험에 의미와 해석을 덧붙인 생각이고, 빨간색으로 적힌 문장들은 지금 이 순간 몸이나 마음에서 실제로 느껴지는 감정에 가깝다. 둘을 나누어 적으면, **연락이 왜 이렇게 안 되지? 내가 버림받는 건 아닐까?** 하는 속마음은 확정된 현실이 아니라 스쳐 지나가는 생각이 되고, "속 답답해."라는 감정은 해결해야 할 문제가 아니라 지금 몸이 보내는 신호로 보이기 시작한다. 이 지점에서 마음은 생각을 그대로 믿지 않아도 된다는 여유를 얻고, 감정과도 조금 떨어져 설 수 있게 된다.

종이 위에 색깔 펜으로 쓰는 행위 자체가 자연스럽게 한발 물러설 자리를 만들어 주기도 한다. 머릿속에서는 언제나 내가 이야기의 한가운데 있지만, 글로 적는 순간에는 지금 내 안에 서로 다른 색의 문자들이 오가고 있음을 한발 물러서서 바라보게 된다. 이 작은 움직임만으로도 마음은 감정 한가운데서 빠져나와, 상황을 바라볼 수 있는 위치를 회복하기 시작한다.

또한 쓰다 보면, 애착 유형에 따라서 색 비율의 차이도 자연스럽게 드러난다. 누가 빨간색이 많고, 누가 파란색이 많을까? 많은 경우 불안형이 상대적으로 빨간색이 많다. 애착 체계가 과활성화될 때마다 몸이 긴장하고 불안해지기 쉽기 때문이다. 반대로 회피형은 대부분 파란색이 더 많이 채워진다. 감정이 올라오는 순간 이를 느끼기보다 판단과 해석이 앞서 나오기 때문이다. 이 색의 차이는 정상을 나누는 기준이 아니라, 각자의 마음을 지키기 위해 선택해 온 오랜 방식에 가깝다. 그래서 색을 나누어 적는 연습은 불안형에게는 감정의 속도를 늦추는 역할을 하고, 회피형에게는 감정을 다시 느끼게 하는 통로가 될 수 있다.

이 기록은 잠깐의 깨달음으로 끝나지는 않는다. 며칠만 이어가도 어떤 상황에서 생각이 앞서가는지, 어떤 감정이 반복해서 나타나는지 흐름이 보이기 시작한다. 막연하던 괴로움이 점점 구체적인 패턴으로 드러날수록 마음을 통제하려 애쓰기보다 돌볼 수 있는 힘을 회복하게 된다. 그리고 그 힘은 관계 안에서의 선택을 조금씩 바꾸어 놓는다.

4 ♥ 호흡으로 감정과 나 사이에 틈 만들기

감정이 거세게 밀려오면 호흡이 가장 먼저 불안정해진다. 마음이 불안해질수록 호흡은 짧아지고 거칠어지며, 몸은 감정을 더 크게 느끼도록 반응한다. 이때 천천히 숨을 고르는 일은 감정을 통제하기 위한 행동이 아니라, 앞에서 살펴본 모든 연습들을 실제로 연결해 주는 마지막 고리와도 같다. 감정을 수용하고, 생각과 감정을 구분하고, 한 걸음 떨어져 바라보는 시선이 몸의 호흡을 통해 지금 이 순간에 닿게 되는 것이다. 방법은 아주 단순하지만 그 단순함이 마음을 다시 제자리로 데려올 수 있다.

> 1. 숨을 천천히 들이쉰다.
> 2. 들이쉰 시간보다 조금 더 길게 내쉰다.

이렇게 의도적으로 길게 내쉬는 호흡 방식은 감정을 없애려는 시도가 아니라, 감정과 나 사이의 조용한 틈을 실제 몸의 감각으로 확인하는 과정이다. 숨이 길어질 때 몸은 먼저 안전하다는 신호를 보내고, 마음은 그 신호를 따라 조금씩 넓어진다. 그러면 방금까지 나를 집어삼킬 듯 밀려오던 감정의 파도를 바깥에서 바라보듯이 한 걸음 떨어져 마주할 수 있게 된다. 그 자리에서 우리는 앞에서 배운 자기 인식과 관찰자의 시선을 머리로만 아는 것이 아니라 몸으로 느끼며 다시 확인하게 된다. 감정을 밀어내지 않고도, 감정 속으로 빨려 들어가지 않고도, 지금 이 순간에 머물면서 나를 다시 붙잡을 수 있게 되는 것이다.

안정은
어떻게 지속되는가

나를 지키는 내면 안정 루틴

감정과 생각을 분리하기 시작하면 곧 중요한 전환점 하나를 마주하게 된다. 그것은 감정을 더 잘 다루는 사람이 되는 것이 아니라, 감정이 있는 상태에서도 어떤 방향으로 살아갈지를 선택하는 사람이 되는 일이다. 감정은 여전히 선명하게 느껴지지만 그 감정이 곧바로 행동과 관계를 결정하지는 않는다. 감정과 나 사이에 아주 약간의 공간이 생기고, 그 공간 안에 서서 우리는 비로소 선택할 수 있는 여유를 가진다.

애착이 불안정할 때 마음은 감정이 올라오는 즉시 자동적으로 반응한다. 불안이 스치면 확인하려 들고, 서운함이 밀려오면 밀어내거나 단절하려 한다. 이 반응들은 잘못이 아니라 애착 체계가 감정을 위협으로 해석하며 나를 지키려는 오래된 방식이다. 하지만 회복은 이 자동 반응을 없애는 데서 이루어지지 않는다. 그 반응이 올라오는 순간에도 예전과 다른 선택을 할 수 있는 가능성이 생기는 것, 바로 그 지점에서 변화는 지속된다.

이 장에서는 감정이 그대로 있는 순간에도 내가 지키고 싶은 관계의 방향과 삶의 기준에 다시 연결되는 힘, 다시 말해 전념하는 태도를 다룬다. 전념한다는 것은 감정이 좋아질 때까지 기다리는 것이 아니라, 내가 중요하게 여기는 가치에 기반해서 행동을 선택하고 지속하는 것을 의미한다. 즉, 감정을 안은 채로 나에게 중요한 방향을 향해 선택을 이어간다는 것이다.

이 장에서는 이해의 영역을 넘어, 이 태도를 일상 속에서 어떻게 지속할 수 있는지를 살펴보려 한다. 아래의 내용들은 감정을 통제하기 위한 연습이 아니라 마음이 흔들리는 순간마다 다시 기준점으로 돌아오기 위한 실천들이다. 너무 잘하려 애쓰지 않아도 된다. 중요한 것은 완벽함이 아니라 계속 돌아오려는 노력이다.

내면 안정을 위한 루틴

감정을 받아들이고 생각과 거리를 두는 시선이 자리 잡았다면, 이제 이 변화가 일상 속에서 이어지도록 붙잡아 줄 장치가 필요하다. 애착의 회복은 한 번의 결심으로 완성되지 않고, 흔들리는 순간마다 다시 돌아보게 하는 반복을 통해 유지된다. 성인 애착 연구에 따르면 안정형은 이러한 자기 조절의 반복을 통해 감정의 굴곡을 완충하고 회복의 속도를 높인다. 안정형 애착은 타고나는 성질이 아니라 일상 속에서 스스로를 돌아보는 선택이 차곡차곡 쌓인 결과다. 그래서 이제부터는 마음이 다시 흔들릴 때마다 관계와 나를 지키는 쪽으로 돌아오게 돕는 실천들을 살펴보려 한다.

1 ♥ 하루를 여는 숨, 하루를 닫는 숨

하루의 피로와 감정의 파도를 견디며 살아가다 보면, 잠들기 전과 아침에 눈을 뜨는 순간이 유독 예민하게 느껴질 때가 있다. 하루의 문턱과 끝자락은 마음이 잠시 느슨해지면서도, 작은 자극에도 크게 흔들리기 쉬운 시간이다. 그래서 이 짧은 순간을 어떻게 통과하느냐에 따라 하루의 결이 달라지기도 한다. 거창한 결심이 아니라 짧은 숨 한 번이 마음을 제자리로 돌려놓고, 오늘의 나를 다시 불러오는 시작이 될 수 있다. 아침에는 이렇게 하루를 열어보자.

- 천천히 숨을 들이쉰다.
- 내쉬는 숨을 조금 더 길게 흘려보낸다.
- "오늘 하루도 너무 서두르지 않아도 돼.", "괜찮은 방향으로 흘러갈 수 있어."라고 마음속으로 조용히 말해본다.

이 짧은 동작은 몸과 마음에 "지금은 급하게 움직일 필요가 없어."라고 알려주는 신호가 될 것이다. 첫걸음이 조금 더 부드러워지고, 마음은 하루를 버틸 힘을 미리 모으기 시작하는 것이다. 누워서 휴대폰을 켜고 SNS를 구경하다가 잠들기보다 아래와 같이 하루를 마무리해 보자.

- 몸의 긴장을 한 번에 풀려 하지 말고 어깨, 가슴, 복부 순서로 천천히 내려놓는다는 느낌으로 힘을 뺀다.
- 오늘 느꼈던 감정 가운데 가장 또렷한 것을 한 단어로 떠올려 본다.
- "오늘도 잘 버텼어."라고 스스로에게 속삭이듯 말해준다.

이 시간은 하루를 깔끔하게 정리하려는 시간이 아니다. 잘했는지, 부족했는지를 따지는 순간도 아니다. 그저 하루 동안 계속 힘을 주고 있던 몸과 마음에 "이제 좀 내려놔도 돼."라고 말해주는 시간에 가깝다. 어깨와 가슴의 힘이 조금 빠지면 마음도 그제야 뒤따라 숨을 고른다. 계속 버티고 있던 상태에서 잠시 벗어나, 지금의 나로 돌아오는 순간이다.

아침과 밤, 하루에 두 번 이렇게 나에게로 돌아오는 경험이 쌓이면 마음속에 작은 감각 하나가 자리 잡기 시작한다. 누군가가 곁에 없어도, 하루가 엉망처럼 느껴져도, '나는 나를 다시 붙잡을 수 있다'는 감각이다. 이 감각이 자라날수록 관계에서 마음이 흔들릴 때도 예전처럼 즉각 반응하기보다, 한 박자 숨을 고르고 다시 중심을 찾을 수 있게 된다.

2 ♥ 관계 밖에서도 나를 안정시키는 자기 위안 루틴 만들기

관계가 주는 안전감은 분명 크다. 하지만 그 안전감이 오롯이 상대에게만 기대기 시작하면 관계는 금세 부담이 된다. 누군가의 품에서 잠시 숨을 고르는 경험은 소중하지만, 그 품이 비어 있는 순간마다 마음이 무너진다면 우리는 마치 늘 불안정한 땅 위에 서는 것과 같아진다. 그래서 회복의 마지막 단계는 관계로부터 오는 안전감이 없을 때도 나를 지킬 수 있는 힘을 마련하는 일이다. 이 힘은 화려한 기술에서 시작되지 않고 아주 작은 일상적인 움직임에서 자라난다.

관계 안에서 혼자 있는 시간이 길어지거나, 연락이 늦어지거나, 갑자기 감정이 밀려오는 순간이 있다. 그때 마음을 붙잡아 줄 무언가가 없으면 더 쉽게 불안해지고, 애착 체계도 다시 예민해진다. 그래서 관계 밖에서 마음을 지키는 루틴은 단순한 '대체 행동'이 아니다. 내면의 안전기지를 스스로 세우는 과정에 가깝다. 관계가 안전할 때도, 관계가 불안정할 때도 이 기반은 나를 붙잡아 준다. 예를 들어, 일상 속에서 이와 같은 작은 루틴들을 시도해 볼 수 있다.

- 불안이 몰려올 때, 가슴 위에 손을 올리고 1분간 천천히 숨을 느낀다.
- 긴장될 때, 몸의 근육을 위에서 아래로 훑으며 굳은 곳을 부드럽게 풀어 본다.
- 스스로에게 "나는 괜찮아질 거야.", "지금 이 순간을 잘 지나고 있어."라고 조용히 말해준다.
- 천천히 걸으면서 생각을 잠시 내려놓는다.

이 루틴들은 감정을 억지로 통제하려는 해결 전략이 아니다. 감정이 밀려오는 순간에도 그 감정을 담아낼 수 있는 마음의 공간을 조금씩 넓혀가는 연습에 가깝다. 너무 복잡하거나 부담스러우면 아예 시도조차 못 하기 쉽다. 하지만 이러한 연습은 단순하게 구성되어 있어 일상 속에서 반복하기 어렵지 않다. 그렇기 때문에 반복할 수 있고, 반복되기 때문에 일상의 루틴이 될 수 있는 것이다. 마음이 흔들릴 때마다 이 작은 반복은 조용한 버팀목이 되어주고, 우리는 관계의 상황과 상관없이 다시 스스로에게 돌아오는 길을 하나씩 몸에 익혀간다. 이처럼 전념한다는 것은 거창한 각오가 아니라 다시 돌아오는 선택을 반복하는 과정과 같다.

3 ♥ 관계에서 받은 위로를 내 안에 저장하는 연습

누군가에게 위로를 받으면 그 따뜻함은 그 순간에만 머물지 않는다. 처음에는 '고맙다'는 기억으로 남지만 시간이 지나면 그 기억이 마음을 붙잡아 주는 방식이 달라진다. 성인 애착 연구에 따르면, 반복해서 경험한 안정과 지지는 내적 작동 모델 안으로 서서히 스며들어, 다음에 마음이 흔들릴 때도 '지금도 안전할 수 있다'는 감각을 불러올 수 있다. 쉽게 말해 한 번의 위로는 사라지지 않고 다음 순간의 나를 지켜주는 자원으로 남을 수 있다는 뜻이다.

이 변화는 단순히 '좋았던 일을 떠올린다'는 수준에 머물지 않는다. 기억을 떠올리는 순간 그때의 표정과 목소리, 말투 같은 정서적 단서가 함께 살아나며 마음에 작은 안전감을 다시 불러온다. 그래서 무너질 듯한 순간에도 그때 누군가 나를 이렇게 대했지. 하는 기억이 조용한 버팀목이 된다. 물론 이런 내면화는 사람마다 속도가 다르다. 다만 이런 경험을 자주 반복할수록, 마음은 예전보다 조금 더 빠르게 진정되는 방향을 서서히 배워간다. 아래의 연습은 이 과정을 돕기 위한 하나의 방법이다.

- 누군가에게서 받았던 따뜻한 말이나 표정을 하나 떠올린다.
- 그때의 안전감이 지금 내 몸 어디에서 가장 또렷하게 느껴지는지 조용히 찾아본다.
- "그때의 안전감이 지금의 나에게도 닿아 있다."라고 속으로 말해본다.

이 연습은 과거의 사랑을 미화하려는 것이 아니라, 관계에서 받은 안전감을 오늘의 나에게 연결하는 방식을 배우는 일이다. 반복할수록 누군가가 곁에 없을 때도 스스로를 진정시키는 힘이 조금씩 자라게 되고, 관계 안에서 마음이 흔들리는 순간에도 예전보다 한 박자 숨 쉴 수 있는 여유가 생긴다. 이러한 여유가 생기면, 관계를 붙잡거나 끊어야만 안심하던 자리에서 벗어나 "머물러 보자."라는 선택을 할 수 있게 된다.

4 ♥ 마음이 무너질 때 꺼내 쓰는 응급 루틴 만들기

변화의 과정에서는 누구나 흔들린다. 관계 안에서 불안이 다시 올라오기도 한다. 연습을 해도 마음이 한순간에 완전히 달라지지는 않는다. 그래서 중요한 것은 흔들리지 않는 사람이 되는 것이 아니라, 흔들리는 순간에 다시 숨을 고르고 중심으로 돌아오는 길을 미리 마련해 두는 일이다. 감정이 갑자기 밀려오거나 애착 체계가 과열되는 순간에 사용할 응급 루틴을 정해두면, 마음을 지키는 데 도움이 될 수 있다. 이 루틴은 상황을 당장 해결하려는 전략이라기보다, 마음이 잠시 숨을 고를 수 있도록 빠르게 안전한 틀을 만드는 행동에 가깝다. 예를 들어 이런 루틴을 정해둘 수 있다.

- 30초 동안 호흡에만 집중하며 마음의 속도를 잠시 늦춘다.
- 잠시 자리를 옮겨 몸을 가볍게 흔들거나 스트레칭하며 긴장을 풀어준다.
- 지금 떠오르는 생각을 종이에 적어 머릿속에서 잠시 밖으로 꺼내 둔다.
- 상대에게 곧바로 반응하지 않고 10분 뒤에 답하며 감정의 파고가 가라앉을 시간을 준다.

응급 루틴의 핵심은 감정을 없애거나 억누르는 데 있지 않다. 오히려 감정이 크게 치솟는 순간에도 그 감정이 나를 전부 삼키지 않도록 심리적 공간을 확보하는 역할을 한다. 여백이 생기면 우리는 감정의 한복판에서 조금 비켜서서, 지금 벌어지는 일을 다시 볼 수 있다. 그 여백 덕분에 관계 안에서도 '지금 바로' 확인하거나 끊어내지 않고, 머무르며 선택을 미루는 힘이 자라난다. 이런 경험이 반복될수록 감정은 예전처럼 폭발적으로 몰아치기보다 조금 더 완만해질 수 있고, 우리는 흔들려도 다시 돌아올 수 있다는 조용한 확신을 얻게 된다.

내면 안정 루틴이 주는 핵심 전환

일상 루틴을 만든다는 것은 그 루틴이 거창하거나 대단한 일이어서가 아니라, 그 반복이 나에게 이런 내적 메시지를 전달하기 때문이다. 작은 행동 하나를 꾸준히 이어간다는 사실은 마음에 아주 조용하고도 분명한 신호를 보내는 것과 같다. 나는 나를 돌볼 수 있는 사람이다. 이 메시지는 처음에는 미약하게 들리지만 반복될수록 마음속 깊은 곳에서 천천히 뿌리를 내리기 시작한다.

나는 나를 지킬 수 있는 사람이다. 이 확신은 애착의 안정성과 깊이 연결된다. 불안형은 관계에 과도하게 매달리지 않아도 된다는 여유를 조금씩 배우게 되고, 회피형은 감정을 끊어내지 않아도 괜찮다는 숨 쉴 공간을 되찾는다. 공포회피형 또한 상대와 가까워져도 무너지지 않고 멀어져도 버틸 수 있다는 안전감을 조금씩 회복해 간다. 그렇게 내면의 루틴은 관계의 상황과 상관없이 나의 존재 자체를 안정시키는 힘으로 자란다. 상대가 곁에 있든 없든, 일상의 작은 순간들이 나를 지탱해 주는 기반이 되어주는 것이다.

이 기반이 단단해지기 시작하면 관계는 이전보다 시험의 장처럼 느껴지지 않게 된다. 이해받아야만 안전해지는 공간이 아니라 두 사람이 함께 머물 수 있는 공간으로 바뀐다. 변화는 어느 날 갑자기 완성되는 거대한 사건이 아니다. 작고 꾸준한 반복이 쌓이면서 마음의 결이 조금씩 달라지고, 우리는 어느새 예전보다 더 차분하고 안정된 내가 되어 간다. 이것이 바로 흔들림 속에서도 관계의 삶의 방향을 다시 선택해 가는 전념의 결과다. 그러다 문득, 이런 문장이 마음속에서 자연스레 발견되는 순간이 찾아오게 된다. 나는 나에게 안전한 사람이다. 그리고 그 문장에 이어지는 마음의 작은 속삭임이 있다. 그래서 나는 누군가와 더 따뜻하게 연결될 수 있다.

우리가 배우는 모든 변화의 기술은 결국 누군가에게 잘 사랑받기 위해서만 존재하는 것이 아니다. 그보다 먼저 내가 나에게 안전한 사람이 되기 위해서 존재한다. 이 내적 안전감이 자리를 잡기 시작하면 사랑은 비로소 두려움의 무대가 아니라, 서로가 머물 자리를 내어주는 넓은 공간이 된다. 그리고 여기, 이 장의 끝에서 조용히 말해주고 싶다. 지금까지 따라온 모든 연습과 질문들, 그리고 이 글을 읽는 동안 스스로에게 건넸던 작은 시도들이 이미 변화를 시작하게 했다. 이 책의 마지막에서, 오늘의 나를 잠시 바라보며 이렇게 말해보자. "나는 조금씩 나에게 가까워지고 있고, 그 변화는 나를 더 안전한 곳으로 데려가고 있다."

이 따뜻한 확신 하나가 앞으로의 길을 천천히 밝혀줄 것이다.

이 책을 여기까지 읽어왔다면 아마 사랑이 왜 이렇게 힘들었는지에 대한 자기만의 답을 하나쯤 떠올리고 있을지도 모른다. 이 여정을 시작하며 우리는 사랑은 감정이 아니라, 애착이라는 메시지를 새겼다. 그리고 애착은 관계 속에서 만들어지지만 다시 배울 수 있는 것이라고 말이다.

이제 마지막에 이르러, 그 말은 조금 다른 결로 돌아온다. 사랑이 나를 흔들어 왔던 이유는 우리가 약해서가 아니라, 애착이 위협을 느꼈기 때문이었다. 불안해지고, 멀어지고, 붙잡고 싶어졌던 순간들은 모두 어린 시절부터 형성된 애착의 방식이 만들어 낸 자연스러운 반응이었다. 그것은 실패의 증거가 아니라 살아남기 위해 몸과 마음이 선택해 온 방식이다.

그리고 바로 그렇기 때문에, 애착은 다시 배울 수 있다. 감정을 없애서가 아니라 감정이 올라오는 순간에도 나를 버리지 않는 선택을 반복하면서. 관계가 흔들릴 때마다 무너지지 않고, 다시 숨을 고르고 나에게로 돌아오는 경험을 차곡차곡 쌓아가면서. 그렇게 애착은 조금씩, 지금의 나에게 맞는 방식으로 다시 조율된다.

사랑은 더 이상 나를 증명하거나 버텨야 하는 시험이 될 필요가 없다. 애착은 관계 속에서 만들어졌지만 그 애착을 다루는 힘은 조금씩 내 안에서 길러질 수 있다. 내가 나에게 안전한 사람이 되어 갈수록 관계는 나를 무너뜨리는 장소가 아니라 함께 머물 수 있는 공간으로 바뀐다. 이 변화는 단번에 완성되지 않지만 이미 시작되었다. 지금 이 글을 읽고 있는 바로 이 순간에도, 우리는 예전보다 조금 더 자신에게 가까워져 있고 그만큼 사랑 앞에서도 덜 두려운 사람이 되어가고 있다.

사랑은 단순한 감정이 아니다. 사랑은 애착이다. 그리고 애착은, 언제든 다시 배울 수 있다.

Bibliography ——————————————— 참고문헌

- Mary D. Ainsworth, Mary C. Blehar, Waters, Everett Waters, Sally Wall, 《Patterns of Attachment: A Psychological Study of the Strange Situation》 (Lawrence Erlbaum Associates, 1978).

- Bartholomew Kim, Horowitz Leonard M, 〈Attachment styles among young adults: A test of a four-category model〉, 《Journal of Personality and Social Psychology》(1991), pp. 226~244.

- John Bowlby, 《Attachment: Attachment and Loss Volume One》(Basic Books, 1982).

- John Bowlby, 《Separation: Anxiety And Anger》(Basic Books, 1976).

- Cindy Hazan, Phillip R. Shaver, 〈Romantic love conceptualized as an attachment process〉, 《Journal of Personality and Social Psychology》(1987), pp. 511~524.

- Mario Mikulincer, Phillip R. Shaver, 《Attachment in Adulthood: Structure, Dynamics, and Change》(Guilford Press, 2016)

- Susan M. Johnson, 《The Practice of Emotionally Focused Couple Therapy: Creating Connection》(Routledge, 2019)

- Steven C. Hayes, Kirk D. Strosahl, Kelly G. Wilson, 《Acceptance and Commitment Therapy: The Process and Practice of Mindful Change》(Guilford Press, 2016)

- Daniel M. Wegner, 〈Ironic processes of mental control〉, 《Psychological Review》(1994), pp. 34~52.

- Amir Levine, Rachel Heller, 《Attached》(Bluebird, 2019)

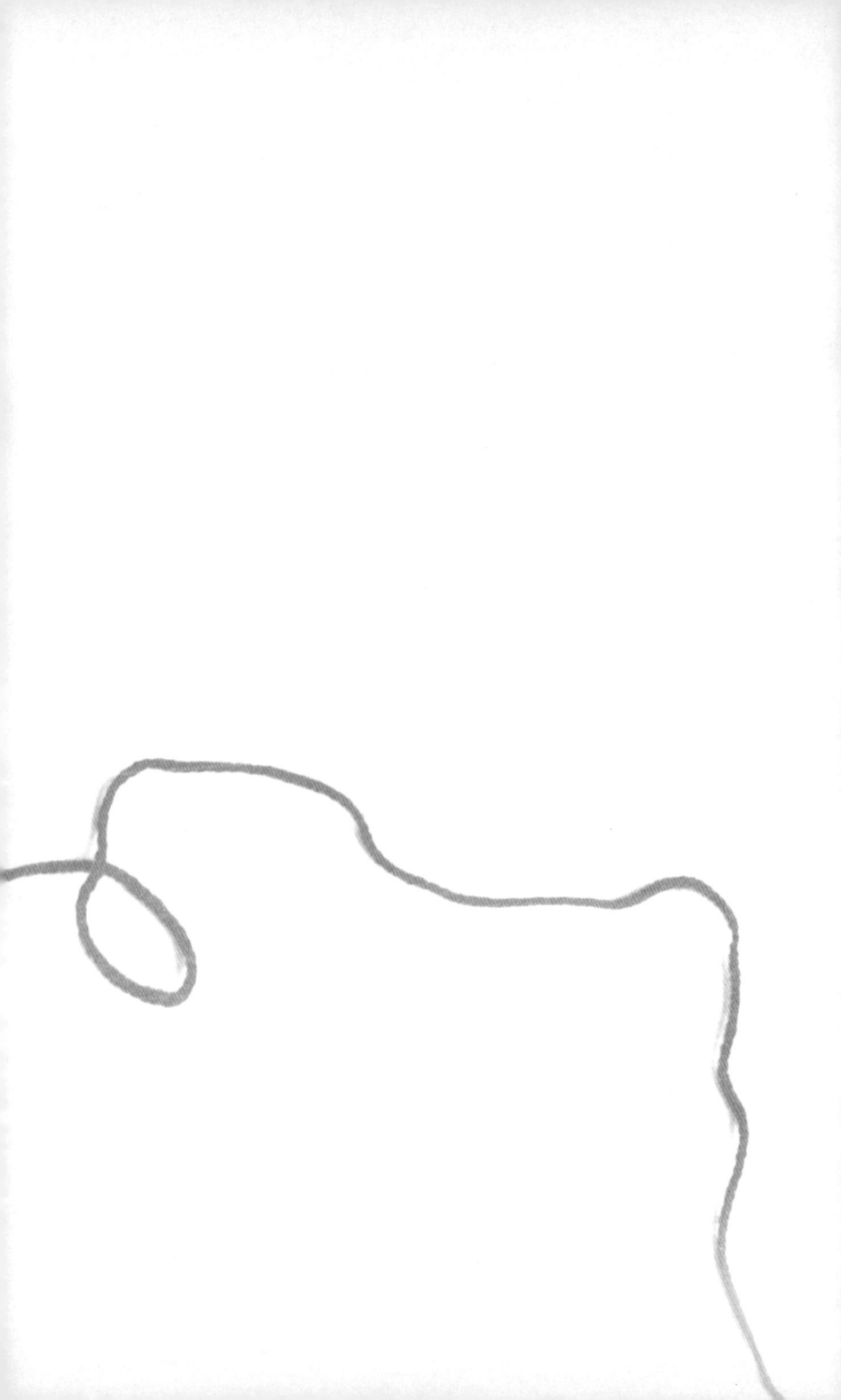

사랑은 애착이다.
그리고 애착은,
언제든 다시 배울 수 있다.

우리는 각자의 방식으로 불안했고 다르게 외로웠다

초판 1쇄 발행   2026년 3월 31일

지은이 | 송준영
발행인 | 홍경숙
발행처 | 위너스북

경영총괄 | 안경찬
기획편집 | 박경원, 김서희
마케팅 | 박미애

출판등록 | 2008년 5월 2일 제2008-000221호
주소 | 서울 마포구 토정로 222, 201호(한국출판콘텐츠센터)
전화 | 02-325-8901
팩스 | 02-325-8902

표지디자인 | [★]규
본문디자인 | 김수미
지업사 | 한서지업
인쇄 | 영신문화사

ISBN   979-11-24197-04-2 (03180)

* 책값은 뒤표지에 있습니다.
* 잘못된 책이나 파손된 책은 구입하신 서점에서 교환해 드립니다.
* 위너스북에서는 출판을 원하시는 분, 좋은 출판 아이디어를 갖고 계신 분들의 문의를 기다리고 있습니다.

winnersbook@naver.com | Tel 02-325-8901